天空來的人

幽浮、星際旅人與馬雅文明相遇的真實故事

SKY PEOPLE

UNTOLD STORIES OF ALIEN ENCOUNTERS IN MESOAMERICA

阿迪・六殺手・克拉克——著
ARDY SIXKILLER CLARKE
林慈敏——譯

本書要獻給我的侄女們：塔希娜．響雲、娃妮．響雲、塔絲班．響雲，以及可麗．唐．鐵雲。也要獻給我的侄子們：坎撒撒．雙鷹、米森．柏克以及傑克．鐵雲。希望他們能永遠追隨自己的夢想。

此外，也要獻給總是與我分享夢想的先生：基普。

我要感謝陪伴我走過中美洲的旅程、不辭辛勞、勇敢忠實的司機、嚮導與翻譯朋友；與我分享遇見幽浮、天人與外星人經歷的貝里斯、宏都拉斯、瓜地馬拉與墨西哥的原住民；以及史蒂芬斯與卡瑟伍德的回憶，他們啟發了一個青少女，終究去追尋了她的夢想。

我要感謝卡拉．莫雷蒂，她在這整個過程中，都扮演著朋友、姐妹與知己的角色。也要謝謝一路上提供我建議的賽斯．哈特曼、莫里斯．侯恩與傑瑞．布朗特。

最後，但並非最不重要的，我要感謝瓊安．歐布萊恩與蘭迪．瑞奇對我永恆的支持與友誼。我們三人在一起，就是「三個臭皮匠」。

目錄

第二部

與古人同行：探索宏都拉斯

第三部

與古人同行：探索瓜地馬拉

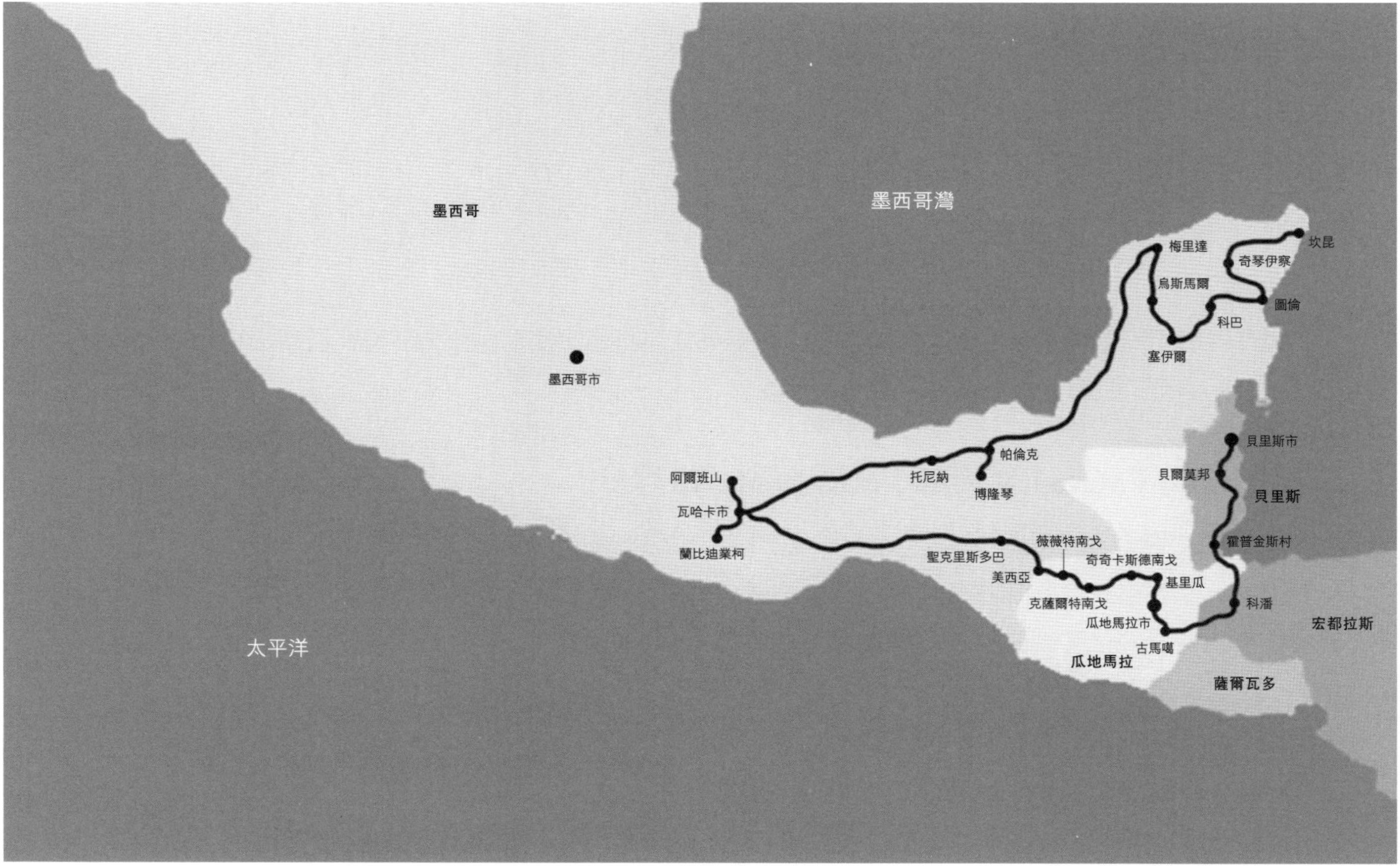

作者的旅行路線圖(中美洲)

作者說明

在講求政治正確的時代，有時作者必須解釋用來界定原住民族群的特定用語，即使作者本身就是原住民。下列的說明應該就夠了。

這個「馬雅」（Maya）或那個「馬雅」（Mayan）？

經常有人問我：到底哪一個詞才是正確的，Mayan還是Maya？

許多作者會誤用這兩個詞，其實兩者有明顯的差異。例如，Maya可當作名詞與形容詞，來描述人與文化；Mayan則是用來描述語言或定義語言，但不可當作中美洲原住民的專有名詞。Maya可作單數與複數名詞。換句話說，Maya可指一個人或不止一人。例如，我可以說：

- 那些人是純種馬雅人（Maya）。（Maya是名詞，複數。）
- 馬雅人（Maya people）說馬雅語（Mayan language）。（Maya與Mayan都是形容詞。）

- 九十%的馬雅人（Maya）仍說馬雅語（Mayan）。（Maya與Mayan都是名詞。）
- 他告訴我他是馬雅人（Maya），他能說流利的馬雅語（Mayan）。（Maya與Mayan都是名詞。）

在中美洲，自認是美洲人（American）的人並不少見。雖然這對那些北美人來說或許有些意外，但他們普遍認為所有住在美洲北部、中部或南部的人都是美洲人。

美洲人？

當我要說美國，通常會說「the USA」，這在中美洲也是提到美國時的通用說法。雖然跟我聊過的許多中美洲與墨西哥人自認是美洲人，但在整本書中，你會注意到許多原住民會以各種不同的方式定位自己的身分。

例如，貝里斯原住民會自稱美洲印第安人（Amerindian），或紅色加勒比人（Red Carib）、黃色加勒比人（Yellow Carib），或加利福納人（Garifuna），也就是黑色加勒比人（Black Carib），或者假如碰上馬雅人，則會用他們馬雅方言的說法。在墨西哥，原住民族群通常自稱猶加敦人（Yucatecs或Yucatecans），指的是他們在猶加敦半島的居住地，或者也會用其他地區的方言來說。在瓜地馬拉，人們較可能用他們差異分明的馬雅方言體系來定位自己的身分，例如基切族（K'iche）馬雅人。在宏都拉斯，人們通常自稱馬雅人或奇奧蒂族（Chorti）馬雅人。

但有時候，他們就只是自稱印第安人或原住民。

幽浮（UFOs）或歐浮涅（OVNI）？

在中美洲各地，人們用「歐浮涅」來意指幽浮。OVNI是西班牙文Objecto Volador No Identificado的簡稱（譯註：即「不明飛行物體」）的縮寫。在本書的故事中，我自行決定用幽浮來取代歐浮涅。

前言

這本書記錄了我探訪中美洲原住民（主要是馬雅人）的旅程，追尋他們與天人（Sky People）、外星人、幽浮接觸的古老與現代故事。我根據兩位十九世紀的探險家約翰・羅伊德・史蒂芬斯（John Lloyd Stephens）與費德列克・卡瑟伍德（Frederick Catherwood）的探察路線來規劃行程。對於讓世人認識馬雅人的偉大城市，他們兩位的貢獻遠大於在他們之前的任何探險家。

在高中時代，我就為這對冒險二人組深深著迷。我的老師給我他們的第一本書《中美洲、恰帕斯、猶加敦半島旅行事件》（*Incidents of Travel in Central America, Chiapas, and Yucatan*），我立刻就愛上這兩位探險家，並發誓有一天也要跟隨他們的腳步。雖然我花了近四十年才實現這個夢想，但終究還是動身去完成自己多年前許下的承諾了。

跟史蒂芬斯與卡瑟伍德一樣，我也是從貝里斯展開我的旅程。一八三九年時，貝里斯的名稱是英屬宏都拉斯。雖然大部分這兩位名人走過的小徑已換成鋪設良好的道路，但我不只一次發現，要到達一處遺址的唯一方法，仍是與帶著開山刀沿途披荊斬棘的嚮導一同步行前往。即使世人忽視許多史蒂芬斯與卡瑟伍德記錄的遺址，仍有人對一些遺址進行相當大規模的開鑿與修復。像是科潘（Copan）、奇琴伊察（Chichén Itzá）、烏斯馬爾（Uxmal）與帕倫克（Palenque）等地，就是經過修復後深受旅客、冒險家與科學家歡迎的目的地。

史蒂芬斯與卡瑟伍德經過兩次造訪，才明白他們揭開馬雅神祕古城面紗的目的。我的第一次旅程是從二〇〇三年的耶誕節假期開始，最後一次則是在二〇一〇年，總共進行了十四趟旅行，期間造訪了八十九處考古遺址。史蒂芬斯與卡瑟伍德一共去了四十四處，其中部分遺址的位置至今仍是個謎，或者已在時代進展的過程中被摧毀。跟史蒂芬斯與卡瑟伍德一樣，我經常改變計畫中的行程，去調查傳說與傳言的真實性，因此，我也會旅行到他們兩人也不知道的中美洲地區。

在他們的古老故事中，許多原住民族群都說過外星人的故事。許多馬雅神話都有來自天空的天人或天神（Sky Gods）的故事，而且經常是乘坐著一道光出現。關於巨人、小矮人、精靈的故事，世界各地都有，但只有少數偽科學家相信。知名美國印第安作家兼學者范・狄拉利亞（Vine Deloria）在他的《演化、造物論與其他現代神話》（*Evolution, Creationism, and Other Modern Myths*）一書中說：科學都會假定思想的優越性勝過人類的共同記憶。啟蒙運動堅持客觀、純粹與道德中立的調查研究，引領出一個重視假定的理性的新時代；過去由古老智慧賦予的權威真理，被貶為傳說與神話；人類的神祕與靈性經驗被視為不可信且被解讀為無稽之談，因為它們無法被加以證實。即使在全世界的部落文化中普遍出現的故事，現代學者也不承認其合理性。

墨西哥與中美洲有目擊不尋常幽浮的豐富紀錄，但大多數科學家都不予理會，認為那只不過是惡作劇、太空垃圾、氣候探測球、飛彈、軍機或一些自然的天氣現象。然而幽浮與馬雅人的相關理論已甚囂塵上，特別是過去十年來。在馬雅曆的大力推波助瀾下，幽浮對馬雅文化的影響便出現在許多對此古老文明的討論中。

我原本的意圖是追尋史蒂芬斯與卡瑟伍德穿越中美洲與墨西哥的腳步，但幾年來我的焦點不斷擴展。我完成第一次旅程後，便決定不僅要重現兩位冒險家的旅程，還要找到那些曾出現與天人和外星生物相關傳說的遺址。多次旅程下來，我旅行超過一萬二千多哩路，有時會重返已走過的路徑。沒有道路的時候，我就步行跋涉。一路上，我受到村民、當地口譯員與導遊、傳統薩滿與耆老、文化專家、歷史學者與長老們的協助。我與傳統療癒者和靈視者會面，並參與那些儀式是需要背誦只向天神說的頌詞。

身為一名受過質性研究與量化研究方法論訓練的大學研究人員，最重要的考量之一，就是確保我的質性研究方式不會對相關的報導人產生衝擊或影響，因此一切的努力都是為了避免引導式問題或造成推論。

一般建議質性研究可採用兩種觀點（「客位」與「主位」）。客位觀點（etic perspective），或說局外人觀點，是透過觀察來發展對該文化經驗的詮釋，通常這也意味著是以觀察者的世界觀來詮釋該文化。主位觀點（emic perspective）指的是，該文化裡的成員想像他們世界的方式，換句話說，主位觀點，或說局內人觀點，會把不同的觀點考慮進去。採取主位觀點的研究者會避免評斷他的觀察或訪談結果，並且會把觀察或取得的行為與資訊考慮進去。因此，作為一名原住民研究者，我選擇從局內人的觀點，也就是主位觀點來進行研究。在這樣的情況下，我從不懷疑天人、天神或傳統神話與原住民傳說的存在，也從不對他們描述的遭遇抱持懷疑。

在原住民當中進行研究，特別需要在族群中展現可信度。擁有博士學位並不會自動讓你在美國的原住民族群中建立一名研究者的可信度；然而在中美洲，教育程度是權力與地位的同義詞。我名字之前的博士頭銜，在我遇到的原住民之中，被視為一種終極成就，而有原住民血統更增加了我的可信度。我所到之處，無論個人與團體都對我的文化和生活很感興趣。雖然墨西哥與貝里斯的原住民比宏都拉斯和瓜地馬拉當地人更外向、對外星人的接受度更高，透過例如導遊或口譯員這類有力人士的引薦，通常也都能令他們接受我。在墨西哥，我的導遊、司機與口譯員，以馬雅人或馬雅與歐洲人混血的梅斯蒂索人（Mestizo）占壓倒性的多數。在恰帕斯州，我的司機是米斯特克人（Mixtec），他們是中美洲原住民的一支，定居在墨西哥瓦哈卡（Oaxaca）、蓋雷羅（Guerro）和普埃布拉（Puebla）州一帶，被稱為米斯特卡（La Mixteca）的區域。我的兩名司機都曾是美國的非法移民，但後來也都發現，至少對他們來說，遠離家人一點都不值得。在貝里斯，我的導遊自認是紅色加勒比印第安人（Red Carib Indian），是不與從航向美國的奴隸船上逃走的非洲人通婚的美國印第安族群。

我無法說流利的西班牙語，因此都用英語與西班牙語交雜的方式、並透過口譯員溝通。在所有正式訪談中，我會有一名能說當地方言的口譯員陪同。有時司機或導遊可以身兼口譯員。如果受訪者只會說馬雅語，就會有一名口譯員在我身邊。一半以上的訪談都由導遊（或司機、口譯員）安排，在那些有外星經驗的人家裡進行。其他訪談則完全是隨機進行，或在事先安排的飯店裡，或在小小的戶外咖啡館。有幾次訪談則是在考古遺址中進行。所有導遊、口譯員、司機與其他專業人士都會得到相當於一般行情的日薪，再根據他們提供的服務內容，加上二十五到五十％的謝禮。交通工具與燃料的費用不包括在內，並另訂合約。所有受訪者都會收到現金與禮物作為酬勞。沒有任何參與者要求補償，因為我選擇用金錢交換他們的時間。我並未宣傳他們會得到報酬，相反的，我在訪談開始時都會先送禮物，那是訪客到原住民的家一般都會做的事。在訪談結束時，我才會付給每位受訪者現金，以每小時二十五美元計算。所有參與者這時才知道我是在蒐集故事，未來可能寫成一本書，書中可能會收錄他們的故事。只有兩個人要求他們的故事不要被收錄，雖然我也聽了他們的故事並付了謝禮，但對他們的訪談並沒有加以紀錄。

不管馬雅人的國家或居住地是哪裡，身處他們之中必須牢記的重點之一，就是中美洲的馬雅人有著極為不同的被征服與殖民歷史，也有其與較大的民族國家同化的方式。例如，猶加敦半島的馬雅人與政府的關係，就與住在瓦哈卡或恰帕斯州的馬雅與印第安族群有很大的不同。這些差異也擴展到瓜地馬拉、貝里斯與宏都拉斯的馬雅人。必須強調的是，諸如美洲印第安人（Amerindian）、印第安人（Indian）、拉美混血兒（Ladino）、梅斯蒂索人、原住民（Indigenous），以及美國原住民（Indios）等用語，在中美洲各地的意義都不盡相同。即使是在說不同方言的個別國家，我發現那些用語也沒有固定的意義。在這項工作的進行過程中，我允許每個人去定義自己的身分。我並不追求能對他們一體適用，也不想把他們劃歸到某個族群，因為他們的差異是非常大的。

有幾名受訪者要求匿名，因此為求一致性，書中的姓名都經過變更。大多數的參與者都過著幾乎與他們數千年前的祖先一樣的生活，大約有五十五％的人擁有手機，但絕大多數人（九十二％）從未用過電腦。六十一％的人看過電視，四十％的人有一部電視。沒有人是為了出名，只有少數幾個是主動來找我談。許多故事都是偶然巧遇或命運使然。絕大多數人都是農村居民，從事農耕或在不同的考古遺址當小販、導遊、專職司機或飯店員工。一半以上的參與者年齡介於六十到九十歲之間，年紀最小的是十二歲。他們都住在貝里斯、宏都拉斯、瓜地馬拉或墨西哥。

性別在我的研究中也扮演著重要角色。由於有原住民司機、導遊與口譯員罩著我，男人都能與我自由交談，相對的，女人就不太可能跟我說話。即使我能找出願意與我談話的女性，幾乎總是得透過男性的親戚、遠親或該名女性家人敬重的男性的鼓勵。當我被引薦給接觸過外星生物的女性，她們跟我說話時都比較希望沒有男性在場，除非必須用到口譯員。即使如此，口譯員也要是她們信賴的朋友或親戚。

在展開旅程之前，我就已根據司機、口譯員對原住民傳統的熟悉程度與人脈，以及對幽浮的興趣來雇用他們。我想雇用能說流利英語、西班牙語，以及我旅行的區域裡最通用的原住民語的人。我一一與他們透過電子郵件、電話面談，並在我抵達之前就與他們簽好合約。再訪相同國家時，如果之前合作的司機有空，我就會繼續雇用他。那七年裡，我曾跟其他幾個較能適應我需求的人合作過，但還是盡可能與紀錄良好且對我的工作感興趣的司機合作。

大多數的訪談都是在受訪者的家中進行，特別是女人與長老。造訪他們的家時，如果有女性親戚或朋友在場，我會送冷飲和小禮物給女人與小孩。我拜訪時會帶蠟筆、貼紙書、著色本、筆記本與鉛筆、氣球、小玩具（特別是火柴盒汽車與卡車）、豆豆娃玩偶與糖果。蒙大拿的哈克貝利糖最受小孩與老人喜愛。女人偏愛小縫紉包、口紅與傳統種子。男人則選擇香菸。在這些即使最貧窮的家庭也都普遍會與人分享並共食的地方，食物與飲料（特別是可口可樂）很受歡迎。到有小市場的村莊，冰淇淋則是孩子們的最愛。

在我的旅程中，我與能跟天神溝通的人一起散步，他們告訴我與外太空人和天人相遇的經驗；我也與其他害怕外星人的人碰面，他們很害怕那些從另一個世界來的人，竭盡所能的想避開。他們的許多信念都是基於一代接著一代流傳下來的古老故事與迷信，對魔鬼與詛咒的恐懼，影響了他們對自身遭遇的認知。這種狀況有時也能在結合了古代宗教習俗和迷信的基督教教義與符號的脈絡中看見，那也會造成對事件的特殊解讀。

我從貝里斯、宏都拉斯、瓜地馬拉與墨西哥等國蒐集到的故事數量有很大的不同。我總共蒐集了九十二則故事，其中有一半收錄在本書中。雖然是追尋史蒂芬斯與卡瑟伍德的腳步，但我在宏都拉斯只造訪了一座遺址，使得我與當地馬雅人互動的機會相當有限，而且宏都拉斯的馬雅人對於與外星人談論幽浮經驗的態度更為猶疑。幾乎所有我在中美洲接觸的人都由我的司機或導遊安排，是一些有過幽浮經驗、身分明確的朋友與親戚。此外，有時一個單純的介紹或隨興的聚會，也會引出對幽浮和天人的討論。

在墨西哥時，跟我說故事的人經常沒有透過中間人的引介。這或許是因為墨西哥的馬雅人對外界的曝光較多、能說流利英語的人較多、與外人接觸的正面經驗也較多（特別是在旅遊勝地）的關係。我在墨西哥蒐集到的故事，許多都是旅行從業者告訴我的，他們也比較外向且友善。瓜地馬拉的馬雅人普遍害怕跟外人說話會遭到報復，這或許是因為長久以來施加在馬雅人身上的暴力行為所致。在宏都拉斯，人們會害怕社群當中有人發現他們的外星經驗，這是一大阻礙。在貝里斯這個唯一說英語的國家，人們對訴說外星經驗則是相當樂意與開放。

身為一名原住民研究者，我遊走於兩個世界。我來自安全穩定的學術世界，以及一個不論你出身如何，都有可能實現夢想的國家。但我旅程中遇到的許多人卻處於只能勉強餬口的狀態，在他們的社會裡，往上爬的希望非常渺茫。表面上，我們有著同樣身為來自美洲原住民的共同點，但隨著時間過去，可以清楚看見，我們共有的不只是歷史或物質的遺產。來自星星的巨人與小矮人、天人的故事，以及關於宇宙的傳說全部融合起來，使我們成為美洲人當中獨一無二的一分子。

第一部

與古人同行：探索貝里斯

我第一次到貝里斯是在二〇〇三年，當天是十二月十四日。現在的貝里斯市，人口約七萬，一點也不像史蒂芬斯所描述的地方。他和卡瑟伍德是在一八三九年十月三十日抵達此地，當時他們看見的是一排稀疏沿著海岸延伸的白牆屋子，屋旁圍繞著高大的椰子樹。他們上岸時，道路上的泥濘甚至深及靴子的上緣。他們很快就了解到，貝里斯市不過是個居住著幾百人的骯髒悶熱村莊。

我發現貝里斯市是個帶著舊時代氛圍的迷人所在。木造的民宅用柱子高高撐起，其間摻雜著鋼筋混凝土蓋的建築。城裡有兩條街，原本的街名是前街與後街（現在則是攝政街與亞伯特街）。整座城被分成十三區，名字聽來都很夢幻，例如：仙度瑞拉鎮、獨立湖。街上到處擠滿了人，路面的交通則是嚴重打結，每部車與每間商店都爆出震耳的雷鬼音樂。英屬宏都拉斯已不復存在了，如今這裡是英語國家貝里斯。

就在史蒂芬斯與凱瑟伍德啟航前往貝里斯的前幾天，美國主管中美洲的部長在辦公室過世，史蒂芬斯抓住這個機會，向馬丁．范．布倫（Martin Van Buren）總統爭取該職位，隔天他便以國務院任命的大使身分，出現在中美洲邦聯政府面前。這項外交任命提供了史蒂芬斯進出中美洲各國前所未有的自由。我沒有這樣的特權，但我有幸得到一位充滿朝氣、隨興又愛冒險的司機兼導遊的照顧，他帶我看見當地人眼中的貝里斯，並介紹我認識一般遊客或研究人員很少有機會遇見的人。

在飛往貝里斯之前，我就雇用了巴德．E．馬丁涅茲。我是透過一位貝里斯的朋友找到巴德的（他喜歡人家叫他巴弟），這位朋友介紹了五名司機兼導遊給我，他們不僅能陪我在貝里斯四處走訪，還能載我到史蒂芬斯與凱瑟伍德造訪的第一座古馬雅城：位於宏都拉斯的科潘。我用電子郵件與電話跟他們分別談過之後，才做出決定。我選了巴弟，他自稱是紅色加勒比印第安人，是加勒比海原住民的後裔，生長於貝里斯市附近的一個村莊。自稱「不怎麼帥，但絕對可愛」的巴弟，有一種自然率直的特質。我一走出機場大廳外，立刻就知道等在那裡的一定是他。他寬闊的胸膛令人只會注意他的上半身，而忽略了他的短腿，他也讓我想起大學時代認識的足球員。巴弟頭戴棒球帽，黑色頭髮纏繞著帽沿，名片上寫著他是「貝里斯最厲害的導遊」，而不到一星期，我就完全同意他的廣告詞。我也確定他有屬於自己的帥氣和可愛之處。他有五個小孩，而且據他自己所說，是「歷經三位前妻的驕傲倖存者」，他也是那種令人一見如故的人。巴弟對幽浮的興趣加上他和原住民族群的關係、他親切的個性與不拘小節的態度，確實在我們於貝里斯的旅途上，成了重要的寶貴資產。

貝里斯這個國家是由六個截然不同的地區組成的。我的拜訪集中在其中四個地區：貝里斯市、卡優（Cayo）、史坦溪（Stann Creek）與托雷多（Toledo），追隨兩位十九世紀探險家的腳步，我總共去了三次貝里斯。史坦溪地區是加利福納人、也就是一般所謂黑色加勒比人的家鄉，加利福納人是加勒比人、阿拉瓦克人（Arawak）與西非人的後裔。絕大多數的馬雅人居住在托雷多地區，但我也在貝里斯與卡優地區訪談當地馬雅人。他們至今仍依據古老的農耕方式過活，像他們的祖先一樣用輪耕的方式種植小面積的黑豆與玉米。除了小菜園之外，他們也養豬、雞、牛，種菸葉。這些地方的馬雅人與加利福納人不同，他們跟貝里斯其他民族沒有任何程度的同化。雖然他們大多數人是天主教徒，或者至少接受了天主教會的部分象徵或教義，但還是會將天主教與他們的古老原始宗教做相當完美的融合。

史蒂芬斯與凱瑟伍德只在貝里斯市待了兩天，就出發前往位於今日宏都拉斯的科潘。他們並未到貝里斯市外圍的地方旅行，只把這座城市當成航程的休息站，以及找到政府官員好出示史蒂芬斯的官方證書。我第一次旅程就在這裡待了五天，讓我得以造訪一些史蒂芬斯與凱瑟伍德不知道的小型古馬雅遺址。一路上，我訪問了馬雅人與加利福納人，他們告訴我遇見幽浮和天人的故事。許多故事是關於目擊奇怪物體，但有些故事特別不尋常且獨一無二。接下來的篇章中，我將與你分享這些故事。

1．倒著走路的人

在貝里斯市的第一個晚上，意外的成為我旅途中最有趣的夜晚之一。我的司機巴弟載著我進行一趟事先安排好的城市觀光之旅。我完全不知道，這趟城市觀光會包括：看見幽浮盤旋在貝里斯市上方五分鐘、到他一位前岳母家探訪、途中到醫院探視一個剛開完刀的朋友，還闖入他表親的婚宴。就在那個歡慶結婚的場合，當大多數賓客離去，聊天的話題轉到稍早在城市上方看到的幽浮，我才第一次得知來自星星的「倒著走路的人」。

「我祖父說他小時候看過它們。我祖父是紅色加勒比人，已經一百零二歲了，所以它們在這裡很久了。」瑟琳娜說。「它們的身材高瘦，但腳很大。它們的膝蓋可以讓它們倒著走，所以我們叫它們是『倒著走路的人』。它們的頭長得很奇怪，走路時會往後快轉，讓它們可以看見方向。」我看著這個尚未成為女人的高瘦女孩模仿著她說出的景象。當她在房裡倒著四處走，表演她描述的外星生物的誇張動作，她的表親們都笑了。她是個相當引人注目的年輕女孩，留著過肩的波浪黑色長髮，跟她穿著伴娘禮服的表姐妹們不同，瑟琳娜（這是她取自一部電影角色的名字）穿的是設計師牛仔褲與一件有打褶鬆緊領口的刺繡上衣，讓她可以露出一邊的肩膀。她說自己有紅色加勒比印第安人、西班牙人與其他幾種種族的血統，是個非常美麗的年輕女子。

「妳有近距離看過那些生物嗎？」我問道。

「沒有很近，但已經近到看得見它們怎麼走路了。我無法描述它們的臉，但我確定它們的頭很大。」

「它們會向前走嗎？」

「會啊。它們會向前走，但也會向後走，好像一直在檢查身體後面有什麼東西。」

「妳還能告訴我什麼關於它們的事？」我再問。

「它們會遠離村莊和城市。我認為它們不想讓我們知道它們的事。它們是從星星來的，我是這麼認為。」她說道。

「為什麼妳覺得它們是從星星來的？」

「因為我們看到它們的時候總是會看到幽浮啊！」她回答。

「告訴我妳是什麼時候看到它們的。」

「我看過它們不止一次。那時候，我爺爺在史坦溪地區有座小農場，我小時候和他在那裡度過好幾個星期。」

「妳看到那些倒著走路的人時是幾歲？」我問道。

「第一次看到的時候大概是六歲，那時覺得它們很好玩。大概是十四或十五歲時最後一次看到它們，那時我就不覺得它們好玩了，反而令我毛骨悚然。」

「對它們妳還有其他的描述嗎？」

「我從未靠近到足以看見它們真正的長相，但光我看到的就已經很嚇人了。我也看過它們的太空船，是長形的，像我父親在哈瓦那買的雪茄，又圓又長，但很巨大。我從未見過那樣的東西。它沒有機翼，我不知道它是怎麼飛的。」

「關於它們，妳還有什麼可以告訴我的？」我問。

「爺爺說它們的皮膚跟蛇一樣，但除了頭、腿和皮膚之外，它們長得很像人類。應該說它們的外形很像人類。我從未近看過它們的皮膚。爺爺說在他小時候，男人會把女人與小孩藏起來，不讓它們發現。聽說它們會綁架女人。我一直不知道那些故事是不是真的，但我小時候真的很怕它們，現在還是很怕。要是它們真的會綁架女人怎麼辦？它們會對女人做什麼？光用想的就很恐怖。妳能想像跟它們上床的樣子嗎？」她打了個顫，然後全身抖了一下，那些和我一樣聽她的故事聽到入迷的伴娘們都咯咯笑了起來。

「還有其他的嗎？」我繼續問。

「妳應該問我表哥，巴弟。他看過它們。」

「妳是指我的司機，巴弟？」我問道。

「一樣囉！」她答道。

回飯店的路上，我問巴弟關於倒著走路的人他知道什麼。

「聽起來應該是蘇珊娜告訴妳的，或者她還是自稱瑟琳娜？」他說。「那是從我叔叔那裡聽來的。他說過很多奇怪外星人造訪鄉間的故事，他說它們是倒著走路的。」

「你看過它們嗎？」我問。

「說實話，我看過它們。我還看過跟那些倒著走路的人一起來的幽浮和巨人。我知道這太奇怪，令人很難相信。」

「你能告訴我它們的事嗎？」

「它們是巨人，比一般男人大了兩倍。我成長過程中聽老一輩的男人聊過它們，說它們來自星星，會偷走女人，而且那些女人從此就不見蹤影了。老一輩的男人們會猜測那些女人發生了什麼事，他們認為她們一定是被強暴並被迫生下外星人的孩子。那是最普遍的結論。我只是聽著它們的故事。但有一天，我在叔叔的家裡看到了幽浮，那是大白天，萬里無雲。那是一艘長圓柱形的太空船，閃著橘色的光，然後變成灰色。我蹲低下來蜷縮著身體，不讓它們看到我。我看見那艘太空船著陸，接著一個巨大的生物走出來。一開始它往前走，然後一瞬間它又往後走。它的膝蓋真的是往後轉，頭也跟著轉，就這樣往後走。那很難形容。它把頭旋轉過去，因此雖然是往後走，但看起來像是往前走。」他停了一下。「我知道這不怎麼合理，但那就是我看到的。我無法說明得更清楚了。我只知道我看到的這個生物在地球是不存在的。我呼叫叔叔，他也看到了。我們兩人都說最好別跟其他人提起這件事。」

「我從未聽說過倒著走路的人。」我說。

「妳可能也不會再聽到。有時我想只有我的家人知道它們，但若是如此，它們就是一直以我叔叔的農場、還有他的父親與祖父為目標。它們來這裡一定有什麼理由。老一輩的男人說它們是為了女人，但我這輩子從未聽說過任何女人失蹤。我知道這些生物存在，也知道它們是搭太空船來的。但我也只知道這些，而且坦白說，我不喜歡談這些事。我認為宇宙中有一些事情是我們不應該知道的。」

我們在飯店前停車，巴弟把車熄火，下車走過來幫我開門。他沒再提供任何資訊，我也不期待他再多說什麼。我們說好隔天早上九點他會過來接我，然後道別，就這樣結束了我追尋天人與史蒂芬斯和凱瑟伍德旅程的第一天。

2・另一個星球上的替身

二〇〇八年，延續幾週發生在貝里斯首都貝爾莫邦（Belmopan）的一連串目擊幽浮事件，成了國際矚目的新聞。目擊者一致認為那絕對是幽浮的光，特別是那些光一再的在同樣的地區出現。觀察者形容那些光是「圓盤」狀，在兩個多小時之內，以一組四到十二個的數量出現。目擊者比喻那些光像是極度明亮的前照燈，或像月亮一樣明亮的球形大燈。這些伴隨著光的來訪，在貝爾莫邦已成了司空見慣的事，大約每隔兩年就會出現一次。根據當地人的描述，幽浮持續出現已經有五十幾年了。

隔天，我預計要探訪霍普金斯村（Hopkins）。我擔任蒙大拿州立大學雙語教育中心主任多年之後，我很想造訪這個據說是世上僅存以加利福納語為主要語言的地方。沒想到前往霍普金斯村的旅程完全出乎我的預料。在路上，巴弟說他一個遠房表親在剛學走路的時候看過貝爾莫邦的幽浮，之後就一直被外星人綁架。巴弟上次看見他的時候，他就住在霍普金斯村附近。

這一章中，史蒂芬表哥將述說他的故事。

在我們開車前往霍普金斯村的路上，巴弟告訴我一些加利福納人的事。「我是紅色加勒比印第安人，我的族人從不跟來到我們土地上的非洲奴隸通婚。黃色加勒比人也是。但加利福納人呢，他們是混種的。」他說。「他們是加勒比人、阿拉瓦克人與西非人的混血。英國殖民政權稱他們黑色加勒比人，超過一世紀前就做出那樣的區隔，這個標籤就緊緊跟著他們。就像美國的印第安人講究血統。黃色與紅色加勒比人才是純正的美洲印第安人，加利福納人是混血的。」在霍普金斯村，加利福納人倚靠海洋與村莊附近肥沃的沼澤土地為生，幾世紀以來都是如此，也仍說著他們原本的語言。我們選擇走「當地道路」，從貝里斯到霍普金斯村。這條約十六公里的路距離最短，但遊客會避開，因為路面沒有鋪設柏油。根據巴弟的說法，這條路經常無法通行。

我們開在泥濘的路上時，巴弟告訴我他一個表親的表親的表親曾親眼目睹過多次幽浮事件。更重要的是，他說這位遠房表親從約四十年前第一次看見貝爾莫邦的幽浮之後，就一直與那些太空旅行者有接觸。儘管我前一晚與巴弟在一起的經驗，包括他帶我去人家家裡、醫院與婚宴會場，全都是未事先告知又出乎預料，我仍決定拋開一切顧慮，讓他帶我繞道去找那位三十年沒見的表親。

照巴弟的說法，他的表親曾經跟霍普金斯村的一群農夫一起工作，在大學畢業後沒多久就搬到那裡，然後就沒離開過，並跟當地一名加利福納女人結婚。

雖然巴弟不確定他表親是否仍和那些農夫一起工作，他還是在當地合作社停了一下，去打聽他表親的下落。我們到的時候剛好是工人們的午餐休息時間，幾分鐘不到，巴弟就搭著一個幾乎像是他雙胞胎兄弟的男人肩膀，朝我們的廂型車走來。他們靠近時我搖下車窗，巴弟就跟我介紹史蒂芬。「我發現他正在跟那些當地農夫鬼混。」當他的表親坐進我們車裡時，他說道。不久後，我們就坐在霍普金斯村的英尼斯餐廳點著當地食物，喝著可樂。

兩個表親敘舊了半小時之後，我切入史蒂芬遇見外星人的主題。「你表弟告訴我，你有過多次遇見天人的經歷。」我說。

「是的。我大概在三歲的時候第一次看到外星人，一開始我並不知道它們是從外太空來的。」

「不止一個外星人嗎？」

「有時來兩個外星人，有時是四個，總是成對。」

「你第一次遇見它們是在哪裡？」我問道。

「那是在天空出現亮光的隔天，我父親前一晚才帶我出去看那些亮光在空中快速移動的景象。我第一次與外星人接觸是隔天在我家的菜園裡，我正在照顧父親幫我隔出來的小菜園，那時從天空射下幾顆白色光球，落在我周圍的地面上，那幾顆光球中走出了一些小人。從那一刻起，我就什麼也不記得了，只知道它們後來把我帶回菜園。它們共有四個，其中兩個握住我的手，跟我說我現在是它們的朋友。那時我並不了解那是什麼意思。」

「你認為它們綁架你嗎？」我再問道。

「那時我很小，比嬰兒大不了多少，根本不懂『綁架』的概念。我也覺得這些小人帶著一種快樂的氣息，我記得跟它們一起玩、一起笑，但不知道那時我們在哪裡。」

「那你是什麼時候知道它們是外星人？」我繼續問。

「可能是在我九或十歲的時候吧。雖然那幾年它們來過菜園幾次，但直到我大概九或十歲，才意識到它們是把我帶到它們的太空船上面。隨著時間過去，我不斷想起跟那些太空旅行者在一起的奇特經驗。有時我會說一個男孩到太空旅行的故事來娛樂朋友，他們不知道那些都是真的。但一直到青少年時期，我才真正了解我的經驗是怎麼回事，到那時已經太晚了。」

「你說太晚了是什麼意思？」我問他。

「我三歲的時候就被挑選成為某項實驗的一部分，在我了解那是怎麼一回事之前。它們一直在記錄我的一切，我根本逃不了。或許我三歲的時候，可以有機會避開那些生活中一再的干擾，但我從未告訴任何人。它們跟我說那是我們的祕密。」

「你說那些天人告訴你那是祕密？」

「是啊。」

「到你十幾歲的時候，你會認為那些經驗是負面的嗎？」

「我不會說那是負面的，只是有時候會覺得很煩。這些外星人不會考慮它們選來研究的人類的感受，對於干擾人的生活它們似乎一點也不在意。它們完全低估或不了解人類靈魂中獨立的本質，當我們反抗或不合作時，它們就是無法了解。它們期待的是順從。」

「你有反抗嗎?」

「我反抗過幾次,但根本沒用。它們有很強大的力量,而且只要看你一眼就能讓你無法動彈,還能讓你忘記事情。所以我選擇不跟它們鬥,我想要記住所有事情。」

「你提到一項人類實驗,你能把這件事解釋得更詳細一點嗎?」我問他。

「它們就是在做實驗啊。它們經常帶走年幼的孩子,持續綁架他們一直到成年。它們是藉著給我拼圖玩而開始進行它們的實驗,雖然那時我並不知道,但它們是在觀察我怎麼把拼圖拼在一起。我用的策略、花了多少時間、如何把物品分類,所有的一切都是它們研究的一部分,我做的每個動作、說的每一個字都是。」

「可以跟我描述它們的模樣嗎?」

「它們有不同的類型。有些看來像人類,就跟妳我一樣,有些比我高一點、白一點。其他的只有一點點像人類,但它們不是負責的人。它們的頭很大,眼睛又大又邪惡,臉上完全沒有表情。有時我以為它們是機器人,但它們有皮膚。它們的皮膚很奇怪,布滿皺紋與鱗片。妳覺得它們是不是創造了有皮膚的機器人?」

「我不確定。它們的身高多高?」我問。

「它們還不到我肩膀高,但如果碰觸到你,你就會失去能量。它們很強壯。有一次我試著抵抗,但完全沒辦法。它們有能探觸到你靈魂的力量,使你無法抵抗,那是一種能掌控我的身體與心智的力量。那次之後，我就放棄並接受那樣的狀態了。」

「你知道為什麼你會被帶走嗎？」我問道。

「我大概九或十歲的時候知道的，它們介紹我認識我的替身。那時是一九六三年，早在人類科學家進行複製生物的實驗之前。」

「你見到你的複製人時做了什麼事？」我問。

「我教它怎麼生活。我十六歲時，曾經留在它們的太空船上，由我的複製人回到地球。它在地球上待了兩星期扮演我的角色，而且沒有人發現任何異樣。」

「所以你的複製人有一天會取代你嗎？」我再問。

「不會。它跟我同年紀，但它被製造出來的目的是要住在那些太空旅行者居住的另一個星球。所以我有一個住在另一個世界的替身。它跟我長得一樣、說話的樣子一樣，也擁有我的知識。」

「你最後一次看到你的替身是什麼時候？」我繼續問。

「我大學畢業的那個晚上。它們那天深夜來找我，帶我上太空船，告訴我它們跟我的任務已經完成。差不多算是另一種畢業吧。我的替身已經學到它必須知道的一切。它在另一個星球會跟我一樣當個農夫，我已經教會它所有它必須知道的事。它們從未跟我道謝，我想它們不懂那個概念，因為它們在體力與智力上都更優越，有權利任意對人類做任何事。」

「你對它們做的事會感到生氣嗎？」我問他。

「不會。我討厭它們的干擾，但我也從它們身上學到很多。我從未跟任何人說過這個故事，一直藏在心裡。在夜裡，我會跟孩子們說一個來自星星的男孩的故事，那男孩是我的分身，以及它如何在星際中生活。孩子們認為故事是我編的，但我說的是真的。等孩子們長大後，我會跟他們解釋，但目前為止，我很滿足於知道宇宙中除了這個地球上的生命之外，還有更多的生命。那會給我希望。」

「為什麼那會給你希望？」

「我的生活周遭有許多貧窮與痛苦，知道還有其他擁有偉大知識的世界，我會感到安慰。或許有一天，人類也會變成那些星際旅行者，會投注心力在拯救而非殺害別人。天人不相信戰爭，它們的家鄉也沒有疾病。我希望未來有一天地球也會變成那樣。」

「現在回顧那些年，你對那些經驗的整體評價是什麼？」

「對幼童時期的我來說，那是一場冒險。大約九或十歲的時候，我很討厭它們的來訪，只希望它們不要來打擾我。到我進入青春期，則是很期待跟我的替身碰面，教它事情。我感到自己的重要性，或許是因為那些星際旅行者的影響，讓我覺得有必要去讀大學。誰知道呢？或許不是，但我覺得它們也給了我去追求夢想的希望。」

正當他說完故事時，服務生剛好端來伊雷巴（ereba），那是一種由絲蘭、磨碎的樹薯粉、咖哩和鹽做成的麵包，並配上當地捕獲的魚，加上用搗爛的芭蕉做成的哈得特（hudut）這道菜。吃過午餐，我們送史蒂芬回到合作社。幾名女工走近我們的廂型車，想要看看從美國來的美洲印第安人。我下車與她們握手、互相親吻臉頰。她們問我關於我的家鄉與美國的事，想知道我是否會開車、蒙大拿會不會下雪，也問我是否住在圓錐形的帳棚裡，那是她們從電視上得到的印象。她們還想知道我的母語。接下來的半小時，我們不停交換單字，我告訴她們某個名詞的說法，她們告訴我加利福納語的同義說法。

「妳是個非常勇敢的女人。」一個名叫雪莉的女子這麼說。

「勇敢？」我問道。

「獨自一人旅行，追尋妳的夢想啊！」她擁抱我並用口音很重的英文在我耳邊低語。「一路平安。妳的夢想給了其他女人希望。」

我們跟史蒂芬與那些霍普金斯村的加利福納女子們道別時，史蒂芬建議我們去當地薩滿的家裡停留一下。「我知道他跟天人一起旅行過。我相信他會願意跟妳談的。」儘管在霍普金斯村花了將近一個下午的時間尋找加利福納薩滿，我們最後還是回到了貝爾莫邦。

隔天我打算去尋找知名的貝里斯石女，或至少能找到見過她的人。但目前為止，我對去霍普金斯村的旅程感到很滿意。我不僅遇到一位美洲印第安人述說了一個有人類替身居住在另一個世界的故事，而且經由一名從未離開過霍普金斯村的女子的提醒，記起去追尋夢想有多麼重要。

3・空中的圓盤

在十九世紀，愛德華・艾佛雷特・海爾（Edward Everett Hale）[1]曾寫過一則在《大西洋月刊》（*Atlantic Monthly*）連載的短篇故事《磚月》（*The Brick Moon*），那是史上首次有人以虛構方式描寫一座在天空漂浮的人造城市。在海爾虛構的故事中，他想像有一顆磚月漂浮在地球上方，上面居住著來自宇宙各個不同種族的人，一起生活與工作。

在一九六〇年代美蘇太空競賽的高峰期，科學家們認為有一天空中會建造出一個有著道路與城市的人造「地球」，人們會在上面居住與工作。類似的說法還有未來學家描繪的月亮上的基地，不同的家族可以在上面打造城市與撫育家人。一九六六年，劇作家兼製作人吉恩・羅登貝瑞（Gene Roddenberry）讓美國大眾認識了《星際爭霸戰》（*Star Trek*），這是一齣描述未來宇宙的電視影集。雖然我們從未真正打造出這些天空之城，但讓來自各國的太空人一起居住與工作的國際太空站，已是最接近那個夢想的真實呈現。

對許多說自己曾被帶到天上城市與處所的原住民來說，天空中的城市並不是什麼新鮮事。在許多案例中，被來自星星的外星人綁架的女性會從此消失；但在某些故事中，被綁架的女性會逃脫回來，有些還會帶著擁有巨大、非凡力量的孩子回來。有一則在阿姆斯壯漫步月球時流傳的故事是來自納瓦荷市（Navajo），據說那裡有位長老認為阿姆斯壯在月球上跟所有人打招呼，是因為他之前就去過那裡。

在這一章，你會看到住在一座貝里斯小村莊的長老勞爾．曼威爾，說出他曾不斷造訪天上一處地方的故事，在那裡，從地球上過去的人類與天人，以及其他來自整個銀河系的外星人一起工作。

我是從我的司機巴弟那邊得知勞爾的。「小時候，在我祖父的村子裡，有個男人聲稱他曾搭上幽浮旅行到天上的一個地方，那個地方就漂浮在地球上方。他說在那個地方，所有種族的人都和平共處，沒有人比其他人更好或更優越。」我對他的故事深深著迷，鼓勵他說得更詳細一點。「我從大概四、五歲就記得他的故事。晚上我們會聚集在他身邊，聽他說那些到星星上的旅程。我們都好愛聽喔！」

1——譯註：愛德華．艾佛雷特．海爾（一八二二至一九〇九年）是美國作家、歷史學家與一位論教派的牧師，他的成名作是《沒有國家的人》（*The Man Without a Country*），畢生創作與編輯了六十多本書，包括小說、歷史、旅行、布道和傳記等。

「勞爾還活著嗎？」我問道。

「一個月之前還活著。他很老了，但還是會向孩子們說那座漂浮在空中的城市以及他去那裡旅行的故事，孩子們都聽得很開心。」

「那個漂浮在空中的地方，是一個星球嗎？」

「我認為不是，他說那是一個漂浮在空中的圓盤。數百人住在上面，而且長得都不一樣。不一樣的顏色、種族，還有不同種類的人。」

「你覺得他會願意跟我談談嗎？」

「我相信他會的，他很愛說他的故事。事實上，他說他現在還是會上去這個漂浮的圓盤。奇怪的是，有時他會從村子裡消失，沒人知道他去哪裡。他回來的時候，都說他跟他天上的朋友在一起。我記得去年他消失了兩星期，他的家人很煩惱，召集了村人去找他，以為他出去閒逛後跌倒了回不來。所有村人都去找他，但就是找不到。一天晚上，大概午夜時分，他回家了。有幾個人看見一道足以把整座村子從黑夜變成白天的亮光。他們相信是幽浮把他帶回家的。」

「我們要怎麼跟他聯繫上？」我問道。

「我們現在就去找他，距離不遠，我祖父跟他住在同一個村子，我會先問問看他是否安好、能不能讓妳去拜訪。他有個女兒住在貝爾莫邦，我知道她希望他搬來跟她一起住，畢竟他已經很老了。她很擔心他會失蹤的事情。」

離開霍普金斯村一小時後，我們進入了一個小村子，屋子座落於道路兩旁，多數是用馬口鐵與木夾板建造的小屋，其間穿插著幾間石造房子。車子靠近時，狗才懶懶的從路上走開，雞群奔逃，孩子們快速跑回屋子裡。在外面跟鄰居串門子的村人都停下來，盯著我們這邊看。有些人認出巴弟，才揮揮手。幾個膽子較大的小孩靠近廂型車，巴弟把車速慢下來，遞給他們一些硬幣。一個大約九歲的男孩整個人掛在車窗旁不肯放手，跟我們一起開到勞爾的小房子。我們停車時，房子的門打開，一名年老的男子向我們揮手。他跟巴弟熱情的握手，一陣簡短的交談之後，巴弟走向廂型車打開車門。

「他很樂意跟妳談談，也很榮幸妳跑這麼遠過來。因為年紀的關係，他很容易疲倦，所以如果我跟妳點頭示意，就是該離開了。」介紹完彼此之後，老人邀請我們坐到後院的椰子樹蔭下。那個一路跟隨我們的小男孩也加入，就坐在老人的腳邊。

「這棵樹是我小時候種的，」勞爾解釋道。「它跟我一樣老。這個小男孩米列爾跟我一樣很愛樹木，在村子裡到處種樹。」

「其他樹也是你種的？」我問道。

「是的，全都是我種的。我喜歡樹木和花朵。我還是個小男孩時，就會跑去叢林裡找小樹，包括小的果樹、椰子樹等等，我把它們種在人們的院子裡，讓人們有食物吃。我跟村子裡大部分人都有親戚關係，很多原本居住在這裡的人都像巴弟一樣搬走了。」他伸出手親切的拍拍巴弟的背。

「但他們常常回來，巴弟的祖父還住在這裡，巴弟經常回來看他的祖父。巴弟是個好男孩，也是一位紳士，他令我們村裡感到驕傲。」

老人在巴弟身上加諸一大堆讚美時，巴弟一直低著頭，但我知道那是出於謙卑。「你離開前一定要去看看你祖父，」勞爾說。巴弟尊敬的看著他的手，點點頭。然後老人的注意力轉到我身上。

「跟我說說蒙大拿的樹吧，巴弟說妳是蒙大拿很有名的博士與老師，還說妳是美洲印第安人，在大學教書。我不知道印第安人能在大學教書。」

「是的，我在蒙大拿州立大學教書。現在是我們的耶誕節假期。」

「真是榮幸能認識妳。米列爾，看看這位女士！你也要去上學，成為一位科學家，學習有關樹木和花朵的知識，保護它們。對樹木有豐富知識的人，是我們貝里斯最需要的。妳同意嗎，博士？」

「我同意。你可以研究植物學。」米列爾微笑，露出他整齊雪白的牙齒。顯然他很喜歡成為注目的焦點。

「你聽到了嗎，米列爾？植物學呢！我打算要活更久，才能去參加你的畢業典禮。」當我看見米列爾與勞爾之間的情感交流，才明白在這個社區，勞爾不只是一名長老，他其實是這個社區的核心。我們坐在勞爾種的樹蔭下時，一名年輕女子走近後院，手捧著一壺剛剛榨好的柳橙汁。

「這是為你和你的客人準備的，爺爺。」年輕女子說。她身穿飾有白色緞帶的紫色長裙與上方有一圈刺繡圖案的白色上衣，她的黑色長髮垂到腰際，古銅色的肌膚光滑無瑕。她有條不紊的把果汁倒進不同款但品質良好的水晶杯，端給我們時眼神一直都低低的。

「妳住的地方會下雪嗎？」勞爾問道。

「是的，會下雪而且非常冷。」

「我很想看到雪。我從未見過雪。米列爾，你要記住，我希望你去蒙大拿看雪。」男孩微笑並熱切的點著頭。「博士，妳的大學是在山上嗎？」我點點頭。

「那一定是所美麗的大學。」他說。

「是很美麗沒錯，有來自世界各地的年輕人在那裡學習。」

「記得喔，米列爾。說不定你會去念蒙大拿的大學，對一個墨邦馬雅（Mopan Maya）[2]男孩來說，那會是個好地方。」他停了一下，然後對我說：「這裡大多數的人永遠不會離開。我們是墨邦馬雅人。貝里斯有墨邦與凱克奇馬雅人（Kekchi Maya），我們比我們的凱克奇兄弟更傳統。如果米列爾上大學，他將是我們族裡第一人。」

「我相信在你的指引之下，他會的。」老人看著我，點點頭。他拿起裝著柳橙汁的杯子並高舉

2——墨邦人是貝里斯與瓜地馬拉的馬雅人之一。十八、十九世紀時，英國人強迫墨邦人離開貝里斯到瓜地馬拉，在那裡他們必須忍受被迫的勞力工作與高額課稅。十九世紀末期，許多墨邦人逃回貝里斯。在二〇一〇年的人口普查中，有一萬零五百五十七名貝里斯人自稱是墨邦馬雅人。

乾杯。

「博士，我準備好要回答妳的問題了。」

「巴弟跟我說你是位太空旅人，可以請你告訴我你的經驗嗎？」我問道。

「我在米列爾這個年紀就是個星際旅行者了，那是我第一次去星星上，我那時快九歲。我之所以記得，是因為我被帶走時，還很擔心會錯過自己的生日派對。我是一九一〇年九月十一日出生的。它們在我生日的前兩天把我帶走，我那時心想：『我永遠看不到我的九歲生日了。』」他雙手在褲子上摩擦，一邊大笑。「現在回想起來覺得很蠢，但我那時還不到九歲，想法還很幼稚。」

「我想那是正常反應，」我答道。「我知道慶祝生日有多重要。」

「那倒是真的。我們讚頌生命，所以我才會擔心不能過生日。我好愛生日派對，而且我很害怕再也看不到我的家人。」

「對於第一次被綁架的經驗，你還記得多少？」

「不太多。我記得被一道很明亮的光帶到空中。那時我只有一個人，一轉眼我就身在另一個地方了。那是個奇怪的地方，到處都是金屬，牆壁是金屬，所有東西都是單調的灰色，摸起來很冰冷。我記得那時心想，凍結的感覺一定就是這樣。我很冷，非常冷。那裡沒有吊床，我納悶人要睡在哪裡。它們帶我走過一道長廊，然後一道門打開，我走進去，進入了一個像森林一樣有著樹木和花朵的區域。那裡跟我的村子一樣熱，聞起來有濕熱土壤與花朵的味道。它們帶我走向兩個跟我差不多年紀的男孩，我們就在那裡種樹。那些樹是來自我們村子的。我們也種藥草。我教那兩個男孩如何種樹，我們就這樣種了幾個小時，然後我就回到地球、我的村子裡了。」

「剛好來得及過生日。」我說。

「沒錯。剛好來得及過生日，而我沒有告訴任何人發生了什麼事，只說我迷路然後睡著了。我想那一定是個夢。直到發生第二、第三次，我才明白那是真的，我去到了天上的某個地方。第三次，它們是在白天的時候把我帶走，我第一次在日光下看到那個圓盤，它看來就像頂牛仔帽、墨西哥帽，但是它是銀色的。它位在地球上方很高的地方，使得地球看來就像顆足球。我們真的在很高的地方。每次我去那邊，都教它們有關植物的事，以及祖父教過我的藥草知識。它們鼓勵我指出森林裡的藥草，在我的指引下輕柔的把那些藥草挖出來，然後我再種到它們在天上的花園裡。」他停頓了一下，露出微笑。「它們讓我覺得自己很重要。」

「其他男孩也是人類嗎？」我問。

「它們不是馬雅人。其中一個的眼睛是鳳眼，另一個的膚色很深，幾乎是黑色的。我最喜歡的一個男孩有一雙很小的手，幾乎只有我的手一半大小，它的膚色很白，頭髮也是白色的，眼睛會隨著光線變換成綠色或黃色，它說的語言我沒聽過，但我們都能互相了解。在那個圓盤裡的人說著很多種語言，但我們彼此都聽得懂，至今仍是如此，而我一直不懂那是怎麼回事。我們都說不同的語言，膚色也不同，但我們都能了解彼此。」

「你能把那個圓盤描述得更詳細一點嗎？」

「那就像頂巨大的銀色墨西哥帽，漂浮在地球上方很高很高的地方。它裡面有燈光，但除了種植物的房間之外，到處都是泛綠的燈光。晚上我可以往外看，星星幾乎觸手可及。我們在太空中，但似乎只是漂浮在那兒。我們一點都不著急。圓盤是環狀的，外層有工人居住的空間。靠近中心，花園的外面，是那些外星人帶我去工作的地方。我猜它們是科學家吧，說不定它們也是研究植物學的。花園位在圓盤後方，遠離領導者工作的地方。花園盡頭有一間房間，裡面放滿一張張往上疊的床，兒童園丁們就睡在那裡，我跟它們在一起時也是睡在那裡。花園涵蓋了從世界各地來的樹木與植物，也有鳥，有些我從未見過。有一座水塔提供植物存活需要的水，有時它們會派小一點的太空船去取水，它們稱那是『挑水者』」。

「那艘太空船有多大？」

「非常巨大。裡面有三層樓，最上層是操控城市的外星人，中間那一層有一個用餐區和休憩區。底層則是花園與休息區。」

「巴弟說你一輩子都在太空旅行，多年來你的角色有改變嗎？」

他看著我，幫我倒了更多柳橙汁。「有的，確實有改變。我成年後就變成了小孩們的老師，跟科學家們一起工作，教它們那些從叢林中取得的植物的奧祕，還教它們如何調製草藥。我發現地球上有些疾病是它們不知道的，它們也有些疾病是我不知道的。」

「你知道它們是從哪裡來的嗎？」

「它們飛去它們的星球幾次，我長大一點之後它們也帶我去過。從遠處看起來，那像個空洞的世界，非常非常遙遠。宇宙中有無數的星星，也有很多很多文明。」

「你能跟我說說它們的星球嗎？」

「那是個沙漠，土地是紫灰色的，沒有樹木或河流，只有塵土與岩石，灰塵與風。那是它們對植物感興趣的原因。它們住在地底下，接地底深處貯藏的地下水來用。過去曾有一個地面上的龐大文明，但它們被迫遷移到地底。儘管它們有著先進知識，還是有無法預見的問題。人造光線不像天然光線，它們有很高比例的人口深受精神疾病之苦。但今天那已經不成問題了。有許多它們生活在地面上的故事流傳著。」

「它們有跟你說過它們為何要搬到地底，它們的星球到底發生了什麼事嗎？」我問道。

「它們告訴我是因為一連串的大災難襲擊了它們的星球。它們從未詳細解釋過，或許是因為它們不認為我需要知道或能夠了解吧。」

「巴弟說你還是會去那個空中圓盤，那你現在的角色是什麼？」

「據它們的說法，我是地球顧問。我告訴那些孩子們地球上的生活，以及關於叢林與森林的事。我告訴它們從我祖父那邊聽來的古老故事，也繼續教導樹木與植物的重要，它們如何滋養人的靈魂與身體。小孩們都叫我『Zhantayillawoc』。」他幫我拼出這個字，中間停頓了兩次，再重複說一遍，並照發音方式拼出來。「在它們的語言中，這意思接近『榮譽祖父』。我很喜歡這個稱呼。」

「你在你的旅程中見過最不可思議的事情是什麼？」

「就是它們居住的地下洞穴。它們的星球很大，比地球大好幾倍，但那是個荒蕪的世界。它們移動到地底時，底下有大到我不知如何形容的洞穴。那裡沒有季節，它們控制著溫度。人們住在不同的區域，照顧植物。有些區域炎熱潮濕，有些區域乾燥涼爽，有些區域像沙漠。那裡有熱帶與溫帶地區，但我從未看過雪。」

「你能描述它們是如何生活的嗎？」

「它們都生活在一起，沒有私人財產，所有東西都是由社區擁有、並由社區給你。它們有像我們婚姻中的伴侶，會生小孩，但小孩剛出生那幾年會待在育兒所，由伴侶輪流帶孩子回住處過夜。孩子是由整個社區撫養的，它們沒有我們所認知的單一母親與父親。」

「那小孩離開育兒所之後呢？」

「之後它們會有自己的住處。有時小孩會分別跟父母過夜，但那是自己的選擇。它們自己做決定。」

「那男性與女性呢？它們的性別角色有明確的界定嗎？」他停下來，跟巴弟用馬雅語說話，巴弟跟他解釋我的問題。

「它們沒有像我們對男人或女人有特定的角色定位。每個外星人都有一份工作，男生女生都可以做。它們花很多時間致力於找出解決它們星球問題的方法，希望有一天能住回地面上，但在那之前，它們對現在的環境也很滿意。」

「你有注意到任何它們與我們外形上的差異嗎？」

「它們的眼睛比人類的大，又大又圓，大多是黑眼珠，我從未見過藍色眼珠，有少數是棕色的。它們的臉跟人類很像，只是眼睛比較大，也比較圓。」

「它們長得比人類矮小嗎？」

「不，它們高矮不一。」

「你在它們身上看得出任何人類的情緒或特質嗎？」

「它們喜歡玩樂。它們會玩遊戲，也會在地底的巨大泳池游泳，男生女生一起，沒有分別。孩子們從童年初期就很獨立。我從未見過任何爭吵，沒有憤怒，也沒有嫉妒。我也沒見過喝醉、打老婆。它們不會表現出明顯的感情，我從未看過它們互相擁抱或親吻。」米列爾笑出來，用雙手遮住臉。老人也笑了。「米列爾喜歡擁抱與親吻。」他取笑著說。

「它們吃什麼？」

「從宇宙各處來的蔬菜與水果。它們從許多星球帶回果樹，種在它們的地底花園裡。還有蔬菜。大多是生食。似乎沒有飢餓，它們看來很健康，也不像人類一樣會老化。孩子們喜歡摸我的皮膚，因為有皺紋，它們說從未看過有皺紋的皮膚。」

「你看過任何動物嗎？」我再問。

「沒有。孩子們問我動物的事，我告訴它們我的狗叫『英雄』，它們好愛聽『英雄』的故事。」

他停頓了一下，打了呵欠，看向天空。「它們很快會再來找我，我很樂意帶妳跟我一起去，但這是不被允許的。它們說只在必要的時候與人類接觸，而且不想跟那些對它們好奇的人接觸。它們說，等人類變得友善一點，遲早它們會跟人類接觸，但一定要在人類停止自相爭鬥之後。」

「它們怎麼使用金錢？」

「它們不用紙鈔，會用黃金與珍貴寶石，但也不是在它們自己之間流通，只有用來與其他文明進行交易。」

「黃金？」

「黃金具有宇宙通用的價值。鑽石與紅寶石也是。」

「它們會開採黃金與紅寶石嗎？」

「會，但並非為了個人財富，只為了整體利益。」

「你覺得等你無法再跟它們去的時候，會發生什麼狀況？」我問他。

「我已經準備讓米列爾取代我的角色，他還在地上爬的時候就已經是我的學生了。它們會讓米列爾取代我，但首先他必須去上大學。米列爾得學習更多，才能幫助它們。」

「米列爾有陪你去過它們的太空船嗎？」我問。

「還沒，但是快了。」他又停住，頭點了一下，努力想保持清醒。我望向巴弟，他的頭微微向廂型車的方向歪了一下，我們該離開了。

「我還有好多事想問你，但我擔心你太累了。」我說。

「我這個時候通常都會小睡片刻。博士，請原諒我打了瞌睡，我會試著繼續回答。」我看著巴弟，他搖搖頭，暗示該離開了。於是我站起來，謝謝他花時間跟我談。「博士，答應我妳會很快回來看我，我還有很多事想告訴妳。」

「我答應你。」我說。他站起來，親吻我的雙頰。離開後院時，我看見米列爾小心的帶著老人走向一具吊床，那吊床就掛在他房子屋簷下的一個陰涼處。

不幸的是，我未曾再見到勞爾。隔年冬天再回到貝里斯時，我原本打算要遵守承諾，卻發現就在我們碰面之後三個月，勞爾已在睡夢中辭世。他留下一份手寫的紙條，表明他擁有的東西都要作為米列爾的教育基金。米列爾的母親清理他的房子時，在一個盒子裡發現成打的金條，裡面有張紙條說明這些黃金是天人給他的，是支付他提供知識的酬勞。

「那些金條上有任何記號或鑑定證明嗎？」我問她。

「有些奇怪的記號，但我想了一下，那重要嗎？」我還沒想到要怎麼回答，她就解釋道。「我把黃金賣了，把錢存到米列爾的銀行帳戶。我知道要米列爾去讀大學對勞爾來說有多麼重要，我沒有為自己留下一毛錢，我想對勞爾的要求致敬。我送米列爾去讀寄宿學校，讓他可以開始受教育，但最近米列爾跟老先生一樣常常失蹤。我想他是跟天人出去了。」我請求與米列爾見面，她說他現在人在寄宿學校。「學校通知我米列爾失蹤的事，但我也沒辦法。我告訴他們晚上把他鎖在房間裡，他們鎖了，但他還是失蹤。妳覺得呢？妳認為他是不是跟天人出去了？」

「告訴我妳是怎麼想的呢？」我說。

「我從小聽勞爾的故事聽到大，然後我生了小孩，他也跟他們說那些故事。米列爾是我最小的孩子，他的父親和祖父都過世了，勞爾就成了他們的替代者。米列爾深愛這位老人，他希望自己跟勞爾一樣。如果勞爾真的去星際旅行，我相信米列爾也會去。我想那是他的宿命。我算什麼？怎敢質疑命運呢？」

我經常想起那個小男孩米列爾，安靜的坐著、仰慕著那位老人、同意他說的每一個字的模樣。第一次碰面之後，我沒再見過米列爾，但有些夜晚，我會看著星空，心想米列爾可能正在地球上方的高空，漂浮在那頂銀色墨西哥帽中，並照顧著天人的花園。

4・穿山而過的人

傳說中羽蛇神奎查寇特（Quetzalcoatl）離開圖拉城（Tula）[3]後，走進了一座山，那座山在他走進去後就自動閉合起來。原住民世界中有各種不同的故事，提到會與山之類堅固結構融合的天人。在祕魯，就有很多關於神祇能穿牆進入另一次元的故事。

在這一章，你會認識一位目擊者，他說天人經常從太空過來並造訪古老神廟，它們有能力穿過神廟的石牆，還能消失在山壁裡。

亞歷山卓・秦恩是我在貝里斯市寄宿的精品小旅館的經理，他是個短小精悍的男子，經常帶著

3——墨西哥傳說中，遠古時代有一位來自東方的蛇神奎查寇特帶著門徒飄洋過海而來，教導百姓農耕、醫療、建築、數學、冶金等各種技藝與知識，創造了文明生活。當時的墨西哥人仍有活人獻祭，奎查寇特下令禁止，但惡神泰茲喀提波卡（Tezcatlipoca）要求恢復，並著手推翻奎查寇特的仁政，兩派勢力在圖拉對決，最後奎查寇特被打敗，被迫離開圖拉。

露出門牙的笑容，一頭黑色的鬈髮總是看來就像剛被暴風雨吹過。他腰上佩戴貝殼狀的銀製腰帶，身穿緊身黑色聚酯纖維布料做的長褲，頭戴牛仔帽，上身則是穿著一件顯然不適合在此濕熱天氣穿的長袖硬挺白襯衫。

「聽說妳喜歡聽故事！」我正打算去餐廳，一走進旅館大廳，亞歷山卓就大聲對著我說。我點點頭，他便打手勢要我到櫃檯前。「我有個關於幽浮的私人故事可以告訴妳，」他用耳語的音量跟我說話，一邊掃視四周，彷彿在注意有沒有人偷聽。「我白天和晚上都在櫃檯這邊工作，但清晨時分，這裡就沒人了，要是妳能在那時候過來，我可以告訴妳我的故事。」

「你怎麼知道我在蒐集幽浮的故事？」我問他。

「博士，什麼事都逃不過我的耳朵，了解我們的客人是我的工作。我們的警衛偶然聽見妳在跟妳的司機說話，他很好奇妳對幽浮的興趣。我們不常遇到有這種興趣的人，大部分都是對此不尊重的白人男性。他告訴他太太，她是房務員；然後她又告訴我太太，話就這麼傳到我這裡了。在小旅館裡，話是會長腳的。我們喜歡知道客人的所有事情。我不用離開，就能在這個櫃檯後面體驗很多人生，也到全世界旅行，都是透過了解客人們的人生。博士，妳的人生令我十分好奇。」

「為什麼你這麼好奇？」我問道。

「一個單身女子，跑遍貝里斯尋找幽浮，很不尋常啊！」

「我不是在尋找幽浮，雖然我承認如果能看到我也會很高興。」我說。「我是在蒐集關於幽浮的故事。我盡可能追溯史蒂芬斯與卡瑟伍德的足跡，並且沿路從原住民身上蒐集他們遇見幽浮的故事。這就是我的故事。」

「我懂了，史蒂芬斯與卡瑟伍德是吧？我知道他們，他們已經死了，為何妳想追尋兩個死人呢？」

「那是個很久以前的年少承諾。」我對他吐露出比預期更多的訊息。

「了解。親愛的女士，妳太低估自己了。妳非常不尋常，很少有人想追尋史蒂芬斯與卡瑟伍德的足跡。偶爾我會看到來尋找幽浮故事的人，但他們並不懂得讓本地人開口說話的方法。而妳，似乎能觸及人們的內心與靈魂。我見過每個人跟妳說話的樣子，從街上的孩童、房務員、餐廳服務生到街上的乞丐。我一直在觀察妳。人們也覺得妳很不尋常。如果妳找不到人談了，就來找我吧。」他停住，把一封信交給一位客人，再繼續說。「如果妳想從一個原住民、也就是我的身上聽到一個真實故事，我會告訴妳一個我年輕時親身經歷過的真實事件。」

隔天晚上，巴弟在午夜過後不久送我回旅館，我便走到旅館櫃檯。亞歷山卓正坐在櫃檯後方看著小電視機，我走近時他站了起來。

「我過來聽你的故事囉！」我大聲說道。

亞歷山卓露出微笑，帶我走向靠近面街那片大窗的兩張椅子。「要我幫妳倒杯咖啡、茶或冷飲嗎？」我拿出筆記本時他問我。

「不用，我不需要喝東西，我只想聽你的故事。」

「妳還真是直接切入重點啊，博士。那我也就直說了。」他坐下，拉了張咖啡桌過來，把腳翹上去。「希望妳不介意。」他指著他的腳說，我搖搖頭，他便開始說故事。

「我會從頭說起。我不是從小就住在貝里斯市，而是住在離這裡約九十七公里的一個鄉村，我二十歲的時候才來到貝里斯市。我的遭遇發生在十八歲那年的夏天。我們有四個人是一起長大的，我、我表弟艾伯特、還有我最好的朋友哈維耶，以及他弟弟金恩。我們村子附近有座廢棄的馬雅城市遺址，規模很小，政府從未修復過，我想前幾年有考古學家在那裡工作，但我小時候那裡完全是廢棄的。我們經常離開村子，帶著酒跑去那邊，可以在那邊喝到醉也沒人阻止。我們的媽媽和祖母不喜歡我們喝酒，要是被她們逮到，一定會被揍。」他停了一下，並因回憶而笑了起來。

「你是說你的遭遇發生時，你是在喝醉酒的狀態？」我問道。

「不，我那時沒有喝醉。我們是去那裡喝酒的，但看到那些太空來的外星人時，我們都還沒喝酒。」

「你能告訴我到底發生了什麼事嗎？」

「我記得的第一件事是味道。我們靠近遺址時，聞到一股很奇怪、很陌生的氣味。金恩立刻說出來，我們也都聞到了。那是很奇怪的味道，我們從沒聞過。我們一邊討論著那是什麼味道，一邊從濃密的樹冠下走進廣場。我們就是在那時看見太空船的，它就停在廣場中央。」

「你可以描述一下嗎？」我問道。

「那隱約是一艘長形、深色的金屬太空船，看起來像部坦克車，我們一開始以為那是部坦克車，但接下來就看見那些太空來的外星人。它們穿著跟太空船一樣的灰色服裝，又高又瘦，有著淡色頭髮。它們沒有戴現代太空人會戴的那種太空帽，那是一開始令我們困惑的地方。坦白說，我第一個念頭是：它們是美國人，因為我們曾偶然撞見某個美國軍方進行的祕密行動。住在世界的這個角落，我們總是會聽到關於美國軍人執行祕密任務的謠言。我不知道那些謠言有多少成分是事實或虛構，或者是兩者都有。」此時電話響了，他停住並說聲抱歉，接聽了電話。然後我聽到他打電話叫警衛，警衛幾乎立刻出現，他指示警衛拿冰塊去給住在閣樓房間的女士。

「抱歉打斷了，」他回到我身旁的椅子時說道，「我們有些客人永遠不睡覺。」

「你剛剛說你第一次看到那些太空來的外星人時，以為它們是美國軍方的人。」我提醒他說到一半暫停的地方。

「是的。一方面是因為它們頭髮的顏色，一方面是因為制服。它們穿著很奇怪的制服，是兩件式的，上衣像古羅馬人穿的束腰外衣，長及褲子腰帶處；長褲下方塞進靴子裡。它們的制服最奇怪的地方是，移動的時候衣服的顏色會配合環境而改變。當它們靠近太空船，制服就是搭配太空船的深灰色；如果靠近樹木，制服就變成綠色並融入叢林當中；當它們爬到神廟上，身上就變成石頭的顏色。艾伯特說那是軍方的祕密，美國軍人穿的制服會讓敵人看不見他們。我們認定只有美國軍人才知道如何辦到這種事，因此都同意這個解釋聽來十分合理。」

這時兩個喝醉酒的男人走進旅館，亞歷山卓又停下來。兩個男人彼此搭著肩，好穩住身體。他們一看見我們，就大聲呼喊亞歷山卓，還要請他喝酒。亞歷山卓立刻到櫃檯打電話叫警衛。當一名短小精悍、身穿海軍藍制服、肩上別著徽章、頭戴類似警用帽子的男子現身，那兩名男子竟笑得彎下腰，一邊努力保持平衡，一邊向他打躬作揖。警衛走向前，拿了他們的房間鑰匙，然後把他們帶往走廊。「傑克會照顧他們，他們沒有惡意，他們已經在這裡住兩星期了。他們是要來貝里斯開一家漢堡加盟店，每天晚上都會出去買醉，每天晚上我都叫傑克把他們送上床。」我聽到他用克里歐語（Kriol）跟傑克下了些指令，這是通行貝里斯的方言，然後再次把注意力轉回我身上。

「所以你是什麼時候認定你們在那古老遺址看到的那些人不是美國來的？」我問道。

「我們四個人一直躲著，目睹那景象在我們面前呈現。艾伯特提議我們應該離開，去叫村裡的男人過來，但哈維耶認為我們應該留下來看，金恩同意，我也同意。於是我們就留下來。一開始，它們似乎在檢查太空船，它們繞著太空船走，偶爾停下來，在它們拿著的發光板子上記錄一些東西。幾分鐘後，它們走向神廟，但沒有爬上階梯，而是穿過階梯。我們都被嚇到說不出話來，無法相信自己的眼睛。我們知道神廟下方是個洞穴，小時候我們四個人曾找到入口，但我們無法穿過階梯。階梯是堅硬的石頭做的，但它們就像石頭不存在似的穿過去。」他停住片刻，站起來，去拿了兩瓶可樂回來。正要坐下，又看到有兩個男人探身靠近我們座位前的大片旅館窗戶，他走向窗戶，敲了敲玻璃，始料未及的兩個男人像遭槍擊似的跳起來。他們轉過頭看著亞歷山卓，嘴裡迸出一連串夾雜著英文與克里歐語的粗話，然後才離開。「抱歉，博士，這就是我必須整晚工作的原因，我必須保護旅館不受酒客破壞。我都是在早上睡覺，中午才開始工作。」

「告訴我，那些奇怪的外星人消失在階梯裡時，你們做了什麼？」我問道。

「我們決定跑去我們知道的祕密入口，偷看洞穴裡的狀況。我們想看它們在做什麼。我們從未告訴任何人洞穴的事，不知為什麼那感覺像是它們入侵了我們的私人領地。哈維耶特別感到生氣。那洞穴裡有一些文物，他擔心它們會偷走。因此我們朝著入口爬過去，先躲在樹叢後面，直到能隱身在分散四處的其他遺址中。那時它們又出現了。我們聽到它們在談話，但它們的語言很陌生，不是英文。我們都會說美國人說的英文。」

「它們有拿走任何文物嗎？」我問。

「沒有，但它們看起來好像在尋找什麼東西。」

「有幾個外星人進入神廟的牆內？」

「四個。」

「這時候你們離它們比較近了嗎？」

「是的，我們看得到它們的臉。它們看來很正常，除了有不尋常的高額頭之外。我以為那是因為它們的頭快禿了，因為它們的頭髮是往後梳的，而且很稀少。我們知道它們不是來自美國，它們是外星人。我想是艾伯特說它們是從星星來的。它們不是一般的人類。我們得出這個結論時，它們開始往西邊移動。我們決定跟蹤它們。在神廟主廣場後面有一座小山，那其實是另一座神廟，但完全被長得太高的樹木和草叢淹沒了。我們就這麼眼睜睜的看著它們穿過那座山，完全被嚇傻了。就在這時，哈維耶決定要登上停在廣場上的太空船。他跑向太空船，我們跟著他。但就在我們跑到廣場邊的時候，那些奇怪的外星人不知從哪裡冒了出來，就像一團煙霧一樣。」

「你是說它們有突然出現與消失的能力？」

「一定是啊！它們就這樣出現了！」

「它們有看到你們嗎？」

「這時候有。」

「它們有嘗試跟你們溝通嗎？」

「沒有。它們又再次消失，不到一分鐘太空船就往上移動，然後幾秒鐘之內就飛走了。我們看著太空船爬升到樹上方，停在我們頭頂上一會兒，好像在檢查我們，然後就飛走了。咻，咻，咻，不見了。」他用手比了之字形，以描繪太空船移動的方式。

「你說你覺得它們好像是在檢查你們？那太空船上有窗戶或任何特別的東西嗎？」

「沒有窗戶。我們沒看到光線，但那時是下午，陽光還很明亮。那只是一種感覺。它們在我們上方盤旋，我當然認為它們是在檢視我們。」

「你們還留在那裡喝酒聚會嗎？」

「秦恩說那是個徵兆。我們應該放棄喝酒了。」

「什麼樣的徵兆？」

「來自神的徵兆。他說它們可能是天使。」

「你同意嗎？」

「不。它們只是從星星來的，然後回到星星上去。我認為我們嚇到它們了，跟它們嚇到我們的程度是一樣的。」

「你還有其他碰到來自星星的外星人的經驗嗎？」我問道。

「我看過幽浮幾次，昨晚就看到一次。妳看到了嗎？」我點點頭。「但我未曾再見過像我們那天看到的景象。」

「關於那次經驗，你還有什麼可以告訴我的嗎？」

「那次的影響太大了，以致我們不曾再回到那裡。我們也沒再找到其他可以喝酒的地方。事實上，那之後我們再也沒舉行過喝酒聚會了。或許它們真的是天使吧。」他笑著說。「它們確實讓我們放棄了喝酒的習慣。」

一天之後，我離開亞歷山卓的旅館，前往貝爾墨邦。正要離開的時候，他在大廳攔住我。「旅途上要小心，外面的世界很危險。還有，別讓任何人說妳是個普通的女人，妳很不尋常。」他伸出手擁抱我，親吻我的臉頰。「歡迎隨時回來，博士。我們可以再共度另一個夜晚。下一次，我會不加價給妳住閣樓套房。」

「剛剛那是怎麼回事？」我坐進廂型車裡時巴弟問我。

「那是有關穿山而過的外星人的事。」我回答。

下一次回到貝里斯時，我到那家旅館找亞歷山卓，他已經搬到貝爾墨邦去了。在旅館的工作時間對他的家庭生活造成很大的影響，他太太下了最後通牒：不是他離開工作，就是她離開他。旅館職員沒有他的聯絡地址，因此我永遠都無法再聯絡到亞歷山卓。但我沒有忘記這個男人，是他讓我知道了那些來自星星、能穿山而過，且讓他和他的朋友戒掉喝酒習慣的人。

5 • 一種瀕臨絕種的生物

在貝里斯靠近卡優地區的聖伊格納西奥（San Ignacio）附近，有個天然的洞穴。那不只是一處熱門旅遊勝地，也是一座考古遺址。洞穴裡有六・五公里長、沿著一道重現的溪流而建的通道。科學家根據沉入地底的溪流蹤跡，估計另外還有六公里長的通道。有證據顯示，洞穴的前一公里是馬雅人所使用的，考古學家曾在此發現年代確定為西元兩百年的陶器碎片與二十八具人類遺骸。

在我們途經卡優地區的路上，巴弟和我在一個攤販前停下來買水果。那趟旅程中，我們認識了一位當地農夫加百列，他花了一小時，在一棵棕櫚樹下告訴我們有著藍色皮膚與巨大頭骨的太空巨人的事。這不是我第一次聽到藍色皮膚的外星人。

這一章，加百列要訴說藍皮膚人的故事。

「我還是個小男孩時，經常聽到太空巨人的傳言與故事。我生長在巴頓溪洞（Barton Creek

Cave）的所在地卡優區，那是個複雜的洞穴，裡面有數百條通道，長久以來有不同的訪客與居民在這裡住過，包括馬雅人與太空巨人。我祖父跟我說過，在他年輕的時候，就在聖伊格納西奧市區外見過巨人。我想那是一八八〇年代的事了。」他暫停下來，有一部車載著一家八個小孩開過來，小孩們跳下車子，跑到他的攤子去觸摸每一個摸得到的水果。等他的客人離開後，他才回到樹蔭下，繼續開始說。「我祖父說每個人都很害怕那些來自星星的巨人。它們會偷走女人，有時還會偷走小女孩。」

「他有跟你描述過那些巨人嗎？」

「他說它們有正常人的兩倍大，有些更高。它們的頭有一般成年男子的四倍大，腳也有好幾倍大。」

「你有進去洞穴過嗎？」

「小時候進去過很多次，我和朋友總是去尋找一些能賣給考古學家的東西，他們有時候會來貝里斯。」

「你有發現過任何不尋常、有可能證實太空巨人故事的東西嗎？」

「我朋友和我曾發現過一顆奇怪的頭骨，又大又重，得我們兩個人合力才抬得動。現在我知道那可能是這個地區有史以來最重大的發現，但我小時候一心只希望把它賣給考古學者或博物館。我們是在其中一個通道的墓穴裡發現的，它的一部分突出地面，於是我們決定把它挖出來。那些太空巨人的埋葬方式很奇怪，它們會把死者埋葬在一個方形的墓穴裡，屍體是坐直的。我們發現墓穴時，只看到頭骨的頂端露出來。我們把那顆頭骨帶回村裡，我祖父很生氣，他說那是屬於太空巨人的，如果它們發現我們偷了這東西，會殺了我們與所有家人。」

「那顆頭骨是什麼樣子？」

「非常巨大。不是馬雅人的頭骨，是我祖父看過的巨人的頭骨。跟人類的頭骨很像，除了頭骨兩側跟前方一樣有兩個凹槽之外，顯然頭的側邊也有眼睛。祖父說我們必須把頭骨拿回洞穴裡，可是我們回去埋頭骨時，已經找不到墓穴的蹤跡了。我們找了好幾個小時，就是找不到。」

「那你們怎麼辦？」

「我們把頭骨帶回村裡，跟祖父報告。我看得出他臉上的恐懼，但他什麼也沒說。那天下午，我們把頭骨搬去森林裡埋起來，好好保管。這麼做讓我祖父稍稍開心一點。幾個月後，我們聽說有位知曉這類事情的智者來到瓜地馬拉邊境附近，於是我們帶著頭骨去找他。他說那是太空巨人的頭骨，而且是藍種人的。」

「藍種人？那是什麼意思？」

「藍種人是數千年前的古老故事裡的藍皮膚巨人。藍皮膚巨人與眾不同，因為它們在頭部前方與兩側都有眼睛。」

「那位智者告訴你們什麼有關藍皮膚巨人的事？」

「他說它們的總數在削減中，正瀕臨絕種。這也是它們偷走女人的原因，它們在努力維繫它們的種族。」

「它們曾經把女人送回來過嗎？」我問道。

「我祖父跟我說過一個非常古老的故事，他說是他的祖父告訴他的。有一個女人確實帶著一個藍色小男孩逃回地球來，男孩長大後為他母親的人民戰鬥。他成了一名偉大的戰士，但他還有其他的力量。人們說他可以移山，他創造出山谷，讓人們可以耕作。」

「你相信那個故事嗎？」

「望著那美麗的山谷時，我會想起那個藍色男孩。」他說。「我相信那是真的。」

「那頭骨現在在哪裡？」我問。

「祖父和我抵達那個村子時，有關我們此行的傳言已經比我們先到了。我們的出現引來了一些好奇的圍觀者，包括一位考古學者和一些跑來看頭骨的當地人。事情就這麼發生了。在圍觀者中有一個村裡的男人，他許多年前失去了女兒，大概是五十多年前。村民們把他女兒的失蹤歸咎在藍色巨人身上。他有十一個兒子，都出去找巨人，想救他們的妹妹回來。追蹤的過程中有六個兒子死去。他一直沒有從失去的痛苦中走出來。」

「他的兒子們是怎麼死的？」

「不是很確定。據說他們被巨人丟下懸崖，有一個兒子被釘在樹上，釘子穿過心臟。有好幾種不同的故事版本。」

「那頭骨後來怎麼了？」

「那個失去女兒的男人看到頭骨時非常憤怒，於是拔出他的彎刀，把頭骨劈成無數碎片。在場有個考古學者，與他扭打在一起，但那個男人怒氣沖天，誰都阻止不了他。於是頭骨就這樣毀了，我名利雙收的願望也泡湯了。」

「關於這起事件還有什麼可以告訴我的？」

「聽說那些藍色巨人後來又回去那個村子一次，這一次，那個失去女兒的男人準備好要對付它們。他是一位法力強大的巫師，當巨人們出現，他便在它們身上下了一個詛咒。智者們相信他的詛咒太強大，終止了巨人們的到訪。也有人說它們相繼死了，因為沒有人再見過它們。它們不再旅行宇宙，尋找女人與小女孩了。」

這時另一輛車駛近並停下。加百列站起來，跟我握手，臉上露出大大的笑容。「我告訴妳實情了，女士。妳要怎麼用我的故事都可以。」他傾身向前親吻我的臉頰，身上聞起來有汗水與過熟香蕉的味道。我也親吻他的臉頰。「旅途平安，女兒。」他說完便轉身走向他的水果攤。我坐進廂型車裡時，再次看了他那邊一眼，他正朝我揮手道別。

雖然我回貝里斯市的路上有去找加百列，但未曾再見到他。不過有一件事是確定的：我永遠不會忘記他。他曾親手握有證據，可以證明來自太空的巨人是存在的，且曾經出現在地球上。不僅如此，它們還是藍皮膚的巨人。

6・昆蟲人

與遇見幽浮相關的報導中，「失落的時間」是經常出現的現象。指的是意識記憶中的一段空白，這段空白可能持續好幾個小時，完全不記得期間發生了什麼事。在所謂「失落的時間」中發生的事，經常可以透過催眠來恢復。

這一章中，你將聽到安立奎的故事。他在貝里斯的旅館工作，曾在去幫雇主採買用品的路上看見幽浮。他出去四個小時後回來，除了知道自己看見幽浮之外，什麼都不記得。這起事件造成了他家中的私人問題。

「我聽說妳喜歡聽幽浮的故事。」這位服務生把一碗薄玉米餅放到我面前時對我說。

「是的，我蒐集幽浮的故事。」

「我有一個故事。我四十五分鐘後下班，如果妳想聽我的故事，我可以跟妳在酒吧那裡碰面。」

我答應晚點跟他在旅館大廳碰面。我望著他走到餐廳的另一頭，站在那裡注意著餐廳裡所有的客人。那星期稍早時，他曾自我介紹說他是安立奎，是服務生的領班。他長得矮小結實，抹著髮油的粗硬黑髮總是往下梳平。他用鐵腕方式管理餐廳。住在旅館的那幾天，我便注意到他對細節的一絲不苟。他跟其他服務生用當地馬雅方言說話，但顯然也會說流利的西班牙語、英語和法語。

約四十五分鐘後，我到酒吧時，他起身迎接我。他選了角落裡的兩張藤椅，好多點隱私。「博士，請告訴我，如果我告訴妳我的故事，妳會讓我出名嗎？」他笑著問我。

「那要看你是否想讓大家知道你是誰。」我答道。「人都是生性多疑的。人們會知道你說的是不是真話。」

「我是個虔誠的天主教徒，說的都是真話。」他回答。幫我們倆都點了西班牙葡萄酒之後，他開始說他的故事。「我是基切族馬雅人。我在這間旅館工作了二十年，賺的錢比我們村裡所有男人賺的加起來還多。但有時候，我還是會覺得村裡的男人比我富有。然而，因為我對旅館很忠誠，一直很受到信賴。老闆太忙的時候，我經常去城裡幫旅館餐廳做些跑腿的工作。我就是在其中一次跑腿時看到幽浮的。」

「那次事件是發生在什麼時候？」我問道。

「上個月，是在一大清早，我大概六點離開家門，想在商店開門時就到達城裡，好在晚餐前回到餐廳。開車的路程很無聊，我開始昏昏欲睡，於是決定停在路邊，出來走走，抽根菸。我一路開得很順，時間又還早。」他暫停，從上衣口袋裡的一包菸中掏出一根，點燃，深吸一口，然後慢慢的吐出煙。「太陽正在升起，天空很平靜，而且很冷。」他又停住，喝了一口葡萄酒，又吸了一口菸。「我站在我的廂型車前，看著南方，此時眼角出現某個東西。起初我以為是一架飛機，忽然害怕起來，因為它飛得很低，我以為它要墜機了。當它朝我飛來，我才發現它沒有機翼。它就像個大型的油桶，從我上方飛過去時，我嚇得跪下來，好怕它會把我撞死。有好幾分鐘，我完全不能動。我不知道它沒有機翼怎麼能飛。」安立奎又停下來，有個服務生過來問他事情。他跟我告退，離開大廳。我看了一下四周的遊客。那天稍早有二十幾名搭巴士抵達的法國遊客，看來他們大多數正坐在酒吧裡盡情的大聲談天。幾分鐘後，安立奎回來了。

「抱歉，博士。廚房裡發生了點問題。」他再度坐到我對面，又叫了一杯西班牙葡萄酒。

「你能再跟我多說一些幽浮的事嗎？」我問。

「那是一架長形、槽狀的飛行器，如果妳見過運汽油到加油站的那種油罐車，就跟那種車一樣，只是比那種車大概長五倍、寬三倍。非常巨大。如果把它從頭到尾拉直，應該比我們村莊還要大。」

「它是什麼顏色的？」

「是晦暗的灰色，靠近頂部有一些小凹口，我想那是窗戶，但沒看到燈光。或許它們可以往外看，但我們看不到它們。」他說。「當我發現它沒有機翼，真的被嚇到了，但最嚇人的是，它飛過我的時候是完全沒有聲音的。如果是一架飛機，一定會發出巨大聲響，但那時卻什麼聲音都沒有，只有攪亂那個寧靜早晨的風。」

「你還記得其他的事嗎？」

「最奇怪的是，我看著它的時候，它似乎在我眼前突然消失，然後又重新出現。它這樣消失又出現了兩次。一次是它從北往南飛，然後再次由南往北飛。第二次回來的時候，幾乎就在我的正前方消失。我就是在那時確定那是幽浮的。」

「你能告訴我其他關於那架飛行器的事嗎？」

「我決定躲到廂型車後面，我不想被綁架。我聽說它們會把你帶走去做實驗，我可不想因為幽浮丟了工作。同時我也很興奮。事實上，看見幽浮是很令人興奮的事，而我不停想著：『它們甚至不知道我在這裡。』」他停下來，緊張的笑著。安立奎又喝了一杯葡萄酒，並提議幫我再點些飲料。

「還發生了什麼事嗎？」

「我看著那架飛行器飛走，我自認為它們不知道我在那裡。我回到廂型車的駕駛座，這時聽到車門關上的聲音。我轉過身，因為我以為還有其他人看見了幽浮。就在那時，我看見兩顆旋轉的光球，亮得我睜不開眼睛，我抬起手臂遮住眼睛。」安立奎抬起手臂，告訴我他是怎麼遮住眼睛的。他往後靠向椅背，用手裡的菸頭點燃了另一根香菸。

「你想繼續說嗎？」

「喔，是的。我只是試著記起每個細節。這很重要，對吧？」

「沒錯。」我回答。「慢慢來。」我看著他吃下幾片洋芋片，喝完杯中的飲料。

「突然間，我意識到那兩顆光球不再閃耀了，我放下手臂，就這樣親眼看到從光球中走出來的兩個生物。我叫它們『生物』，是因為它們就是。雖然它們有兩隻手臂和兩條腿，但它們不是人類。它們比我矮（安立奎大約一百六十八公分高），有奇怪的皮膚，看來像是這些菸灰的顏色。」他說著指向桌上的菸灰缸。「是介於白色與灰色之間的顏色。它們的頭在下巴的地方有突出物，手腳都很細，讓我以為它們是小孩，最起碼一開始的時候，但事實上，它們看起來像昆蟲。跟大蟲子差不了多少。」他停下來吃了更多洋芋片，又點了一杯西班牙葡萄酒。「別擔心，博士，喝這家旅館的西班牙葡萄酒是不可能喝醉的。要喝醉可能要喝掉一桶吧。酒保都遵守命令，要在每種飲料中加水稀釋。這裡面的酒精成分少到幾乎是零，我完全清楚自己在跟妳說什麼。」

「我不認為你會喝醉，安立奎。我擔心的是這次談話對你來說會有困難。」

「不，不會。我想說出這個故事，雖然我大多數朋友跟妳不一樣，他們都會嘲笑我。他們說我是在路上睡著了，所以編造出這個故事，好讓自己不至於跟老闆太難交代。不是那樣的。這些生物的影像，我一輩子也忘不了。我想如果我是在叢林裡遇見它們，我一定會認為它們是某種蟲子，然後可能會殺掉它們，用彎刀把它們的頭砍下來，說不定還會把它們帶回村子裡。甚至或許會把它們吃了。」

「你辦完事回來的時候很晚了嗎？」

「我沒趕上在晚餐人多的時候回來，老闆很生氣，我試著解釋，但他說如果我再說那樣的故事，他就要我走路。博士，我有老婆和六個孩子，我沒辦法冒這個險，所以我再也沒跟他說過那個故事，也沒有跟旅館裡的任何朋友說，但他們在村裡聽過，也用那件事嘲笑我。他們叫我『昆蟲人』。」

「你說那個生物看來像昆蟲，除此之外呢？」

「它們穿著奇怪的服裝，好像會與環境融合在一起，如果它們站在樹叢前面，看起來就像樹叢；如果站在泥土地上，看起來就像泥土。不管背後是什麼，它們都能融入。我知道它們是外星人，於是我逃到廂型車裡。光球就是在這時候出現的，那些生物就這麼消失了。那艘幽浮移到我頭頂上方，停在那兒，離我只有兩、三公尺。我聞到一股令人作嘔的味道，然後我猜我就失去意識了。」

「接下來呢？你記得什麼？」

「我在廂型車的駕駛座上，頭痛到不行。我全身冒汗，但覺得很冷。我試著禱告，但無法發出聲音。」

「什麼意思？你發不出聲音？」

「我的喉嚨很痛，無法向神說出祈禱詞。我試著打開廂型車的車門下車，卻虛弱到無法動彈。

我在那裡坐了很久，終於把門打開，下了車，整個人就倒在地上。一部路過的車子放慢速度，車裡的人對我笑，他們以為我喝醉了。」

「你那時做了什麼？」

「我在地上坐著，直到有辦法站起來。我爬回廂型車上，拿出手機，想打電話給老闆。他接電話時，我還無法說話。我開車到城裡，拿了餐廳的補給品，再開回旅館，在路上聲音才慢慢恢復。老闆看到我的時候很生氣，那時我才發現自己不見了大半天。那趟跑腿行程應該花不到六小時，我卻去了超過十二小時。」

「那段時間你到底發生了什麼事，你有任何記憶嗎？」

「沒有。但我知道我看見了什麼，而且我發誓我說的是實話。」他做出畫十字架的手勢，停了一下，又點了根菸。「博士，妳相信我嗎？」

「是的，我相信你。」

「妳可以告訴我太太妳相信我嗎？」他問道。

「我不太懂你的請求是什麼意思。」

「我太太覺得我瘋了，她以為我外面有女朋友，而我是去找女友的。她是個善妒的女人。她是村裡出身的單純女人，完全不知道幽浮與外星人的事。但如果妳跟她說妳相信我，她可能就會覺得我沒有瘋。」

「我會很樂意跟你太太解釋，我聽過很多有關幽浮的故事，你的故事並沒有那麼不尋常。我會告訴她我相信你。」

他臉上露出大大的笑容。「博士，謝謝妳！但我必須先警告妳，我太太是個非常善妒的女人。」

隔天，我答應安立奎在午餐客人離開後陪他去他的村莊。為了避嫌，巴弟陪我一起去，以免安立奎的妻子對我的來訪有所誤會。他家是一間有著鐵皮屋頂的煤渣磚造小房，離旅館並不遠。九重葛開的花垂落圍籬，窗台上種在咖啡罐裡的九重葛也正盛開。他太太坐在屋子外面的白色塑膠椅上，就在一棵會掉落黑色豆子的樹蔭下。我們停車時她站起身來，理了理裙子，盯著我們三人看。四個穿著尺寸過大短褲的小男孩跑出來，躲在她身後。年紀最長的那個忽然衝出來跑向安立奎，張開手抱住他的腿。巴弟用馬雅語跟她說話，她露出微笑。當我被介紹給她，她立刻握住我的手，歡迎我進去她家。我跟她解釋我蒐集幽浮的故事，她微笑著問我是否聽過安立奎的故事。我告訴她我聽過、而且相信他的故事時，她臉上露出鬆了一口氣的表情，似乎減輕了所有她對丈夫不忠的恐懼。她伸出手環繞安立奎的脖子，在他臉頰上親吻了好幾下。她也過來握著我的雙手，笑著連聲跟我道謝。我和巴弟要離開時，我們提議可以順道載安立奎回旅館，但他決定留在家裡，等兩小時後他的值班時間開始再過去。

第一次跟安立奎一家人碰面之後，我又再見過他們兩次。他還是對那失落的六小時發生了什麼事完全沒有記憶。我造訪貝里斯的幾年中，他和他太太又生了兩個小孩，我是他們最小的小孩、也是他們唯一女兒的教母。

7・貝里斯石女

「蘇南圖尼奇」（Xunantunich）這個名字，在馬雅語裡是「石女」的意思。當地傳說約在十八世紀末期，一名聖荷西蘇卡茲村（San Jose Succotz）的年輕男子出去打獵，在接近蘇南圖尼奇古城時，他走過馬雅金字塔的底座，發現那座金字塔的底座下方有一個洞穴，洞穴裡靜止的矗立著一座身穿白色長洋裝、美麗的馬雅女子雕像，還有一雙發光的紅色眼睛。根據那名年輕男子的說法，她閃耀著初昇太陽的光芒。被她的形貌所震驚的年輕男子把槍丟在一旁，跑回村子，告訴大家他所看見的石女，包括當地薩滿在內的幾位村民便前往現場。抵達那座巨大金字塔後，他們找到洞穴入口，但石女已經消失。在那之後，當地人聲稱她還出現過無數次。

最近一次一名當地薩滿述說的故事是，他看見石女正登上一個停在古蹟上方的巨大銀色圓盤。其他人則聲稱看見她爬上金字塔，然後消失在一面石牆裡。史蒂芬斯與卡瑟伍德的冒險之旅並未到達蘇南圖尼奇，但我決定在離開科潘之前去一趟，尋找那位看到幽浮的薩滿。

這一章中，你將讀到那位薩滿的經歷。

巴弟和我正行駛在西方公路上，朝聖荷西蘇卡茲村前進。我們找到了那位薩滿的妻子，她說她丈夫正在蘇南圖尼奇古城。我們搭了一艘手搖船塢式浮船渡過墨邦河（Mopan River）到古城，這座古老的馬雅考古遺址位在卡優區，貝爾莫邦西方一百二十九公里處，距離瓜地馬拉邊界不到一．六公里。

蘇南圖尼奇這座考古遺址在馬雅文明的古典期[4]曾經很繁榮，並且得以在馬雅文明「隕落」之後倖存下來，直到約西元前一千年仍是重要的人口稠密區。我們一到遺址，巴弟只花了幾分鐘就找到那位薩滿艾伯特．貝托，他答應跟我分享他的故事。他說有好幾個星期，聖荷西蘇卡茲的居民一直看見奇怪的飛行物體出現在城市上方。村民描述那是能遮住太陽的圓形物體。根據報導，那架飛行器下方會射出一道光，規律變換著明亮的黃光與刺眼的藍光。飛行器沒有發出聲音。幾週後，這些目擊事件已經令社區的人感到緊張，人們花很多時間待在教堂裡祈禱。

「這段期間石女有出現嗎？」我問道。

「有。從她第一次被看見，老人們就說看到在天空盤旋的奇怪飛行機器。」

「但紀錄中第一次被看見時是在十八世紀末期，這些故事是源自十八世紀嗎？」我再問。

4——美國考古學家N．哈蒙德（N. Hammond）將馬雅文明的發展階段劃分為前古典期、古典期與後古典期三個階段。西元前三百年到九百年為古典期，也是馬雅文化最興盛的時期。

「就我記得，長老們說過石女是來自天上，她是『天女』或『星星來的女子』。」

「關於最近發生的事件，你可以告訴我什麼？」我問。

「那是發生在星期天早晨，」貝托說。「大家正要去教堂，那時一架飛行器用很慢的速度飛過來。它飛得很低，低到我幾乎跳起來就能碰到它。」

「你有注意到任何那架飛行器的細節嗎？」我問。

「它是晦暗的灰色、圓形。我沒看到窗戶，也沒有機翼。」

「你有看到那名女子嗎？那則傳說中的石女？」我問。

「我有看到一名女子，她非常高貴動人，散發著星星般的光芒，長得很美。我看見她乘著一道光從那架飛行器下來，站在馬雅金字塔的入口，然後走進去。從金字塔出來之後，她爬上金字塔的頂端，一道光照下來，她又像先前從飛行器出來時一樣進入了裡面。」

「你是唯一的目擊者嗎？」我問道。

「還有其他幾個人，但有些人說她走進金字塔之後就消失了。我看到的不是那樣。但我避開她的目光。」

「為什麼你要避開她的目光？」

「她有一雙閃著紅光的眼睛。如果你直視那雙眼睛，她就能控制你，讓你看見她想讓你看見的事物。我不想看她的眼睛，也就是在那時候，我看到她乘著一道光消失，那架飛行器也在一轉眼間飛走了。」

「你認為這起事件是怎麼回事？」我問道。

「多年來一直都有人看見過。在我這個年代之前，我父親與祖父都說過這個發光美麗女子的故事。他們說她來自星星，但多年之後人們不再說這些故事。有些人相信她是鬼，少數人認為她是天使，其他人則相信她是聖母瑪利亞。我總是相信長老們告訴我的，她是來自星星的女子，而我也終於知道了真相。她確實是來自星星。」

「大多數看見那名女子的人都說她是石女，你怎麼解釋？」

「我有兩種解釋。一、她對那些直視她雙眼的人下了咒語；二、或許是她用美貌讓那些男人震驚了，他們不相信凡人女子能如此美麗。」

「你是說，你不相信這個故事的最初版本，不相信她是石女？」我問。

「我不相信。我認為第一個看見她的年輕獵人是被她的美貌迷昏了，以至於以為她是個石女。從星星來的人有巨大的力量，比在地球的我們大多了。我相信她是個活生生、會呼吸的星際女神，會對那些看見她的人下咒語，讓他們相信她是個石女，直到她完成在地球的工作為止。」

「什麼樣的工作？」

「這是個好問題。我一直都不知道答案。我進去過那個洞穴很多次，從未發現任何不尋常的事物，但她每次都回來同一個地方。」

「你能跟我描述一下你見到的那名女子嗎？」我問。

「她比一般的女人高，」他說道。「她有垂到腰際的黑色長髮，身穿刺繡白色長洋裝。我離她不夠近，無法辨識那些刺繡的圖案。她的眼睛閃著紅光，臉上不帶情緒，沒有生氣，沒有微笑，但她是我見過最美麗的女子。」

「有沒有可能她也對你下了咒語？」我問。

「或許吧，」他答道。「但我不認為。我深信她是靠她的眼睛發出力量，而我避開她的眼睛，這樣我就不會被她影響。我能看到事物的真實樣貌。」

跟貝托又談了幾分鐘後，顯然除了他原來的故事之外，已經沒有更多資訊可提供了。於是我們跟他道別，決定花些時間在古蹟裡做些調查。當我望著馬雅金字塔，不難想像那名神祕女子來到這處遺址，把村民們嚇得相信她是個石女，還有穿牆而入的能力，且乘著一道光出現的景象。蘇南圖尼奇真是個遠離現代世界的神奇所在。

有一天，我一定要回到蘇南圖尼奇，去看看這則傳說是否還有新的發展，或者石女是否又再出現過。目前為止，這件事仍留在我的願望清單中。

第二部

與古人同行：探索宏都拉斯

由於卡瑟伍德和史蒂芬斯是經由陸路旅行至科潘魯伊納斯（Copán Ruinas），巴弟便開車載我去。史蒂芬斯與卡瑟伍德花了十一天才抵達目的地，我們則花了十一個小時，包括停下來加油、買零食與上廁所的時間。從貝里斯市經過宏都拉斯汕埠市（San Pedro Sula）到科潘魯伊納斯，是段緩慢、暗藏危險的長途山路旅程，汽車與卡車行駛時，都不會注意雙黃線、交通狀況、馬、雞、狗、腳踏車或路邊的行人。喇叭聲震耳欲聾，伴隨著汽車與卡車駕駛人的大聲吼叫。身穿牛仔服、頭戴草帽的男人沿著公路走向他們在山丘上的小園子，公路旁每個寬廣的區域都散布著水果攤。小孩們跑到路上，想攔下車輛販賣小東西或乞討。人們很貧窮，是我展開旅程以來見過最貧窮的。史蒂芬斯進行這趟旅程時，為自己與同伴準備了好幾種武器，以防強盜襲擊。很顯然的，情況並未改變，我已被警告晚上行經這條公路是極為危險的事，搶匪都在四處尋找目標，而謀殺一點也不罕見。

一到科潘魯伊納斯的旅館，巴弟便仔細檢查我的房間，確定我的行李都藏好、安全無虞。我們兩小時後碰面一起吃晚餐。那是個令人愉快的涼爽夜晚，緩解了白天的燠熱。夜行鳥類與青蛙的叫聲取代了車聲與喇叭聲。在餐廳我們遇見一對年輕的法國夫妻，需要有人載他們去貝里斯。幾分鐘的交涉之後，巴弟計畫隔天載他的新客人回貝里斯。我們那晚便互相道別，因為我打算隔天早上睡晚一點。我會想念巴弟，一路上他一直是我的朋友與保護者，如今已等於是我的家人，而我對他來說也是如此。回到我的旅館房間時，我才發現從旅程開始以來，現在才是第一次真正獨自一人。

我花了兩天的時間在科潘魯伊納斯的村子裡閒逛，熟悉一下科潘這座古老城市。這裡已不像史蒂芬斯所描述是個只有幾間小屋的村莊，而是擁有約一萬人口的城鎮。鎮上的街道陡峭，以圓石鋪成，但離開鎮上中央廣場的幾個街區，則都是泥土路、牧場與小型農場。這個區域有許多山，到處都是棕櫚、橘子與香蕉樹。白天很熱，晚上則很涼爽。一眼望去，玉米田散布四處，還有許多馬、雞與狗。雖然科潘魯伊納斯有自來水與電力，但兩者的供應經常中斷，瓶裝水有時會變成奢侈品，因此在巴弟的建議下，我買了自己要喝的水。科潘魯伊納斯的街道沒有名字，但用附近地區或地主的名字就可以找到每一戶人家。大多數人都說西班牙語或英語，有極少數的奇奧蒂馬雅人會說他們的方言。有一所由當地教師開設的雙語學校，吸引了來自世界各地的年輕英文老師。英語、西班牙語和馬雅語，這所學校都有教。

這裡有泥磚牆、茅草屋頂的小屋，以及用煤渣磚砌成、鐵皮屋頂的小店，店家掛著從可口可樂到拜耳阿斯匹靈等各式招牌。傍晚溫度下降時，人們都會聚集到鎮上廣場，女人販賣點心，小孩玩遊戲、互相追逐，男人坐著討論農事與女性遊客，同時青少年則溜到陰暗處偷偷親吻。

由於鎮上不大，一個外來者，尤其是待了超過一、兩天的人，不用經過介紹大家都會知道。他們不知道的部分，通常就會編造並加入地方特色。家人之間的連結很緊密且龐大，消息口耳相傳的速度很快，八卦傳聞是常見的娛樂形式。這對一名研究人員會造成特別大的困難，人們會因為害怕別人知道他們的祕密而不願分享。雖然有許多人對我坦承見過天空中的光，甚至跟外星人有接觸過，但很少人願意分享故事細節。大多數人指出，他們從未跟親近的家庭成員分享過自己的經驗，而且因為大家都互相認識，他們更害怕被嘲笑與被視為迷信。

即使有這些障礙，離開科潘魯伊納斯對我來說，仍是一件困難的事。在流浪狗與寺廟之間、山岳與蝴蝶之間、蘭姆酒瓶與宏都拉斯傳統捲餅之間，我愛上了這個古老遺址城鎮與這裡的人們。這個地方，在每個轉角都可見到傳統、迷信跟現代觀念的對抗。這也是個充滿祕密、且祕密會被隱藏起來的地方。雖然我發現鎮上與山上村落的人很友善，但很難找到有人願意分享他們與幽浮接觸的故事細節。那些願意分享的人，都要我承諾絕不能暴露他們的身分，而且一定要用別人無法認出的方式替他們匿名。

雖然在宏都拉斯蒐集到的故事數量不多，但在這一部中呈現的三則故事，都十分不同於我旅途中聽到的其他故事。

8・穿過心臟的洞

殘殺動物的事件近幾年來在中美洲與南美洲急遽增加，整個地區來自各個不同社群的放牧人都通報過他們的畜群遭到攻擊。關於攻擊者的說法不一。多數人相信那是野狗之類的大自然掠食者的行為。在一個宏都拉斯村莊，五十天內有超過三百頭山羊遭到殺害，使人對攻擊者產生懷疑。有些人認為變形怪納懷耳（nahual）是罪魁禍首。根據傳說，納懷耳會在某段特定時間改變原來的人類外形，變成它們所選擇的動物外形。納懷耳只能在夜晚變形，攻擊孩童、女人或動物。聽說有些還能變成鳥類，並有飛行的能力。

有些人說他們曾目睹殘殺動物與幽浮景象同時出現。在這一章中，你將讀到一個發生在科潘附近的小型牛隻牧場的事件。

巴弟載我到科潘魯伊納斯之後，當時我覺得不需要再雇用導遊，因為基本上這個城鎮與科潘古城就是我打算造訪的遺址。史蒂芬斯與卡瑟伍德也跟我一樣。每天早上去逛完遺址之後，我都會到村裡的一家小餐廳喝杯冷飲、吃份簡單午餐。當這家咖啡餐館主人發現我是來自美國，便邀請幾個村裡的年輕女子前來吃午餐，她們曾說有興趣想多了解美國與學習英語。因此後來，每當陽光迫使大家去尋找陰涼處或躺在吊床上乘涼，我就去一家當地咖啡館，點一些甜點和可樂或茶給那群年輕女子，開一堂非正式的英文課。我教她們英文，她們則教我在這個地區常用、但在語文課中不會學到的西班牙語作為交換。

我得知了那些女孩的名字、家人與夢想之後，便請求她們跟我分享這個地區的民間傳說與故事。我曾跟她們提及我對幽浮故事的興趣。有一次，一個名叫茱莉亞的女人告訴我她丈夫阿朗索碰到的牛群問題。「有東西晚上會來殺牠們，我們不知道該怎麼辦。」她說。「阿朗索雇人來看守牛群，但沒什麼用，牛還是一樣被殺。有人說牛隻被殺的每一晚，都會看到幽浮。其他人則相信是納懷耳幹的。」

一天下午，阿朗索出現在咖啡館。茱莉亞介紹我們認識後，走到咖啡館門邊，鎖上門，在窗戶上放了暫時休息的牌子。剛開始阿朗索不太願意跟我談，但在茱莉亞的力勸下，他終於同意。他摘下頭上的牛仔帽，放在後方的椅子上，一頭濕濕的黑髮落在耳際。他身穿牛仔褲、硬挺的白色西式襯衫，腳上是棕色牛仔皮靴，這基本上是宏都拉斯牛仔的制服。

「我不知道發生了什麼事，」他說。「上週我發現兩頭牛的眼睛與舌頭被摘除，心臟的地方有個洞，但沒有流血。我從未看過這樣的景象，好像有某個東西把牠們吸乾了，但又沒有齒痕或任何看得出凶手是動物的跡象。」

「你有報警嗎？」我問道。

「有，我還叫了大學裡的人來，但沒有人知道答案。有人說是卓柏卡布拉（Chupacabras）[1]，但我不這麼認為。卓柏卡布拉很凶惡，但攻擊我牛群的人或東西是懂醫術的，挖出眼睛的手法很俐落，彷彿受過訓練。」

「你的牛群被殺的夜晚，你有看到任何不尋常的東西嗎？」我問。

「一個我雇來看守牛群的男人說，他有看到天空出現一道光。我以為那是閃電，沒有想太多。村裡也有一位阿姨說她看到幽浮，但大多數人都沒理她。她是位布魯哈（bruja）。」他說。我知道他是指女巫。

「你跟她談過她看到的東西嗎？」我問。

「沒有。在科潘，我們常看到奇怪的光。有人說幽浮喜歡這裡。妳認為是幽浮殺了我的牛嗎？」他問我。

1——一種被懷疑存在於美洲的吸血動物。最早是在一九九〇年代初期於波多黎各出現，後來在墨西哥及美國南部（尤其在拉美裔社區）也傳說曾出現過，會攻擊並吸食牲畜的血。

「我真的不知道。我想問的是，你認為兩者有關係嗎？」

他搖搖頭，但沒有回答。他站起身，拿起牛仔帽，跟妻子低聲說了些話便告辭。我不期待會再見到他。

然而，那晚我仍走去廣場。正當我找到地方坐下來，人們也盯著我看時，茱莉亞和阿朗索帶著兩名同伴走向我。他們請我跟他們一起到某個隱蔽的地方。

「我丈夫想再跟妳談談。他帶了兩個朋友過來。」

「這位是艾柏托，另一位是佩卓，他們替我工作。」阿朗索開口說道。「我上週雇他們在晚上看管牛群。佩卓說他在大約午夜時分看見天上有一道光，但其他什麼都不記得。艾柏托說他有天晚上看到一艘太空船，但他沒有告訴我，因為不想讓村裡的人知道。」

「為什麼？」我問。

「我們不想讓人以為我們是瘋子或巫師（brujos）。」艾柏托解釋道。

「法蘭西斯神父〔當地天主教神父〕說它們是從魔鬼那邊來的，如果我們看到它們沒有跑開，就是在與魔鬼共舞。」

「你看見幽浮那晚發生了什麼事？」我問艾柏托。

「沒發生任何事。我看見它立在田野上方，正對著牛群。我什麼都沒辦法做，它的力量太強大了。」艾柏托說。

「力量太強大？你能解釋一下嗎？」我問。

「它用大頭針釘住我全身，有數千個大頭針。我很痛，完全動不了。那是它們對我做的事。我想我是痛到昏過去了。」

「我記得的也是同樣的狀況。」佩卓說道。「就像有針刺進我的身體裡，我試著逃跑，但實在太痛了，我根本無法走路。」

「那疼痛是何時停止的？」我問。

「我不太記得，只記得太陽出來後我們就回家了。我們不知道有兩頭牛被殺，直到隔天晚上遇到阿朗索才知道。」

「你們有告訴他幽浮的事嗎？」我再問。

「沒有。我們害怕他會認為我們被魔鬼詛咒了。」

「關於那天晚上還有其他事情可以告訴我嗎？」我問道。他們兩人都搖搖頭。他們離開後，茱莉亞坐到我身旁。

「他們兩個都是好工人，」她說。「我希望阿朗索不會解雇他們，他們家裡很窮。」

我經常想到艾柏托和佩卓。我們的世界觀會受到祖先、家庭與環境限制，他們正強化了這樣的概念。沒有受過正式的教育，我們就會變成宗教、偏見與迷信的受害者。艾柏托與佩卓某種程度算是我旅行中遇見的許多原住民男人的典型，他們對老闆很服從，很努力工作，很愛家人；幽浮對他們來說沒有意義，在真實生活或《聖經》故事中的善惡之戰對他們來說卻很有意義。因此，他們會用當地天主教神父與基督教的教誨，來為看見的景象做出辯解，並加入一點摻雜了迷信的色彩。在他們的信仰中，他們並不反常，也不獨特。

9・來自星星的銀人

在科潘魯伊納斯另一邊約一公里處，有一條現代石徑連結了拉塞普杜拉斯（Las Sepulturas）與古城。拉塞普杜拉斯是古城的住宅區，在那裡發現的瓷器，年代可追溯至西元前一千年。那是座美麗、平靜的遺址，保存良好且經過開鑿。我在那裡遇見了路易斯，他年紀很大了，說他住在科潘魯伊納斯外依山而建的其中一個奇奧蒂族馬雅村落。在我們的談話中，他告訴我遍布古城周圍山上的洞穴，以及他和兩個朋友小時候在其中一個洞穴的發現。接下來就是路易斯的故事。

「我們是典型在山裡長大的男孩，努力工作幫助家人，也用力的玩。我們是充滿冒險精神的年輕人，也夢想在群山外面的生活，但也害怕離開。我們從來這裡的科學家那邊聽過外面世界的故事。我生於一九〇四年，我五歲的時候，斯賓登來到科潘。」（他指的是賀伯特・斯賓登〔Herbert J. Spinden〕，於一九〇九至一九二九年，在紐約的美國自然歷史博物館擔任人類學副館長。）

「所以你已經一百歲了。」

「再過兩天我就一百歲了，現在我是九十九歲。我的名字是路易斯・聖地牙哥。我看過科潘多年來的許多改變，在這座遺址工作了超過七十五年，斯賓登是第一個雇用我的人。大多數時候，我只是做跑腿的工作，我幫他們拿東西，幫他們抬水、送午餐去遺址。我工作一整天，只賺一角美金。斯賓登說如果我學會說英文，他會付我較多錢，所以我八歲的時候就會說英文，我學得很快。他也遵守承諾，付我一天兩角五分美金，直到他離開。之後，我與來開鑿並修復古城的卡內基大學科學家工作，他們付我大概一天超過五角美金，因為我會說英文。」

「那真是太奇妙了！你從這座遺址的第一次考察就參與了，你等於是常駐在此的歷史學家啊！」他微笑的聽著我的評語，把它當成一種稱讚，那也是我的本意。

「我還是個小男孩的時候，很少有人來訪，不像今天。我在遺址工作，協助那些來開鑿並修復古城的考古學家。那是一段令人興奮的時期。因為我是少數會說英文的人，因此我可以靠著在一旁擔任口譯員，讓我的家人過著不錯的生活。」他停下來，笑了笑，回想著他的年少時光。「那段時光真是美好。」他說。此時他開始咳嗽，我遞給他一瓶水，他優雅的接過去，大大的喝了一口，然後再喝一口。

「你提到小時候在其中一個洞穴的發現。」我說，試著提醒他把我攔下來的原因。

「是的。我那時大概十一、二歲，週末考古學家們休假的時候，我和我表兄弟會去那些山裡的洞穴察看。如果找到文物，考古學家會付我們錢。我們就是在其中一次出遊探勘時，發現了來自星星的銀人。」

「你能告訴我那是什麼意思嗎？」我問道。

「我們發現一具穿著銀色服裝的骸骨。它的服裝從頭頂到腳底都是銀色的，服裝裡剩下的就是一具骸骨。從服裝的尺寸看來，它很矮小，比我還小。」他張開雙手比畫出尺寸，那具骸骨應該不到一公尺高。「它的頭上包覆著一種堅硬、金屬般的管子，我們發現它身旁放著一塊奇怪的板子，上面有些奇怪的字母。那不是馬雅文字，我們從石碑上看過馬雅文字，這塊板子上的文字對我們來說很陌生，考古學家也不知道那是什麼，他們不知道那是誰寫的。我們便拿著我們的寶藏去找考古學家，希望能得到大大的獎賞。」

「你能再跟我多說一些關於包覆在它頭上的頭盔的事嗎？」

「對它最好的形容應該是一個大罐子，它的形狀就是那樣。它跟服裝是一套，還有根軟管與服裝前方相連。胸前的位置還有不同顏色的按鍵。」

「考古學家們看見你們的發現之後怎麼樣？」

「他們很興奮，把它搬進其中一頂帳棚後就開始檢查。其中一人說他們必須立刻把它送回美國，他說這是馬雅人與星際有接觸的證據，所以我將它取名為『來自星星的銀人』，我覺得這個名字很好。」

「那之後呢？」

「隔天我看到帳棚裡有一只箱子，我想他們把它裝箱好，要運到他們的大學去了。我沒再見過那具骸骨了。我這輩子一直對那個銀人感到疑惑。我確定美國的科學家已經對它反覆研究過了，但他們仍不公開。這就是外星人存在的證據，妳不認為嗎？」

「你怎麼認為才重要。」我答道。

「我相信它是從星星來的。我沒有證據，但之後沒再出現過類似的發現，而且它的穿著跟我見過的任何人都不一樣。我真的很後悔把它交給那些科學家，他們只給了我兩塊美金。但在那時候，這樣就讓我們變得很有錢了。」

「山裡還有關於太空外星人的故事嗎？」我問道。

「我小時候聽智者們說過一些故事，說有一小族的外星人會造訪地球，偶爾還會在山上住幾星期。它們不會打擾任何人，人們也不去管它們。有時它們會被人看見，但它們會避開人類。它們搭著會噴火的銀色圓盤到來，身穿銀色服裝。我想我們發現的是某次造訪時死去的外星人，它們把它埋葬在那個洞穴裡，而我們侵擾了它的墓穴。我會永遠對那樣的想法感到不安。」

「你們跟長老們說過你的發現嗎？」我問。

「沒有。我們很害怕。我想我們一直都知道自己做的事是不對的，那之後我們再也不去搜尋古物了。我們的良心不允許。基於某些原因，我猜我們內心知道自己放棄了歷史上一個很重要的部分。只有帶走它的科學家知道真相，而他們不會說出來。你們政府或許知道，我猜我們的政府也知道，但他們不想跟我們這些單純的老百姓承認，然而我們老百姓對那些外星人，知道的比兩國政府的還更多。」

我跟路易斯道別時，他答應下次我來這裡，他會告訴我更多關於外星人的事，但現在他跟他的孫女有約，孫女正在幫他準備午餐。

不幸的是，路易斯和我的約定再也無法實現。當我再去宏都拉斯時，路易斯已經過世了。我還是經常想到他。他背負著對自己做過的事的罪惡感數十年，但我認為他是對的：政府裡有人知道來自星星的銀人，他們只是不說而已。

10・我是薩滿靈視中看見的女子？

一八四一年之前，很少人知道科潘魯伊納斯。那一年，史蒂芬斯與卡瑟伍德出版了他們的《中美洲、恰帕斯、猶加敦半島旅行事件》一書。兩人在科潘魯伊納斯待了十三天，史蒂芬斯負責清理遺址，卡瑟伍德負責繪圖。兩星期之後，史蒂芬斯出發前往瓜地馬拉，卡瑟伍德獨自留在科潘，繼續在紙上記錄這座巨大的遺址。史蒂芬斯離開科潘前，用五十美元向一名當地農夫買下了馬雅城市座落的那片土地。那時史蒂芬斯以為他買下的是全部土地，但有跡象顯示，那名農夫只是賣給他繼續開鑿與記錄遺址的權利。無論如何，那名農夫都相信這是筆好交易，因為當地人與天主教神父都認為那是一處「不祥之地」，充滿了超自然事件與奇怪的石頭和異教徒神像。

下一個世紀，仍然很少遊客造訪科潘。然而在一九六八年，瑞士作家艾利希・馮・丹尼肯（Erich von Däniken）出版了備受爭議的著作《諸神的戰車？⋯未解之謎》（*Chariots of the Gods? Unsolved Mysteries of the Past*），在美國與歐洲都成了暢銷書。馮・丹尼肯聲稱在馬雅城市科潘的石碑（高大、有雕刻的紀念石碑柱身）上，雕鑿著頭戴太空帽的古代太空人，他主張早在現代人類定居地球之前，太空船就登陸過地球，而教導馬雅人天文學與建築學的就是外星太空人。他相信是外星人協助馬雅人建造他們的城市，而馬雅統治者就是外星生物的後代。

在這一章，你將看到發生在科潘的一起驚人事件，那是我個人與幽浮的第一與第三類接觸[2]，將使對此現象懷疑的人轉而深信不疑。

我已在宏都拉斯的科潘待了一星期，此時旅館裡的一名房務員悄悄過來找我，跟我說：「他們說妳是原住民。」我望著站在面前的這位女士，她玩弄著圍裙的邊角，避免與我有眼神的接觸。由於科潘這個地方很小，消息在人與人之間傳得很快，在旅館住幾天後，鎮上許多人都知道我是誰，即使我還沒見過他們。

「是的，」我回答。「我是美國原住民。」

她點點頭，接受了我的回答。她是個矮小、結實的中年女子，穿著旅館老闆規定、靈感來自馬雅文化的制服，編成辮子的黑髮圍在她飽經風霜的臉旁。自從離開蒙大拿之後，我見過數百個像她

2——研究幽浮與外星經驗者將這些事件分成四類。第一類接觸：目擊幽浮；第二類接觸：目擊幽浮且有物證；第三類接觸：觀察到外星實體；第四類接觸：被外星實體綁架。後來又加入了第五類：與幽浮或外星實體有直接溝通。

一樣的女人——工作過勞、報酬過低，而且可能是家庭唯一的經濟來源。

「妳如果晚上到遺址去，可能會看見那些老人。」她說。「我們的祭司說，妳一定要是原住民，不然祂們不會出現。」我對她透露的事感到很驚訝，而為了努力不表現出太吃驚的樣子，我保持沉默，專注傾聽。她用馬雅語說著，那些祖先們只在夜晚出現，又說只有原住民見過那些祖先。

「那些老人是誰？」我接著提出問題時，她困惑的看著我。「那些祖先是……幽靈嗎？」

「祂們就是那些老人。諸神。祂們會以許多形態出現。」

「請解釋一下。」

「有時祂們從天上來，有時從叢林裡來，有時以光的形式來。我告訴妳這些是因為妳是原住民。我老闆跟我說妳是原住民，而且是一位很重要的女士、一位聰明的女士。我們村裡的祭司說妳會來。」

「請坐。」我一邊說，一邊請她在我坐著的床上空位坐下，但她仍然站著。

「我們祭司幾星期前就告訴我們妳會來。他說妳來了之後，我們會得到豐盛。他說妳是帶著善意的目的來到這裡，我們應該與妳分享那些老人的祕密。這是他第一次讓外來者知道我們的祕密。」她說完便轉身打開房門。

「請等等，」我說。「村裡的祭司告訴你們我會來，那是什麼意思？妳是指那位天主教神父嗎？」

「不不不，」她說。「我來自山裡的一個村莊，離科潘魯伊納斯不遠，但要去那裡很困難。我們村裡沒有天主教神父。」她拉開窗簾，巡視了一下外面的庭院。「我想你們的說法是『薩滿』。雖然科潘大多數人都是天主教徒，但我們在村子裡還是遵循著古老的宗教。我們的祭司看到一個影像，他說會有個原住民女子從北方過來，她很仁慈且聰明，她會非常喜歡我們的人民，諸神會因此把遊客帶來，我們會再度繁榮起來。遊客會越來越多。」

「你們的祭司相信我就是那個女人？」我問道。

「我們村裡的每個人都相信，連我一些住在科潘魯伊納斯的親戚都相信。妳是原住民，又來自北方。妳會送小孩禮物、給服務生小費，妳的心地很善良。大家都這麼說。我老闆還說妳在美國是個很有名的人物。」她越說下去，我覺得越不自在。

「我不是名人，」我說。「我只是個大學老師，一個教授。」

「今晚，就在午夜時分，請準備好。我哥哥迪奧多羅會過來找妳，他會帶妳進入古城。如果妳就是諸神派來的那名女子，妳就會在那裡見到那些祖先。」

「今晚妳哥哥帶我去遺址的費用是多少？」我問。

她搖搖頭。「不用錢。」她回答。那一刻我不知道該如何回應，她在那裡等著，我們之間的沉默開始變得有些尷尬。

「我會等迪奧多羅來。」我說。

「他大約午夜的時候會到。」

我在旅館庭院找到一名服務生，請他拿一些冰塊到我房間。我回到有冷氣的房間，拿起史蒂芬斯的書，複習他對科潘的評語。我整個下午都在電腦前寫下對這座遺址的看法與敘述，但仍無法不去想那位村莊神職人員的預言。我很熟悉原住民世界中現任薩滿的力量，因此並未小看那名女子說的話。我試著專注於史蒂芬斯的書，但最後只讓我睡著了。後來是房外的吵雜聲把我驚醒，一個有三個小孩的家庭入住隔壁房間。我快速沖了澡，穿上牛仔褲，在背心上加了一件長袖襯衫，拉開小旅行箱前方袋子的拉鍊，掏出我的牛仔靴。當初我朋友珍建議我把牛仔靴留在家裡，那晚我卻很慶幸把它帶出來。

我捲起襯衫袖子，把濕濕的頭髮紮成髮髻固定好，走出房門，踏入夜色中。我挑了一張靠近庭院的桌子吃晚餐，看看庭院四周。一個獨自一人、穿著體面的男人與我眼神相遇，對我微笑。他戴著一頂白色牛仔帽，腳穿一雙有複雜裝飾的西式靴子。他正看著我的牛仔靴。

「珍，妳會嫉妒死我！」我低聲對自己說，一邊看著菜單。吃完晚餐的pollo sudado（一種混合雞肉與馬鈴薯，上面淋著番茄醬汁的餐點）之後，我決定去散步。正起身打算離開時，那名英俊的陌生人走過來，對我行個禮，吻了我的手一下。

「華金・路西歐在此為妳服務，女士。」

「很高興認識你。」

他微笑著指著我的牛仔靴。「我不常看見女人穿牛仔靴，這在宏都拉斯可是很少見的。」

「可能在蒙大拿比較常見吧，我住在那兒。」我回應道。

「喔，蒙大拿啊，我知道那一州。美麗的蒙大拿，牛仔與印第安人的土地。」

「你去過蒙大拿？」走到外面時我問他。

「我沒去過，但看過照片。十五年前曾有個男人從蒙大拿到科潘來，我們叫他強尼，他就住在村子裡研究遺址。他離開的時候，把他的東西都分給了當地人。村民至今都還會說著他的故事，他在此地已成了傳奇。我很高興有他這個朋友。」

「他真正的名字是什麼？」我問道。

「我只知道他叫強尼，我都叫他『蒙大拿的強尼』。」華金陪我走到中央廣場，對我行個禮就離開了。我在一家當地披薩店停下來買瓶水，看見六個在馬雅坦雙語學校教書的英文老師正在為同事慶生。除此之外，那裡沒有其他人。在前往遺址的入口處，可看出這個城鎮歡迎有穩定數量的外國人前來，也逐漸期待遊客能為鎮上帶來收入。這裡的遊客顯然很少，我被認為是薩滿靈視中的那個人可是責任重大，而我仍對那則預言感到困擾。我擔心自己的出現會令人們失望，不知該如何面對這樣的期望。逗留大約一小時後，我走回旅館。空氣中飄蕩著香料燉肉與新鮮墨西哥玉米薄餅的氣味，一道涼爽溫和的微風吹過山谷，在熱得難受的白天過後感覺很舒服。我回到旅館房間寫日記。

午夜時分，迪奧多羅來敲門了。我打開門，看見一個閃著四顆金牙光芒的微笑。旅程中我常看見有著金牙的男女，金牙是古馬雅人財富的象徵，似乎至今也一樣，但或許村裡唯一的富人就是牙醫。

「跟我走。」迪奧多羅說。他拿著一盞燈籠與一支手電筒，背上掛著一把彎刀。我們走向鎮外朝遺址的一小段路。夜晚一片漆黑，我們走離鎮上越遠，夜裡的聲音越嘈雜。夜行性鳥類在樹上鼓動著翅膀，一種昆蟲的嗡嗡聲從叢林地面帶來有節奏的振動，迴盪在夜空中，更增添陰森感。迪奧多羅帶我走上一條隱藏得很好的小徑，我們屈身爬進那條被密林覆蓋的通道，一進去之後，小徑便豁然敞開。迪奧多羅停下來，點燃煤油燈籠，把手電筒遞給我。小徑很窄，河流傳來潺潺水聲。我記起史蒂芬斯與卡瑟伍德也曾在走過嚮導用彎刀開闢的小徑後，涉水而過一條河流，但此時有某樣東西拂過我的臉頰，令我一時分心，對那冒險二人組的思緒瞬間消失。突然間，就在左下方，我發現兩隻閃著紅光的眼睛。迪奧多羅低聲用西班牙語說：「Balam。」我明白那是隻美洲豹。我們一靠近，牠便快速躍入林中。他說看見美洲豹的眼睛很難得，而這是個好預兆。

黑暗中我看見前方有道昏暗的燈光，我們靠近時，那似乎是道紫色的光。一開始我以為有人在我們前面，但當那道光開始分裂成數顆小小的光球，我才明白那不是另一盞燈籠。

迪奧多羅一邊用西班牙話低語，一邊環視這個區域。他說那些光就是那些老人——祖先們。我想到在我家鄉儀式中出現的那些無法解釋的光，長老們說那是祖先的靈魂。

迪奧多羅確定此地只有我們之後，便引導我走上廣場中央的神廟階梯。就在那裡，一片漆黑當中，他弄熄了燈籠，身體往後靠，放鬆下來。

「現在我們必須等待。」他輕聲的告訴我。我也往後靠，抬頭望向天空。頭頂上的盈凸月高掛天際。白天令人難以忍受的白色熾熱，變成涼爽暗黑的祕密舞台，背景則是數以百萬的微小星點。在這些閃閃發光的珠寶下，夜行性動物紛紛來到。蝙蝠在我們頭上突然下降又往上飛旋，同時，下方各種不知名的生物則在古老建築間急促奔跑。接下來三小時，我們都沒有說話。

我覺得自己正開始打瞌睡的時候，事情發生了。「祂們來了。」迪奧多羅低聲說。然後我看到了祂們。小光球在那古老廣場四周閃爍，且活潑的來回舞動著。正當我驚訝於在我眼前上演的景象，其中一道光從流暢的誇張動作中停下來，移到我的正前方。其他的光則漂浮在這道光的後面排成一種隊形。祂們在那裡停留，沒多久後就在夜空中消失了。迪奧多羅用西班牙語與英語說著：「妳是我們的一分子。」

我坐在那裡，說不出話來，想著自己剛剛看見的景象。正當我陷入沉思時，曙光乍現，陽光灑入廣場。忽然間，一架巨大、圓形、像輪子般旋轉的飛行器在頭頂上方出現。我目瞪口呆的看著那旋轉的輪子朝東方消失，太陽則在燦爛的橘紅色光中出現。我瞇著眼往太陽的方向看去，但那架飛行器已經不見了。晨霧散去，這座古老城市因而顯現，但已不見那迴旋飛行輪的蹤跡，而它剛剛才在那些光球出現處的上方短暫盤旋。我看著迪奧多羅，他說我們該走了。我盲目的跟著他，循原路穿過叢林折返，對剛剛發生的一切感到既興奮又不確定。

「迪奧多羅，你看見那艘太空船，那艘幽浮了嗎？」我問他。

「是的。那些老人、祖先們是從天空來的。我們很久以前就看過祂們了。我們的祭司說妳有神力能把祂們帶回來。」

「迪奧多羅，我沒有神力。我是個大學教授。」

「祭司說妳的來訪會恢復我們的平衡狀態。必須是個從北方來的、無私、仁慈又善良的女人，妳就是那個女人。」

「我不確定我就是薩滿所預言的那個女人。」我說。

「喔，是的，妳就是那個女人。如果不是，為何那些老人會來？」

迪奧多羅問我午夜是否想再回來這個遺址，我告訴他我一小時內就要離開，他看來很驚訝。我跟他解釋，是因為我跟一位司機約好了。我們到達科潘魯伊納斯時，他對我行了禮、跟我握手。

「謝謝妳，女士。祖先們已經因為妳而回來了，現在我的村莊會再度繁榮起來的。」

我獨自走回旅館。此時天氣已經很熱了，我想像太陽是隻吞噬天空的怪獸，天空沒有半點雲，只有火般燃燒的熾熱，令我全身每一個毛孔都出汗。我只想把自己關在房裡，沖個冷水澡，然後寫下我所看見的景象。但當我抵達旅館，華金便朝我走來。穿著黑色外套、頭戴牛仔帽的他，打開外套，秀出裡面穿的蒙大拿州立大學足球隊T恤。

「我是為了向妳致敬而穿的，女士。」他說。「記得我跟妳說過蒙大拿的強尼把他的衣服都送給人們的事嗎？這件T恤就是他給我的。妳告訴我妳是來自蒙大拿大學之後，我就決定為妳穿上它。」我沒有糾正他。蒙大拿州立大學與蒙大拿大學不是第一次被混為一談，雖然兩校的足球隊可能不同意，但其他州的人經常把兩所大學搞混。

「我家裡也有一件同樣的T恤。」他陪我走到旅館大廳櫃檯時，我跟他表示。

「對了，博士，妳的司機已經在等妳了。」他指著一個正走向前來、戴著白色牛仔帽的男子。這位司機帶著大大的笑容，露出我從未見過的雪白牙齒。他的黑色直髮留到硬挺的白色短袖襯衫領口，華金介紹時他微微跟我行了禮，身上帶著肉桂香味。「這位是馬蒂歐・烏爾達・力歐斯，他是全宏都拉斯與瓜地馬拉最棒的司機兼嚮導。我連妹妹還有媽媽都會放心交給他，在瓜地馬拉他會把妳照顧得很好。其實他是土生土長的宏都拉斯人，但他住在瓜地馬拉。他也能說很標準的英語，人很聰明，就跟博士一樣。」我伸出手，向這位我透過電子郵件與電話挑選出來的陌生人打招呼，未來兩星期，他將是我的嚮導、老師與司機。

「很高興認識你，馬蒂歐。」他微笑並微微行禮。他跟我想像的很不一樣。雖然如果忽略耳際的些許白髮，他很可能被誤以為年紀更輕，但他跟我保證他擁有人類學與歷史碩士學位，是在約翰・甘迺迪當選總統那年出生的。他的學位給了他在瓜地馬拉一所中學擔任校長與老師的機會。在暑假與假日，他則藉著載遊客旅行賺取外快。他有兩個已經結婚的孩子，還有兩個仍在讀大學。

新的一年到來前，他就要當祖父了。頭戴白色牛仔帽、腳穿西式靴子的他，站起來有一百八十公分高。寬闊的肩膀把白色短袖襯衫撐得很緊，使他看來比較像是個從事勞動工作的牛仔，而非知識分子。我選擇他，是因為他對史蒂芬斯與卡瑟伍德、以及他們穿越瓜地馬拉與宏都拉斯之旅的認識，還有他坦承有多次接觸幽浮的經驗。我跟他在電話上談過，經過幾次電子郵件的往來，我決定他是我這趟探險的完美司機人選，而他也非常高興擔任我的護衛。

「這是我的榮幸，博士。」

我請他等一下，然後快速走到我的房間，把最後幾件物品打包好，再四處察看一遍，便拉著行李往大廳櫃檯走去。我把剩餘的宏都拉斯幣與二十美元放入一個信封，要求櫃檯人員交給那位來找我的房務員。當我轉身要跟著馬蒂歐去搭車，華金伸出手臂，把我拉近他，在我的雙頰上吻了兩下。

「下次回來，妳將會是我們最尊敬的貴賓。」

「謝謝你，華金。我會再回來的。」我再掃視四周一遍，看到了那位房務員躲在一株大棕櫚樹旁，朝我讚許的微笑著。我向她揮手道別。離開旅館時，我看見迪奧多羅站在對街一棟建築物的入口，我停了一下，隨即坐進馬蒂歐的廂型車內。我們從路邊開走時，迪奧多羅用西班牙語大聲喊著：「妳是我們的一分子！」我搖下車窗，也用西班牙語大聲對他說：「我很快會再回來。」他明白，我打算很快回來。

我們離開城市邊界時，馬蒂歐小心的問我：「妳昨晚看見幽浮了嗎，女士？今天早上電視上有關於幽浮的報導，他們說它在天空出現，然後往科潘方向消失了。」

我沒有回答馬蒂歐的問題。我想好好回味與迪奧多羅在科潘的遭遇。那時，我需要把我對幽浮的想法留在心裡。後來，我才後悔做了這個決定。

第三部

與古人同行：探索瓜地馬拉

史蒂芬斯在瓜地馬拉市尋找政府官員時，卡瑟伍德則在科潘待了三週，將各處遺址畫下來，之後就感染了瘧疾。他的病情獲得短暫緩解後，便出發與在瓜地馬拉市的史蒂芬斯會合。在路上，卡瑟伍德遇見一個男人，告訴他在靠近一個叫基里瓜（Quiriguá）的地方，有一處隱藏在森林裡的遺址。即使有病在身，卡瑟伍德仍無法抗拒的動身前往那神祕的城市。他在那裡待的時間，剛好只夠他畫下兩座有雕刻的大塊石碑，結果那是馬雅人所建造的最大石碑。一八三九年耶誕節那天，卡瑟伍德抵達瓜地馬拉與史蒂芬斯會合。

接下來幾週，他們在覆蓋著濃密森林的山間旅行，在每個小村莊停下來探尋古老遺址。離開科潘後，我和我的司機馬蒂歐跟隨史蒂芬斯與卡瑟伍德的路徑而走。跟巴弟一樣，我用類似的方式，透過電子郵件與電話訪談和馬蒂歐訂下合約。以瓜地馬拉市為基地，我們追溯史蒂芬斯與卡瑟伍德的腳步，在他們造訪過的村莊停留，找出他們逗留過的遺址。不同於那兩位馬雅文化探險者所忍受的艱苦，我發覺這趟旅程還滿舒服愉快的。在將近兩星期造訪古老遺址與蒐集遇見幽浮的故事之後，我們開車朝墨西哥邊境而去，並在奇奇卡斯德南戈（Chichicastenango）村過夜。

隔天我們繼續旅程，開往克薩爾特南戈（Quetzaltenango），那是座大型馬雅城市。卡瑟伍德深深著迷於這座城市，還花時間畫下它的全景水彩風景畫。離開克薩爾特南戈後，我們前往薇薇特南戈（Huehuetenango），在那裡待一晚，此地也是我要跟我的司機艾米利安諾碰面的目的地，他將帶我去墨西哥。馬蒂歐沒有開車載「旅客」進入墨西哥的執照，因此我跟艾米利安諾簽約，雇他載我去墨西哥。由於艾米利安諾晚了一天到，我正想重新考慮我的選擇。他自我介紹時，我的擔憂並未平息，雖然後來在我們開往聖克里斯多巴（San Cristóbal）途中，證實他是個令人愉快的同伴。

再隔天，我跟馬蒂歐道別，跟我的新司機艾米利安諾在美西亞（La Mesilla）穿越邊境進入墨西哥。經美西亞穿越邊境比史蒂芬斯的經驗更特別，這個鎮上有數百間簡陋小屋，印第安人沿街叫賣陶器，街道上滿是垃圾，到處人車擁擠，景象令人沮喪又難忘。史蒂芬斯走了一條比較直接的路進入墨西哥，行經海拔超過三千公尺的高山抵達科米坦（Comitan），再從那裡成功到達帕倫克（Palenque）。但是我決定走一條比較少人走的路，附帶去一趟墨西哥的聖克里斯多巴，那裡曾有一些天人和外星人相關故事的報導。一到聖克里斯多巴後，艾米利安諾就返回瓜地馬拉。

雖然我已離開瓜地馬拉，但有一部分的我仍留在那裡。跟比較不樂意談論自身遭遇的宏都拉斯人不同，我在這裡遇見的人，即使有所疑慮也願意分享他們的故事。在瓜地馬拉，跟我一樣對幽浮感興趣的司機馬蒂歐，可以幫我聯繫到有故事可說的有趣人物，我在這一部中收錄了其中最令人難忘的故事。

11・魔鬼派來的人

就宗教上而言，羅馬天主教至今仍如數世紀以來，主宰著中美洲。靈恩基督教（Pentecostal Christianity）則是第二大且深具特色的宗教團體。過去一世紀以來，靈恩基督教的教徒人數持續增加，發揮的影響也特別大。有一種說法是，中美洲的印第安人會被靈恩教會吸引，是因為靈恩基督教的靈療，與召喚神的元素或存在來進行的傳統超自然療法，有相似之處。雖然現今的天主教會對馬雅靈修方法已寬容許多，靈恩信仰療法與迷信的訴求仍持續侵蝕馬雅人的精神領域。

在這一章，你將認識一位深受靈恩團體影響的年輕男子，他的人生與世界觀也因而產生重大的改變。

抵達瓜地馬拉後的第二天清晨六點，我跟馬蒂歐約在旅館大廳吃早餐。我們前一晚很晚才到瓜地馬拉市，入住一家有六間套房的小型精品旅館。馬蒂歐有訂房，而我後來才知道，旅館老闆就是他兄弟艾南多。由於我們到得晚，我還沒時間好好看看這家旅館。在房裡用完晚餐，在「瓜地馬拉最大的浴缸」奢華的泡完澡之後，根據旅館主人的說法，我一眨眼間就睡著了。因此，當我隔天早上坐在早餐桌前，才會對前一晚沒注意到的周圍環境驚訝不已。

這家旅館充滿著一種精巧、奢華的殖民地優雅。全景陽台、九重葛垂綴的走廊、鋪著瓜地馬拉織品的桌子上擺了現採的花朵，簡直是一場視覺上的饗宴。四名服務生走近我們這桌，其中一個年輕人以誇張的動作把一條亞麻餐巾鋪在我腿上；另一個在我面前放上一瓶水，行禮，然後從桌邊後退一步；第三個送來奶油，還是用小雞模型塑成的；第四個則把一壺咖啡放到桌上。

「不管妳想吃什麼，早餐、午餐或晚餐，他們都會幫妳做。」馬蒂歐說。「這裡沒菜單。旅館對他們的管理最引以為傲之處，就是能滿足特別旅客的需要，隨時都準備好製作賓客想吃的任何餐點。」他把咖啡倒入兩只杯子，一杯推到我面前，我正從袋子裡拿出筆記本。「對我們來說用餐應該是一種體驗，因此時間不是問題。準備量身訂做的餐點會比較花時間，但結果是令人愉悅的。妳會得到美好的食物與陪伴。」

我把筆記本放到一旁，看了馬蒂歐一眼，啜一口瓜地馬拉黑咖啡。那時，我前一晚的疲憊尚未消退，實在沒興趣討論準備食物的話題。我只想要黑咖啡、土司與水果，然後我們倆就可以開始計畫行程。馬蒂歐一定注意到我的漠不關心，因為他轉而把注意力放到我身上。「博士，妳睡得好嗎？」他問道。

「床很舒服，旅館很安靜，但我還是很累。」

「昨天夜裡我打電話到妳房間，但沒人接。妳一定是很累。昨夜旅館裡有很多活動。」

「什麼樣的活動？」

「有幾位客人和旅館員工看到幽浮。」

「你看到了嗎？」我問。他點點頭。

我不禁暗斥自己怎麼不接電話，馬蒂歐繼續說：「那是驚人的展現，它就高掛在旅館上方的空中大約兩、三分鐘，然後朝西方消失。那個物體在天空出現時，其中一名旅館員工正在外面抽菸。他衝進來告訴酒吧裡的人，幾秒鐘內，所有人都跑到外面。」

「真不敢相信我竟然錯過了！我很累，昨天早上你來接我的時候，我已經整晚沒睡了。一個朋友夜裡帶我進去科潘遺址，你到的時候我剛好從遺址那邊回來。」

「前天夜裡有幽浮出現的報導，」馬蒂歐說，停下來啜了一口咖啡。「妳記得在科潘時我問過妳是否看到幽浮嗎？」我點點頭。「那看起來就跟前天夜裡電視上描述人們看到的飛行物一樣。」

「你可以描述一下嗎？」我問道。

「那是環狀的，但像個明亮的發光輪子，在旅館上方盤旋。我敢說它覆蓋了整座旅館，直徑大概有十五公尺。它就像座漂浮的城市。有一刻它微微傾斜了一下，目擊者聲稱他們在那飛行器一側的半透明區域內，看見人類外形的東西。我沒有看見。一盞盞藍色的燈環繞著整架飛行器。」

「你有看見窗戶嗎？」
「我不確定有沒有窗戶，半透明的區域占了飛行器約三分之一的面積，但我不確定那就是窗戶。或許是缺口，我可以看見光從裡面透出來。所有藍色燈光散發出一種超自然的藍色光輝，當旋轉加速時，燈光顏色也跟著改變為橘色。它飛走時燈光已變成紅色。」一名年輕馬雅服務生走過來幫我們點餐，他離開後，馬蒂歐在我半空的杯子裡加入咖啡，然後說：「那個年輕人昨晚也看到幽浮，他告訴我他有被帶到那架飛行器上。」我放下杯子，看著那名服務生離開的方向。
「真的嗎？」我問道。馬蒂歐點頭微笑。「這太驚人了！我在科潘的時候，在夜裡走進古城，看見幽浮，它就像一具旋轉的輪子。剛開始我以為我在做夢，它的大小跟你形容的差不多。我記得自己看了看同行夥伴，他似乎處於恍神的狀態。我捏了自己一把，再看向那架飛行器，那時我才明白我是完全清醒的，我遇見了幽浮。」我停住口，等待著回應，但什麼都沒有。「請說點什麼吧！」我說。
「我相信妳。」他說。「我在科潘也有過類似經驗。」
「那或許我該請你跟我說說你的經驗。」我答道。
「我們還有好幾天呢，博士。等我們彼此熟稔一點，我會告訴妳很多事。」
「你覺得那位服務生會告訴我他的遭遇嗎？」
「我問問看。」那位年輕服務生推著一部小手推車到我們桌旁，小心的把罩著半圓蓋的餐盤放到我們面前。在桌子正中央，他放上一只碗，裡面裝著柳橙、香蕉與芒果，再換上一壺剛煮好的咖啡。

「艾杜拉多，博士想聽聽你與幽浮接觸的經驗。」年輕服務生看了我一眼，隨即移開眼神。「請坐下，告訴我們發生了什麼事。」馬蒂歐說。服務生緊張的望著廚房那邊。「別擔心，我會跟艾南多說是我要你加入我們的。」馬蒂歐伸手拉開他身旁的椅子。「坐，你吃過早餐了嗎？」馬蒂歐問。艾杜拉多點點頭，雙手不安的在褲子上摩挲著。「那就好。」他拿起自己餐盤前的新鮮現榨柳橙汁，放在艾杜拉多面前。「請告訴博士你今天早上告訴我的事情。慢慢說。」

「昨天夜裡，我正從旅館走路回家。我住在離這裡兩公里的地方。」

「那時是幾點？」我問。

「很晚了。我工作到酒吧關門，等客人走了之後，洗完所有杯子、全部打掃完。」

「艾杜拉多跟他媽媽住，旅館不太忙的時候，他晚上會住在這裡。」馬蒂歐解釋道。「旅館經理為他準備一間房間，但旅館客滿的時候，他們會把那間房間也租出去，艾杜拉多就必須回到他媽媽家住，昨天就是這樣。」

「你在哪裡看見幽浮的？」我問道。

「我第一次是在它盤旋在旅館上方時看見的，那時我正在送飲料給客人、替酒保為客人點酒，荷西〔另一名服務生〕衝進來說外面有幽浮，酒吧裡的人一下子全都不見了。」他看著馬蒂歐。

「你也在那裡，你知道發生了什麼事。」馬蒂歐點點頭。

「沒錯，但女士並不知道。所以請告訴她你的故事。」

「下班後，我動身回家。夜色十分清朗。突然間，我看見那架飛行器從西方飛來，那是個很大的橘色物體，形狀像一個腳踏車車輪，一直繞著圈移動。我想它把我催眠了。一開始我以為它要離開城市，但它卻停在我媽媽的房子上方盤旋。我很替媽媽害怕，便往房子那邊跑去，正當我跑到路的轉彎處，就看見了它，它也看見了我。」他停下來，喝了一口柳橙汁。馬蒂歐把手放在他肩上安撫他。

「你做得很好，請繼續。」馬蒂歐鼓勵的說。

「一道明亮的藍光從那架飛行器的底部照下來，那是很美麗的景象，我覺得很開心。我知道我不需要害怕這些訪客，那是一種很奇怪的感覺。我離開旅館的時候覺得很疲累，但那時我一點都不覺得累。我腦子很清醒，彷彿睡了很久之後醒來。它們告訴我要冷靜。」

「它們怎麼告訴你的？它們有跟你說話嗎？」我用問題打斷他。

「我聽見它們的聲音。我不是很確定。但沒多久我又開始害怕起來，就在看到藍光變成白光時，我嚇壞了。我動彈不得，整個人癱軟，此時我感覺雙腳離開地面，雖然我掙扎的雙腳亂踢、揮舞雙臂，但一股強大的力量一直把我往上拉，我一點辦法也沒有。」

「你知道那道光是來自一艘幽浮嗎？」我問道。

「一開始不知道。當我看見藍光，以為那是『耶穌的奇蹟』。」

「『耶穌的奇蹟』？」我問。

「是的。這邊發生過很多『耶穌的奇蹟』，我們村子裡很多人經歷過。」他說。我看著馬蒂歐，尋求對「耶穌的奇蹟」的解釋。

「『耶穌的奇蹟』持續在發生，是這個地區的基本教義宗教運動的結果。靈恩基督教的傳教士們已進駐這個地區。近來，令本地天主教神父大為懊惱的是，有一群土生土長的福音傳道者開始鼓吹當地人民改信一種福音傳道式的基督教。他們是抄襲他人的療癒者，就像美國電視上的福音傳道者。他們談論著『耶穌的奇蹟』，說他們可以用雙手療癒他人。當地人民是迷信且未受教育的，他們想要相信神能施展奇蹟與療癒能力。」

「但我以為這裡大多數人是天主教徒。」我回應道。

「那是在福音傳道團體開始接觸人民之前。他們準備免費食物與晚餐，人們跑去吃，然後就聽福音傳道者在他們腦子裡塞滿一種不同的基督教信仰，例如『耶穌的奇蹟』。對你我來說，那聽起來很荒謬，但對這些村子裡虔誠且未受過教育的居民來說，這個新興宗教對他們的生活造成了極大的影響。在某些情況下，它提供了安慰與某些人說的奇蹟。當靈恩基督徒也比天主教徒花的錢少，他們不需要再付錢參加不同的儀式活動，有錢的時候再給傳教士就可以了。」

「那請告訴我，艾杜拉多，燈光從藍色變成白色之後發生了什麼事？」我問道。

「我被帶到它們的飛行器上面，它們帶我四處參觀，跟我說它們很愛馬雅人，它們選中我是因為我繼承的馬雅傳統。它們說星際的知識一直被隱藏在馬雅象形文字中，但從未正確譯解。因此它們決定挑選一名馬雅男子把那些知識傳授給世人。」

「你認為你就是那個男子？」馬蒂歐問道。

「它們說我是使者，說地球正在改變，一個新世界即將來臨。它們說將會有戰爭與地震，因為地球會燃燒，人們會餓死。我們是住在第四世界，但第五世界即將到來，已經來不及阻止了。我應該要告訴人們做好準備。有四名騎士會先來，分別騎著白、紅、黑、黃四種顏色的馬，象徵著世界的四方以及世界上的人種顏色。這些騎士出現時，第四世界就會結束，第五世界就會開始。」

我看著馬蒂歐，不確定他想的是否跟我一樣，但看來艾杜拉多是把《聖經》的啟示錄與外星生物搞混了。

「那些外星人告訴你四名騎士的事？」我問道。

「是的。還有其他的事。」艾杜拉多回答。

「什麼樣的事？」

「我不記得了。我的頭腦很混亂，不想讓任何人知道這件事。我試著跟媽媽解釋時，她說我受到詛咒了，那些福音傳道者在我腦子裡灌輸了胡說八道的事。她說福音傳道者是魔鬼，不是天人。」

「你能描述一下那些天人嗎？」我問。

「它們長得比我矮。」他把手臂舉到大約一百二十公分高的地方。「它們穿著白色服裝，戴著面具。」

「你說它們戴著面具是什麼意思？」

「它們頭上有戴頭盔，像機車安全帽，但它們的臉像一張有著巨大護目鏡的面具。它們的臉是隱藏起來的，所以我不知道它們長什麼樣子。要是知道，我可能會更害怕它們。」

「你那時很怕它們嗎？」

「是的。」

「艾杜拉多，你一直都有去村裡的福音傳道者教會嗎？」馬蒂歐問道。

「有。」

「他們跟你說過任何有關幽浮的事嗎？」

「我們村子上方出現幽浮很多次了。牧師說它們是從魔鬼那邊來的，它們是來愚弄我們的。」

「這是你第一次被外星人帶走嗎？」我問道。

「是的。」

「你可以告訴我任何關於那艘太空船的事嗎？」我再問。

「有兩艘，大的那艘是圓的，像個腳踏車車輪。內側是中空的，會旋轉。較小的那艘是環形飛行器，是從大的那艘裡面飛出來的。」他拿起我的空咖啡杯，倒扣在盤子上。「看起來就像那樣。」他說。

「那飛行器上有多少外星人？」我問。

「我看到四個矮人和一個跟它們不一樣的高大外星人。我想應該有更多。」馬蒂歐用馬雅方言跟他說話，艾杜拉多回答：「有許多通道通往其他房間，飛行器內部跟這家旅館大廳一樣大，那個高大外星人在房間四周漂浮，彷彿腳上裝著輪子。它骨瘦如材，頭頂著稀疏的白髮，不曾微笑或皺眉，也不曾看我。它正忙著操作某些儀器，我不知道它在做什麼。」

「你還記得什麼有關你被綁架的事嗎？」我問道。

「它們說它們會回來找我。我母親認為魔鬼對我施了詛咒，我不想讓村人們認為我是被魔鬼詛咒或附身。」

「你沒有被魔鬼附身。」馬蒂歐說，一邊把手放到那個年輕人肩上。「而且，我可以跟你保證，那些幽浮是從另一個星球來的訪客，它們不是魔鬼。因此不用擔心，福音傳道者教會的牧師是錯的，別聽他的。回到天主教教堂去吧，孩子。帕布羅神父會幫助你。」艾杜拉多不自在的看著他。

「我沒有臉去見帕布羅神父。」艾杜拉多回答道。

「我會帶你去見神父。你會明白沒有什麼好怕的。你知道帕布羅神父是個好人，他會照顧你。」

「那會讓我母親開心一點。」我第一次看到艾杜拉多放鬆下來。「我們帶他去找帕布羅神父好嗎，博士？」馬蒂歐問道。

「當然。」我把早餐點的柳橙放進包包，與馬蒂歐一起出去。

我們走向廂型車時，馬蒂歐中途在飯店櫃檯停下來，留了話給他的兄弟艾南多：「告訴他，我們帶艾杜拉多去找帕布羅神父。他兩小時內會回來。」

我們走到停車場。等待上車時，我回頭看著旅館。盤旋在旅館上方的幽浮，一定是個令人歎為觀止的景象。我暗自記下當天晚上一定要保持清醒，以免它再回來。更好的是，或許我能說服馬蒂歐跟我一起輪流守夜。

12・我們知道宇宙旅行的路徑

美洲地區原住民所運用的天文學是無法概括而論的，因為每一種語言與文化族群各有不同的傳統與傳說。當然，美國查科峽谷的安納沙茲（Anasazi）、新墨西哥州的普韋布洛（Pueblo）、加州的丘馬什（chumash），以及祕魯的印加與中美洲的馬雅等文明，都展現出星際超乎常理的知識，而且有他們自己的星際地圖。

哥倫布展開他的旅程時，當時一般人相信地球是平的，但馬雅人早已知道地球是圓的。他們也比西方太空人更早知道金星、天王星、海王星。

你會在這一章認識一位馬雅長老，他告訴我星際地圖指引他的族人抵達瓜地馬拉的故事。

我是透過我的司機認識他的。據說他一直是樂意與村裡的年輕人分享知識的老朋友。他身材矮小、精瘦結實，身穿磨損的牛仔褲、破舊的黑色T恤，腳穿涼鞋，頭戴寬邊草帽，雙手指節扭曲粗糙，似乎是關節炎與苦力勞動造成的結果，左手拇指也不見了。他是位備受尊崇的人，但他的地位並非基於物質上的財產，而是來自他傳給一代又一代人的知識。他告訴我他從未擁有任何武器，只有一把彎刀，如果警察或軍人攔住他，他希望自己看起來沒有惡意。他和我、我的司機約在一間偏僻的戶外家庭式小咖啡館碰面，那是我的司機挑選的地方，是他的表親薩爾瓦多改裝自家露台而成的戶外餐廳。

「古老的故事告訴我們，馬雅人是被天人指引到這塊土地上來的，」這位長老說，「但我們跟那些入侵者說的不是這樣。」他原本自稱拉米歐，但隨著夜色慢慢降臨，他坦承是為了保護自己的真實身分才選擇這個名字。「有些人認為不應該把我們的知識分享給外人，但妳是印第安人，所以我告訴妳，妳也可以把這些知識傳遞給其他人。我相信越多人知道我們以及地球上所有人的由來，等天人回來的時候，我們就會更有準備。但我還是會自稱拉米歐。」他停下來喝一口瓜地馬拉黑咖啡，跟馬蒂歐要一塊甜捲餅，馬蒂歐便從櫃檯挑好送來給他。「馬蒂歐告訴我，未來妳可能會寫一本在馬雅國度探險的書，我不介意妳把我的故事放進去，這故事需要被說出來。」他吃掉半個馬蒂歐擺在他面前的甜捲餅之後，我問了第一個問題，然後等待馬蒂歐翻譯。

「為什麼你相信天人選擇把馬雅人安置在瓜地馬拉？」我問道。

「這塊土地，也就是世人所稱的瓜地馬拉，不是天人為我們選擇的。我們是先到入侵者所稱的墨西哥，後來為了逃離入侵者，我們才來到瓜地馬拉，躲在山上的叢林裡。古馬雅人自稱是『馬雅大地[1]的孩子』或『上帝選擇之地的居民』。這塊土地有我們生存所需的一切事物，有能養活我們自己的宜人氣候、能提供我們食物與保護的動物。海拔與地形都與我們的家鄉類似，對我們來說太完美了。」

「你是說，瓜地馬拉的叢林氣候與你們的星球故鄉一樣？」我問道。聽完馬蒂歐翻譯後，他點點頭，然後又咬了一口捲餅。

「宏都拉斯有位老先生告訴我，馬雅人握有一份星際地圖，可以讓他們到宇宙旅行。關於這個說法，你有什麼可以告訴我的嗎？」我再問，並等待馬蒂歐翻譯。

「那是真的。我們的族人握有一份星際地圖，我們知道在宇宙旅行的路徑。」他說。「星際地圖是我們的指引，我們就是靠它來到這裡的。」

「那星際地圖呢？」我問。

「不見了，被燒了，入侵者或天主教神職人員毀了它。入侵者〔西班牙人〕與他們的神職人員害怕我們對宇宙與人類由來的知識，他們認為那是邪惡的，把它當成魔鬼的成果般的抗拒。他們非常野蠻，完全不珍惜、也不了解像馬雅這樣先進的文化。」他停住片刻，用傳統馬雅方言跟馬蒂歐說幾句話，然後繼續說道：「人總是摧毀自己不了解的事物。到世界末日也一樣。」

1——Mayab，即今日的猶加敦半島地區。

「所以一切都消失了，還是仍有人知道一些過去的知識？」我問道。

「我們對天堂吟唱的頌詞至今仍能讓我們跟天人說話，還有些現存的馬雅人能跟天人說話，但那是一種古老的習俗，在瓜地馬拉與墨西哥都仍好好的保留著。」

「很顯然，考古學家、歷史學家與其他馬雅文明學家普遍都知道馬雅人是很厲害的天文學家。你們對宇宙的知識有任何經過現代天文學家證實的部分嗎？」

「我們的傳說有提及天堂的誕生。我們的古老知識，有很多已得到今日天文學家的確認。」他說。

「你們的年輕族人知道這些故事嗎？」我問。

「只有一些年輕人知道。我們會選擇那些能明智的學習古老方法的人。大多數的年輕人無法遵守那些古老故事的教誨，祖母們只把那些故事告訴真正想知道的子孫。墨西哥的拉坎冬人（Lacandon）就是我們知識的真正守護者，他們的年輕人聽從長老的話，但也因此比我們的孩子更孤立。」

「你相信當你們祈禱或唱頌時，天人還是會到來嗎？」我問道。

「天人會來找相信的人，」他說。「我知道天人在我們生命中扮演的角色，因此天人來找我，還會帶我到遙遠的太空，告訴我一些事。」

「它們告訴你什麼樣的事？」我問。

「它們告訴我要練習唱頌我們的頌詞，並把我們的知識傳遞給願意傾聽的人。它們告訴我們，這個地球就要發生很多令人悲傷的事，要我們準備好頌詞，這樣天人就會記得我們、來接我們，我們只要唸出我們的頌詞，它們就會聽見。」

「你能告訴我任何它們明確告訴你的一件事嗎？」我問道。

「它們說有一天，一座巨大的海底火山將會打開，連接北美洲與南美洲的所有土地都會沉入海洋。土地沉沒後，這些國家的人民將不知道要去哪裡，到處都只剩下水，但馬雅人會被天人帶到天堂去。」

「你相信這些事情真的會發生？」我問。

「很快就會發生，但人們不肯聽。二〇一二年不會是世界末日，只是一段艱困時期的開始。接下來的十年將會發生地球人的巨大苦難。如果人們願意花時間望向天空，天空會出現一些徵兆，但大多數人都太忙而沒時間去看。他們會錯過那些徵兆。」

「等你們被帶到外星球、土地也沉沒了，你們會在毀滅結束之後回到地球嗎？」我問。

「我們有一部分人會回來，但其他人會去另一個星球開啟新世界。這就是天人告訴我們的事。」他說。

那晚稍晚，拉米歐邀請我跟他一起參加一場祈禱儀式。馬蒂歐和我冒險深入他村子外的山區，在他的祈禱祭壇上，他擺出玉米粒與缽，對著天堂唱頌，並與祖先談話。

雖然那晚我沒有到宇宙旅行，我也感覺到自己是馬雅人宇宙的一部分了。

13・搭便車的外星人

瓜地馬拉有記載一些最驚人的接觸幽浮事件。光是幽浮觀察的多樣性，便值得特別注意，包括對飛行物體的明確描述，到綁架、登陸與殘殺牛隻，還有外星接觸者的敘述，以及從形狀怪異的飛行器中出現的奇怪生物。

在這章中，你會看見四名年輕男子的故事，他們是三兄弟與一位表哥。他們載了一個搭便車的人一程，後來發現那個搭便車的是外星人。

我是在一間戶外咖啡館認識艾里塞爾、哈維耶，與他們的兄弟荷西。這次聚會是由馬蒂歐安排的，他把我載到那家小餐館後，還要去尋找其他可能聯絡到的人。依照馬蒂歐的描述，我立刻就認出了那三兄弟，他們很容易會被誤認為三胞胎，三人都是短小精幹的男子，留著黑色直髮，臉上同樣有跟著笑容出現的酒渦。他們身穿無袖T恤，露出肌肉結實的手臂。我走近他們的戶外桌子時，他們都站起來，摘下牛仔帽，把彎刀放在像野餐桌的桌子上。我入座後，荷西走去櫃檯替我們四人點了瓶裝水。我無法不去注意到他們擺在身側的來福槍，但不知為何，身在他們三人當中，我感覺很安全。我一度以為面前的可能是山中游擊隊成員，但當他們具感染力的笑聲與友善的態度令我放鬆下來，我便捨棄了那樣的念頭。馬蒂歐跟我保證，這三兄弟都是大學生，也能說一口標準英語。

自稱是老大的艾里塞爾，先為這次的訪談設好舞台背景。「我們那時剛從姐姐在瓜地馬拉市舉辦的婚宴離開，我、荷西、哈維耶跟我們的表哥米列爾一起。我們在其他人都走了之後才離開，因為我們答應要把姐姐為婚宴借來的一些桌椅歸還給人家。正當我們把桌椅搬上廂型車後座，一個陌生人走近我們，請求載他一程。我們以為他是新郎的客人，便答應了。」

「開車的是我，」荷西說。「我們沒有走主要幹道，而是改走繞過城市的便道。這點很奇怪，因為我從未走過那條路，但卻覺得不得不做此選擇。我們開離住宅區數公里後，車子的前輪開始搖晃。我往路肩靠邊停在一間織品工廠前。天色很暗，沒有月光，也沒有任何光線。那是另一個奇怪的地方，織品工廠一向都會點燈，但那天晚上就是一片漆黑，沒有燈光。」

「我們倒帶一下，為什麼你們會走一條不熟悉的路離開瓜地馬拉市？是誰建議的？」我問道。

「我不確定有人建議，不知為何，我知道那就是我必須走的路。我不知道為什麼。」荷西說道。

「這時那個搭便車的人在做什麼？」

「那又是另一件奇怪的事。我們四個人——我的兄弟、表哥與我，必須從廂型車後座把桌椅移出來，才能拿到修理輪胎用的工具箱。那一刻，我們才發現他不見了。他消失了。」

「你們不覺得那很奇怪嗎？」

「這只是那個瘋狂夜晚的另一起事件。那個夜晚所有的事都令人精神錯亂，但事情還越來越瘋狂。」

「你們繼續說之前，可以先告訴我那個搭便車的人的模樣嗎？」我問道。

「我其實沒有太仔細看他。他要求搭便車時，我有轉身看了他一眼。他穿得就像婚禮上所有人一樣：牛仔褲、白襯衫，牛仔帽拉得很低，遮住眼睛。他比我高，而且很瘦，我心想這傢伙應該沒幹過一天活。他跟我們四個不一樣，我們有肌肉。」彷彿在暗示什麼似的，三兄弟像一群健身教練般把肌肉秀給我看，然後又彷彿感到不好意思似的恢復鎮定，像偷拿餅乾被逮到的小男孩般的看著我。

「還有嗎？」我問。

「就我記得是沒有了，但我們可以去米列爾家，他是我們的表哥，那時也跟我們在一起，我確定他會告訴妳那天晚上發生了什麼事，他一定很有興趣認識妳，雖然他太太可能會嫉妒。她不喜歡他跟女人說話。」艾里塞爾說。「我們單身，所以不用跟善妒的女人打交道。」

「是啊，而且我們喜歡這樣。」荷西補了一句。他們又再度笑得像青少年一樣，還互相贊同的點著頭。

「等馬蒂歐回來，我們再討論去拜訪你們表哥的事，但現在請告訴我，你們把廂型車上的東西搬下來、找到工具之後，發生了什麼事？」

「我們有一盞可以照明的提燈，我們把它點燃，找到工具後，我開始換輪胎。米列爾幫我拆掉螺帽，荷西把備胎拿過來。此時哈維耶開始大叫，說有輛開著刺眼大燈的車正從一公里外開過來。我們繼續工作，沒多留意他的警告，我只想趕快把輪胎換好回家。正當我把備胎換上，一道光突然出現在我們身後，就在織品工廠停車場的上方。那光線已經不像是車燈，而是變成一種偏藍的燈光，明亮到足以照亮夜空。我專注的把螺帽鎖緊，荷西、哈維耶和米列爾則忙著把桌椅搬回廂型車上。然後我跳上駕駛座，哈維耶同時跳上副駕駛座，荷西與米列爾也打開後車門跳進來。」艾里塞爾說道。

「這時候，你們知道那是幽浮嗎？」我問道。

「我不確定我們有沒有開口說出來，但我想我知道那是艘幽浮，只是我們都沒說。我們嚇壞了。我轉動發動車子的鑰匙時，引擎卻無法啟動。」

「這時你們做了什麼？」

「荷西打開車門想下車，但突然間，他動彈不得。我們全都動彈不得。那個搭便車的人就在此時又出現了，身上穿的已經跟我們四個不一樣了。」艾里塞爾說。

「它穿著一件白色的連身服，但最奇怪的是，它仍戴著牛仔帽。它打開車門，鑽進副駕駛座，告訴我們不要怕。它關上門，廂型車隨即開始朝那架飛行器往前移動。一道明亮的白光就落在我們前方的道路上，而我感覺廂型車在往上移動。那個外星人一直說我們不需要害怕。」哈維耶插嘴說道。

「你們可以描述一下那架飛行器嗎？」

「我沒有真正看到它，我們沒人看到。光線太強了，我們根本看不見。」艾里塞爾說。

「它們有把你們四個人帶上飛行器嗎？」我問。

「它們把廂型車、我們四個人，還有那個搭便車的人都帶上去。我們一登上飛行器，車門就全部打開，有四個外星人包圍著我們。它們看起來像人類，但不是人類。它們有奇怪的紅色眼睛。它們把我們拉出車子，用一隻手就把我們舉到雙腳離地，然後扛著我們走入一道長廊。裡面的燈光刺得我眼睛好痛，我閉起眼睛好躲開那刺眼的疼痛。我們抱怨燈光太刺眼，它們就把燈光調暗了一點，但沒什麼用。」

「你能描述一下那些外星人嗎？」

「那些高大、有著紅眼睛的外星人非常壯，可以用一隻手就把我們舉起來。除了紅眼睛之外，它們看起來像人類，但臉上毫無表情。它們從未跟我們說話。荷西奮力反抗它們，但一點用也沒有。它們身穿淺色服裝，可能是淺藍色的，我無法確定。燈光很刺眼，我眼睛很痛，當我再度抱怨，它們就把燈光換成偏綠色的光。」

「你能描述一下綁架你們的外星人嗎？」我問道。

「它們有淡棕色的頭髮，和又大又圓的明亮藍眼睛。我從未見過那樣的藍色眼睛。」艾里塞爾說道，其他人也點頭。

「你們在那架飛行器上有看到其他人類嗎？」

「我們被安置到房間裡之後，有另外兩個我們之前沒見過的外星人進來，搭我們便車的也一起。我們那位奇怪的乘客用冷靜的聲音跟我們保證，它們對我們沒有惡意。另外兩個外星人之一是個女性，我想。她比其他留著較長金髮的外星人高一些。她走向前，拿針刺我的手指，取了血液，也採了其他人的血液，然後就離開房間。幾分鐘後，又有兩個不同的外星人進來，帶我們走入另一道走廊。那就是我醒來之前記得的最後一件事，幾小時後，我才從廂型車的方向盤前醒來。」哈維耶說。

「我醒來時已是早上，看見地平線有一道銀光。我看看後座，荷西和米列爾在那兒，但我沒認出他們。我喪失記憶了，甚至不知道自己是誰。我不知道我身在何處、我是誰，或我要去哪裡。我試著叫醒其他人，但他們都不省人事。哈維耶躺在廂型車外的地面上。我看見一輛車朝我們駛來，於是跳下車，揮手攔下那輛車。我告訴那位司機，我不知道我是誰，我需要幫忙，他卻把車開走。我走回廂型車時，把哈維耶扶上車，放在駕駛座上，我自己則爬上副駕駛座。我怕他被路過的車子撞到。」

「你們怎麼回家的？」

「一個警察過來把我們四個人帶回警局，他們看了我們的證件，發現我們的姓名與住址，把我們送回家。媽媽讓我們上床睡覺。幾天之後我們才記起自己是誰。荷西首先想起來，他說我們被外星人綁架，我們的記憶也慢慢恢復。媽媽認為我們是被魔鬼崇拜者或魔鬼抓去了，但我們知道那不一樣。我們登上了一艘太空船，而我們是被那個搭便車的帶去的。」

「米列爾怎麼樣？」

「剛開始我們並不知道，但後來我們恢復記憶後，就知道警察把他帶回去給他太太了。我們很擔心他，因為他太太有時會亂罵人，我們擔心他會被趕出家門。」

「但他沒事吧？」

「沒事。但她不跟他說話，她認為我們是整晚跟女人喝酒去了。」他們全都對那個想法一笑置之，但我從他們臉上彼此交換的表情看得出來，他們很同情表哥。

「你們還記得哪些登上那艘太空船時的事？」

「我只記得那些極亮的燈光，那令人很難看清楚太空船上的任何東西。我認為這些外星人也無法看得很清楚，因為它們的燈光太強了。我知道我們祖父說他在太陽光下可以看得更清楚，他只能在陽光下閱讀。但他眼力很差。」荷西說。

「你們還記得其他事嗎？有什麼氣味、聲音，任何你們記得的事？」

荷西說：「沒有聲音、也沒有氣味，只有強光。」

「我記得一間房間裡有一層寒冷的薄霧，」哈維耶說。「感覺像是無聲的雨，聞起來也像雨，但我知道那不是雨。我還記得我碰觸到的每件東西都很冰冷，冷到會凍傷人。那種觸感是我從未感受過的，令我不寒而慄。」

「我記得一陣嗡嗡的聲音，」艾里塞爾則說。「音調很高，是我從未聽過的聲音。」所有人都看著說自己毫無記憶的荷西。接下來半小時，三人一直重複他們已經告訴我的同樣資訊。我說要請他們吃午餐，在我暗示這只是對他們告訴我這些故事聊表心意之後，他們才同意。吃飯時他們問我有關美國的事，想知道在蒙大拿印第安人受到什麼樣的對待。他們都談到渴望搬去美國，即使知道那是不可能的。馬蒂歐回來後，艾里塞爾建議，如果我想去找米列爾談談，馬蒂歐應該先得到他太太的允許，這樣應該可以減低她的嫉妒心。

我們到達米列爾家時下車，五個小孩出來迎接我們，年紀最大的看來不過六、七歲。我爬進後座，拿出一包越橘太妃糖給他們吃，也送他們一些蠟筆和著色本。最大那個孩子收下禮物，就跑到屋子後面消失了，其他幾個則追著他跑。後來我看見他在分禮物，仔細的一個一個算，公平的分享給他的兄弟姐妹。米列爾的太太蘇塞莉歡迎我們進門，同時艾里塞爾與馬蒂歐跟她解釋我來這裡的原因。當她點頭微笑，我知道她同意了。我們穿過那只有一間房間的小屋子，與在後院的米列爾碰面。艾里塞爾跟他介紹我。

「我不知道我能告訴妳什麼，相信我表弟們已經告訴妳全部的故事了。」

「如果你願意的話，我想聽聽你的說法。」我看到米列爾朝門口的方向瞄了一眼，蘇塞莉就站在那兒。

「它們不是很友善，是邪惡的生物，是魔鬼派來的。它們未經允許就把我們帶走，還對我們的腦子動手腳，讓我們記不得它們。但我們記得。這就是我的想法。它們低估了馬雅男人的意志力。」

「你介意告訴我那天晚上你記得的任何事情嗎？」我問道。米列爾開始述說他的故事，跟他表弟們說的一模一樣，直到他提及他們四個曾被分開來。

「一個女的取走我們的血液，然後另一組進來房間。它們把我們各自帶往一條長廊，進入不同的房間。我記得走廊沒有那麼明亮，但牆壁上什麼也沒有，只反射著光線，摸起來很冰冷。它們把我單獨帶到一間房間後，要我脫掉衣服，但我拒絕。這時那些高大的外星人出現，其中一個抓住我，其他的則脫掉我的衣服。我奮力掙扎，但只讓自己筋疲力竭。我的衣服被脫光後，兩個女外星人和一個男外星人走了進來。我記得自己非常尷尬，覺得在陌生女性面前裸體很不自在。它們在我脖子和腳上套上鐵箍讓我無法動彈。我記得其中一個女的靠我非常近，跟我說我不會感覺到痛，而且等一切結束後，我什麼也不會記得。我一定是在那一刻失去意識的，因為之後的事我完全記不得，直到警察把我送回家。蘇塞莉說我睡了三天，醒來之後還是什麼都不記得。她又治療了我好幾天，我才慢慢恢復記憶。我發誓我會記起來，而我也確實辦到了。」

「你的表弟們沒提到你們四個被分開的事。」我說。

「他們沒人記得，」他說，「但我跟妳保證，我們有被分開。它們也對我們做了一些事。」他拉起身上的破舊T恤，給我看他身體左側一個大約二十五分硬幣大小的圓形凹痕。「那天晚上之前，我身上沒有這疤痕。我認為它們拿走了我身體的一部分。」

離開米列爾家之前，我送給蘇塞莉一個縫紉包、護手霜與口紅。在縫紉包裡，我塞了兩張二十美元的紙鈔。離開前她倒柳橙汁給我們喝，馬蒂歐跟她用馬雅語交談，偶爾停下來翻譯給我聽。

我經常想到那四個跟我分享故事的表兄弟。雖然有些懷疑論者會對他們的遭遇不屑一顧，但這不是我第一次從人們口中聽見他們說自己被連人帶車帶上一架飛行器。我也一再聽到人們告訴我在被綁架時全身無法動彈。然而，事件中涉及一名實際上是外星人的搭便車者，只出現過兩次。那令我懷疑，或許這種方式比我們所知的更常見。後來，每次我經過一個搭便車的人，都會想到艾里塞爾、荷西、哈維耶和米列爾。而即使我想停下來，還是會繼續往前開走。

14・基里瓜的天人

在瓜地馬拉的古城基里瓜，附近村莊的長老們仍堅稱這座城市一直都與天上的生物有關聯，而且古城其實曾被「天朝」的成員統治過。如果你仔細檢視遺址的歷史，你會發現這座城市的第一位統治者考阿克天（Cauac Sky），也被稱為「熾烈天空閃電之神」。考阿克天之後，還有天索爾（Sky Xul），接下來是天頤美基斯垛（Sky Imx Dog）、埃斯克羅天（Scroll Sky）與哈雷天（Jade Sky）等統治者。

這一章，我的司機馬蒂歐，將跟我吐露他自己對天神們的看法。

在追隨史蒂芬斯與卡瑟伍德腳步的同時，我也相當留意古代太空人確切影響馬雅世界的跡象。接近基里瓜時，我對這座遺址的歷史與曾統治這座古城的「天朝」已相當熟悉，但沒想到會得知，很多本地人相信這座城市是由來自天上並留下來的人所建造的。

「是外星人建造了基里瓜。」一名瘦削、矮小，留著極細八字鬍的瓜地馬拉人忽然如此宣稱。我們此刻正停在戴爾孟提香蕉農場中央的「香蕉十字路口」，聽著雨果說話，他自稱是這家香蕉農場的老闆。雨果和我與馬蒂歐一起，在前往基里瓜的泥土路上，因等候運送中的香蕉而停下來。我非常努力的聽著他和馬蒂歐說的話，一邊看著一束束的香蕉快速掠過，那些香蕉用鉤子掛在架高的單軌軌道上，從果園被送到裝卸平台時會阻斷道路通行。每一株巨大的莖上都附著數十串香蕉，上面覆蓋著塑膠袋。它們令我想起五〇年代的科幻片《天外魔花》（*Invasion of the Body Snatchers*）裡描繪的外星人豆莢種子。

因此當雨果突然宣稱外星人建造了基里瓜，我的注意力完全轉移到他身上。「沒有任何人類能不用某種器具，就把那些石碑從採石場搬到現在所處的位置，其中有些還重達六十公噸呢！你會知道我說的是真的，沒有哪個平凡人類能移動那麼巨大的物體。即使有現代科技，也是非常困難。老人家都說，是那些神飛過天空，把那些東西放到今日所在的地方。如果那些神能飛過天空，它們一定是外星人。」

「你認為天神跟外星人是一樣的？」我問道。

「是啊，它們是一樣的。它們來到這裡，很喜歡這裡，就留下來了。」

「博士正在追尋史蒂芬斯與卡瑟伍德的腳步，這兩人曾在一八〇〇年代中期造訪過這處遺址。」馬蒂歐解釋道。

「那很有意思！」雨果說。「佩耶家的後代仍會訴說史蒂芬斯的故事。他們喜歡卡瑟伍德，但不喜歡史蒂芬斯。很多導遊會告訴你史蒂芬斯和卡瑟伍德一起造訪基里瓜，但事實並非如此。只有卡瑟伍德先生來到這裡。當時擁有那片土地的佩耶家兄弟後代還會說，史蒂芬斯一看到卡瑟伍德畫的圖，就有多想買下基里瓜，但史蒂芬斯從未到過這裡。」

雨果對史蒂芬斯的說法沒有錯。在瓜地馬拉市時，史蒂芬斯與卡瑟伍德收到有關一處隱藏在濃密叢林中的荒廢城市的訊息，就位在他們離開科潘之後停留的恩昆特羅斯（Encuentros）之外三小時路程的地方。在史蒂芬斯尋找有運作的政府機構的同時，卡瑟伍德便前往基里瓜的遺址探勘，並記錄它壯觀的石碑雕刻。史蒂芬斯對這些圖畫所顯示的證據非常興奮，便開始與古城土地的持有者佩耶兄弟進行交涉，想購買古城的十四處重要遺址。由於誤以為史蒂芬斯擁有美國政府的財務資助，他們頑固的要求超出史蒂芬斯能力所及的金額。因此交涉期間，史蒂芬斯與卡瑟伍德便離開瓜地馬拉，前往墨西哥的帕倫克。

我們在「十字路口」等待時，兩個男孩靠近車子。我搖下車窗跟他們打招呼，他們微笑著舉起一些古馬雅雕刻的小碎片，聲稱都是取自於那些古老遺址。我告訴他們不應該從遺址拿走文物時，他們笑著說遊客會買啊，他們明白我不是潛在客人之後便走開了。我搖起車窗，思索著這種情況的弔詭。史蒂芬斯曾試著買下這片遺址；今日，如果這些本地馬雅孩童知道管道的話，應該會一塊一塊的把它賣掉吧。

「雨果，你在這座遺址有見過外星人或太空船嗎？」我問道。

「我看過太空船很多次。那不重要，它們白天晚上都會來。但有遊客的時候它們絕不會來。我個人沒見過外星人或天神，或任何你選擇的名稱，但那些傢伙〔工人們〕告訴我，外星人經常把太空船降落在靠近衛城（Acropolis）的地方，然後出來四處走動。他們說晚上會聽到外星人的吟唱聲。」

「他們有描述過外星人長什麼樣子嗎？」我問。

「有時外星人會像顆光球一樣到來，然後變成看起來跟他們一樣的男人。有時外星人看起來像人、但又不是人。」

「你可以解釋一下嗎？」

「他們從未真正談過這個，因為太害怕了，雖然外星人有人的樣貌，但它們不是人。我知道的就是這些。」

「他們說聽到吟唱聲是什麼意思？」

「他們聽到的就是吟唱聲。」

「那些工人熟悉那吟唱的曲子嗎？」

「是啊，那是村裡的長老會唱的曲子。有些人稱呼他們是長老，有些人稱呼他們是親戚，其他人則稱呼他們為巫師。我沒有意見，只是聽那些工人說話。他們很迷信。」

突然間軌道發出刺耳的聲音暫停下來，雨果做了個敬禮的動作，然後騎著他的腳踏車離去。馬蒂歐把車子打到一檔，我們便緩緩在泥土小徑上前行，但雨果的話仍在我腦中盤旋。史蒂芬斯在他的代表作中寫到基里瓜，至今已過了一個半世紀。一九一〇年，聯合水果公司買下了莫塔瓜（Motagua）山谷的一大塊土地，包括基里瓜的遺址，建立了香蕉農場。幸運的是，他們認知到遺址的重要性，在其周圍建立了考古公園，為守護遺址不受打劫者破壞，費了極大的苦心。這座遺址現在則是被聯合國教科文組織認定為世界遺產，予以保護。在史蒂芬斯的時代，訪客得艱苦跋涉過蚊子遍布的荒野，才得以探索這座古老城市。即使是今日，基里瓜也不是最容易到訪的遺址。沒有旅遊巴士要走這條路。

離開雨果後，我們開上穿過香蕉果園似乎無止境的泥土路，終於駛進一處停車場。越過售票亭，我們發現一條迂迴穿過一小片巨大叢林樹種的小徑，小徑通往一個綠意盎然、長滿草的大廣場。入口處，有九座巨大的石碑被遮蔽在有棕葉屋頂的亭子下，其中包括在馬雅世界發現最大的一座石碑。石碑從三到十公尺高不等，在紅色砂岩上刻著統治者頭戴巨大頭飾的精細圖像，旁邊圍繞著象徵性圖形與符號的繁複裝飾。

這些石碑上的許多人物都是全身的，並握著雙面權杖。一端雕著哈克（Chaac），祂是馬雅的雨神；另一端雕著偉大的宇宙巨蛇的頭。我敬畏的看著每一座石碑，仔細的檢視每一個雕刻圖案，從每一個角度把它們拍攝下來。

在廣場的每一側，我周遭都是未經修復、由曾組成這座古老城市的巨大雜亂石塊形成的小丘，且都已被叢林覆蓋。許多巨大的圓頂狀石造祭壇上，有著巧手雕刻的怪異但美麗的人像，像是見證這座孤立城市的偉大般矗立著。散落在遺址裡的獸形作品，則描繪出對馬雅人很重要、兼具寫實與想像的生物。

或許正如雨果說的，基里瓜最驚人的特色，就是這主廣場上的每一座雕塑，都不是在採石場雕刻好的。每座石碑都是在開始雕刻前就被搬到遺址，豎立在正確的地方。最大的一座高達十．七公尺、寬一．五公尺、厚一．二公尺，重達六十公噸。

「你認為外星人有像雨果認為的，曾參與搬運這些石碑到目前所在的位置嗎？」我問馬蒂歐。

「得要是個超凡的人，有著超凡的力量與設備，才能移動六十噸重的石碑到這座遺址來啊！」馬蒂歐答道。

「所以，你是說你同意雨果的說法？」

「你不覺得大多數統治者都是『天朝』的一部分，這很有趣嗎？」他反問我。

「我覺得你用問題回答我的問題很有趣。」我回應道。

「我相信祖先不只是擁有超凡能力的天神，而是從其他星球來的星際旅行者。想想他們的名字就好了，考阿克天在馬雅語中也被稱為「K'ak' Tiliw Chan Yoat」或「熾烈天空閃電之神」，考阿克之後，有天索爾，接下來是天頤美基斯垛、埃斯克羅天與哈雷天。」

「這個我想過，」我回應，「但我不確定這樣就能證明他們是外星人。」

「對馬雅人來說，『天』是個很重要的名字。取名叫『天』的孩子注定是宇宙與地球之間的傳訊者，至今仍是如此。名字的意義不只是文字。」

「許多原住民文化都是如此，名字不只是名字，而是有其特別的重要性，可以決定命運。」我答道。

「很多長老說，一開始馬雅人是從外星來的。他們相信宇宙是源自於昴宿星，但從未像一些作家所聲稱的，說我們是來自昴宿星。」

「有些原住民相信他們來自昴宿星。」我答道。「當然，他們並不稱之為昴宿星，我想那是希臘人加上去的名稱，但他們總是指向天空的那個方向。我之前從未多想，直到最近讀到現代科學家用哈伯望遠鏡發現，有一個星球誕生的巨大螺旋，就是位於昴宿星的所在地。那個螺旋之外什麼都沒有，就是完全空無的太空。」

「我相信長老們說出了真相，」馬蒂歐說。「我們是從外星來的。沒有人知道古馬雅人是如何達成那樣精準的天文學成就與洞見，他們又沒有任何天文觀測台。他們沒有哈伯望遠鏡、太空人造衛星，截至今日為止，也沒有人發現過任何六分儀或象限儀的遺址。難道他們就只是躺下來觀察恆星與行星運行嗎？」馬蒂歐問道，一邊在階梯上伸出手，望著天空。「我不這麼認為，」他回答自己的問題。「我相信天人來到這個星球，帶來知識，而今日的馬雅人就是那些星際旅行者的後代。」

「那為何天人不把知識傳遞給自己的孩子？」我問道。

「很多社會都是只有領導者握有知識，一定是領導者出了什麼問題。或許他們因疾病、亂倫或某種原因而死亡，或許他們回去了，只留下少數人而且準備了返回計畫，但發生了一些事讓他們無法踏上回去的旅程，而那些為這群挑選出來的人保留的知識，在他們死去之後也遺失了。」

「有趣的假設。」我答道。

「金星與月亮是基里瓜的主要指標。」馬蒂歐繼續說。我看著他站起來，走向其中一座石碑。他指出，石碑與金星的運行有關，還有象徵日月蝕的時間。「妳可以從這些雕刻上看到，月球、恆星與行星的運行曾被仔細的記錄下來。考阿克天聲稱他與金星有密切的關聯，長老們說考阿克天死去的那天，日落時西方地平線幾乎看不見金星。在石碑D上，有提到金星是考阿克天的同伴，還有一個已被鑑定是金星太陽神的圖像。在祭壇L，統治者的頭飾上還有個星星的符號。」

「像馮・丹尼肯這樣的作家，宣揚一個外星種族到地球來建立這些偉大城市的想法，會冒犯到你嗎？」我問。

「那絕對是一種利用，但白人利用我們的知識已經數百年了。他們對美國的美洲印第安人也是一樣。他從未問過我們對他的理論怎麼想。博士，妳知道我相信天人與馬雅人是一樣的，我們是來地球建造這些偉大城市的星際旅行者的後代，我的祖先們是從其他星球來到這裡的。我認為他們帶來了偉大的科學與工程知識。他們來到這裡之後，就決定留下來。」

「那本質上不就是馮．丹尼肯所聲稱的嗎？」

「不完全是。他的作品是今日普遍存在的種族優越感的最佳實例。他相信某個擁有高度智力的種族來到地球，強迫無知、未開化的馬雅人建造那些城市。他不承認那擁有高度智力的種族是我們的祖先、我們是一樣的。他的傲慢讓他認定是『太空神』建造了那些城市然後離開，馬雅人不過是那些太空神的奴隸。當然，如果他承認馬雅人跟『太空神』是一樣的、我們是他們的後代，那他可能就必須承認白人並不沒有比較優秀。但馬雅人知道真相。我們的連接管道永遠是指向天空，因為天神們的DNA，就是馬雅人的血脈。」他說。「我們的語言就是天人的語言，這總有一天會得到證實。在那之前，我們仍擁有宇宙的祕密，而不論是馮．丹尼肯或任何其他人，都買不到那些祕密。我們保守那些祕密，並將一代代傳遞下去，但我們不會與他人分享。妳知道，真正的知識太危險了，不能分享出去。或許有一天，但可能不是在我們有生之年，祕密會被人知曉。一般大眾還沒準備好知道。」

「當你想到馮．丹尼肯以他的古太空人理論所得到的名聲，你會感到生氣嗎？那會令你想大聲疾呼的反對他嗎？」

「不會。就像妳所知道的，我們相信因果循環。他已經藉著他的書賺取了數百萬元，那本書是拜中美洲與南美洲原住民之賜。但原住民依然貧窮。我們相信終有一天，宇宙中偉大的神將還事情一個公道。」

「你提到馬雅人仍保有宇宙的祕密，但太危險，不能透露。那是什麼意思？」

「今日人們是活在他們自己的世界裡，即使他們公開宣稱相信外星生物的存在，但如果、而且當他們發現確實如此，他們不會冷靜反應。一開始他們會感到好奇，接著會恐懼，然後就會展開侵略。我們總是試著摧毀我們不了解的事物。」

「有人也這麼告訴過我，」我說。「但你相信不同族群的外星人定居在地球不同的地方嗎？」我問道。

「是的，但長老們從未說過。我確實相信地球上大多數的原住民族群，不論是在美洲、澳洲，或一些遙遠的太平洋島嶼，都是來自外星球。我們的信仰體系與世界觀，都跟世界上其他人如此不同，但我們在許多方面都有連結。我們有許多共同的信仰。我無法為非原住民的人說話，我們跟他們沒有連結。」

我仔細聽著馬蒂歐說話。他不只對這處遺址的歷史具有豐富的知識，而且熟知長老們的故事，那讓我得到比自己觀察還要多的理解。馬蒂歐的一生，都是位老師、文化專家，以及一所學校的校長。最近他更開始擔任一些「精選旅人」的專業導遊兼司機，而據他所說，這些旅行者必須是「有趣、友善、有好奇心，且心胸開放的」。

坐在基里瓜的石雕遺址旁，聽著馬蒂歐的話，我發現使用薩滿與馬雅領導者的多面向曆法，很容易就能召喚出他們靈視的事物，如時光機般任意在遙遠的過去與未來間漫遊。作家們會把太空旅行與古馬雅人的能力加以連結，是可以理解的，有一刻你甚至可以跟他們一起想像。

基里瓜是一處很獨特的遺址。無論你是否在追尋史蒂芬斯與卡瑟伍德的腳步，或只是個尋找答案的幽浮探險者，那都是個不容錯過的地點，也絕不會令你失望。如果你剛好遇見馬蒂歐，他一定能讓你相信，天神們是從另一個世界來到地球的旅人，因為喜歡上他們看見的事物，而留在此地，成了世人所知的馬雅人。

15・我們有屬於自己的神

歷史上一直有藍皮膚人的紀錄。在美國密蘇里州的歐札克（Ozarks）地底深處的洞穴系統，便有人遇見過兩百一十公分高的藍皮膚人。有些消息來源也敘述在美國南部各州遇到藍皮膚人的過程。切羅基族印第安人（Cherokee Indians）講述過藍皮膚人的故事，說它們有著巨大眼睛、住在地底，只在夜晚上來地面。霍皮族印第安人（Hopi Indians）也說過一個藍皮膚星際戰士種族的事。在追尋史蒂芬斯與卡瑟伍德足跡的同時，我也聽到一些關於來自天上的藍皮膚人的描述。在這一章中，你將看到一個見過藍皮膚人的男人的敘述。

「多年來我聽過許多被外星人綁架的故事，但其中最有趣的，是一個住在離這裡幾公里遠的村莊裡的男子告訴我的故事。」馬蒂歐在我們離開基里瓜時說。「那是發生在他小時候，但他把故事細節說得非常清楚，我內心毫不懷疑他經歷過那次事件。我們會經過他家，可以停下來問問他是否願意分享他的故事。他是位傳統的老人家，不太習慣外國女人的造訪，因此先讓我跟他談談。」

「有你當司機兼導遊，我真是太幸運了！」我答道。

「妳寫信跟我說妳想追隨史蒂芬斯與卡瑟伍德的腳步時，我真的很興奮。我一直在研究他們的旅程，也讀他們的作品很多次了。但是當妳說妳在蒐集有關幽浮的故事，我就肯定妳跟我是同類人。我總是在跟人聊幽浮的事。而正如妳知道的，我自己也有經驗，所以我們有共同的興趣。如果順利的話，在這個地區我應該可以幫妳很多。」我們進入那個小村子時把車速放慢。「他家在右邊，他的名字是瓦將，他說被取這個名字是為了向一位傳奇馬雅戰士致敬，這位戰士曾在許多跟鄰近城市的戰役中成功保護他的人民，但政府尚未發現那些城市。他只會說馬雅語，所以我會翻譯。」

「他獨居嗎？」

「他太太過世了，現在獨居，但那社區裡幾乎每個人跟他都有親戚關係。他是個很有智慧的男人，在這個地區深受敬重。人們說他有用手療癒他人的能力，只要在他面前，你就能感覺到他的力量。」馬蒂歐把車停在一間傳統單房小屋旁，大約是美國一間典型浴室那麼大。老人的房子離道路不到三公尺，和西側的另一間小屋隔著一塊很大的空地，那就是這條路上的最後一間住宅。我坐在車裡，看著一群孩童在街道上玩耍。有幾隻狗爬起來走向我們的廂型車，其中一隻大膽向前，用後腳站立起來，趴在車窗往裡看。馬蒂歐回來，把牠推開，替我開門。我下車後拍拍那隻狗，馬蒂歐警告我離牠遠一點。「牠身上可能有跳蚤，天知道還有什麼其他的東西。」他告誡我。「瓦將願意見妳，但他要求給他香菸。」

「車後面我的旅行袋裡有幾包青菸葉。」馬蒂歐走到後面打開車廂門。我知道馬雅人會嚼青菸葉，就像美國棒球選手嚼菸草一樣。因為青菸葉效果更強，能讓進入血液裡的尼古丁吸收量達到最大值。現代馬雅人會把菸草用在治療數種疾病上，人們也相信菸草能提供個人神奇的保護。我掏出一包青菸葉，遞給馬蒂歐，然後跟著他走進瓦將家設有柵門的前院。

馬蒂歐帶著我走到屋子的後面，那位老人就坐在一張美麗的手工雕刻紅木凳子上。他是個矮小的男人，頭上戴著一頂有著銀色貝殼飾帶的牛仔草帽，但幾撮白髮仍從他的耳後露出來，令他古銅色的皮膚顯得顏色更深。馬蒂歐跟他介紹我時，他的眼睛一直避開我。近距離仔細觀察，才發現他的眼睛對光線很敏感，其中一隻眼睛看來霧霧的，或許是白內障的關係。「我的兒子馬蒂歐說，妳想聽我的星際訪客故事。」他開口說道，馬蒂歐翻譯。「我好幾年沒說這個故事了，但我記得清清楚楚，就像昨天才發生一樣。」

「他是你父親？」我問馬蒂歐。

「不是，我父親是他兒時的朋友。那是傳統說法，村子裡的孩子就是每個人的孩子，所以我有很多父親和祖父。」馬蒂歐解釋道。

「從我出生那天開始，這裡就一直是我家。」瓦將開始說。「那片田地曾經有著肥沃的土壤，每年會種植好幾次玉米和豆類，提供我們豐富的收成。」他一邊說、一邊指著他屋子旁的那片空地。

「但那片田地現在已經死了，很多年長不出任何東西——確切來說是七十二年。我父親一直不知道那塊田地到底發生了什麼事，我也從未告訴他。」他停下來等馬蒂歐翻譯，然後才繼續說。「有一天晚上，就在日出前不久，我弟弟和我被一陣像打雷的聲音吵醒。我們走到外面察看，看見一個圓盤狀的物體下降到那片田地上。我看到它揚起塵土，壓壞我們美麗的玉米田。那些玉米我們種得好辛苦啊。我們太害怕了，不敢叫醒父親。他脾氣很不好又酗酒，我們害怕叫醒他，他會打我們。」

他再次停下來，打開那包菸草，拿出一小撮放進嘴裡。

「你能描述一下那架飛行器嗎？」我問道。

「它看來就像個倒扣的盤子，外面圍繞著小小的燈，形成一個完整的圓形。它照亮了整個村子，我還記得心裡納悶著為何沒有其他人醒來。那個年代我們沒見過燈光，因為沒有電力，我們天黑就上床睡覺，天亮就起床。」

「那架飛行器有著陸嗎？」

「有。它著陸時，不知從哪裡冒出來四個人，走路的樣子很奇怪。」他站起來，雖然因年老而佝僂，仍模仿出那些外星人像機器人般的走路方式。「接著又出現兩個，有一個走到離我們藏身處很近的地方，那時我們才意識到它們不是人類。它們的皮膚是藍色的，它們長得非常高，是我的兩倍高。它們走到田地對面的屋子，然後穿過牆壁消失。」他暫停片刻，凝視著屋子，彷彿再度經歷著那次事件。「我認識住在那裡的一家人，雖然我們不准去他們家。那些藍皮膚人消失時，我和弟弟非常害怕，但我們沒時間反應。突然間，它們又從房子裡出現，還帶著那戶人家的父母親與兩個小女孩。我們害怕得整個人呆坐在那裡，我想跑過去阻止它們，但我跟弟弟說，我們絕非有穿牆能力的外星人的對手。」馬蒂歐翻譯道。

「那一刻你們做了什麼？」

「我們什麼也沒做，只是眼睜睜看著那些天人把那一家人帶進它們的機器，然後離開。從那個物體中射出的光線閃耀，把四周景致照得像日正當中那麼亮。它極緩慢的上升到樹的上方，然後像支箭似的射入夜空。我弟弟和我坐在那兒，害怕得說不出話來。除了馬蒂歐的父親之外，我們從未跟任何人說過我們看見的事。他就跟我們的兄弟一樣。」他轉向馬蒂歐。「我想念你父親。」瓦將說。

「我也很想他。」馬蒂歐說。瓦將從褲子後口袋拿出一條手帕，擦了擦含淚的眼睛，然後繼續說。

「每當黑夜降臨村子，我弟弟荷西、馬蒂歐的父親和我經常會躺在外面，看著星星，想像著那些高大的藍皮膚人會怎樣。我們知道它們就在上面，可能正在綁架其他家庭，有時我們會希望它們也把我們帶走。我們那時都是好奇的男孩，很想弄清楚它們的身分，還有它們把那一家人帶去哪裡。」

「那天夜裡的綁架事件後，你何時才又見到那一家人？」我問道。

「我們當天下午就看到他們了，他們看來很正常。我們不敢問他們藍皮膚人的事，於是請比我們兄弟倆還大膽的馬蒂歐父親去問他們。他朝他們的屋子走去，那兩個女孩就在她們家圍著籬笆的院子裡，他問她們是否有看見任何藍色巨人，她們聽了就尖叫著跑進屋子裡。」他停住並笑了起來。「她們的傳教士父親走出屋子，告訴艾南多，也就是馬蒂歐的父親，離他女兒遠一點。我們都快笑死了！我們知道她們父親不希望她們跟我們一起玩，因為我們是骯髒的鄉下小孩，他把她們跟我們隔離開來，那兩個女孩甚至不准跟村裡的女孩一起玩。她們是孤單的小女孩。」

「為什麼他不讓她們接觸村子裡的小孩？我不懂。」

「他們是白種墨西哥人，我們是馬雅人，我們是髒小孩。」

「你們會認為自己很髒嗎？」我問。

「從來不會。我們知道我們是誰，艾南多說我們擁有皇室血統，我們是被奉為神的國王的後代。我們的人民在建造偉大城市時，西班牙人還住在洞穴裡。因此不管別人怎麼說我們，我們知道真相。馬蒂歐的父親是個聰明人。」

「你弟弟和馬蒂歐的父親現在在哪裡？」我問道，一邊看著兩人。

「我弟弟十年前去世了，艾南多兩年前也走了。我們直到最後感情都很親密。」說完，他停了一下，直接跟馬蒂歐說話，然後馬蒂歐才向我說。

「瓦將想知道，妳是否聽說過其他被藍皮膚人綁架的家庭？」

「請告訴他，我聽過很多綁架的故事，但只聽過一個目擊者述說他親眼見到的綁架事件，可是那些太空人並未穿牆而過，這一點是他的故事獨特之處。」馬蒂歐微笑並點頭。

「那戶人家仍住在村子裡嗎？」我問道。

「沒有，他們離開了。他們只住在這裡很短暫的時間。她們的父親是傳教士，他是來教我們認識耶穌的，雖然我們很喜歡耶穌的故事，但在那時候，我們有自己的方式。如果真有一個像耶穌那樣的人，他期待的信徒不會是我們。那位傳教士的名字是勞夫．羅培茲，他是那些小女孩的父親。我不記得他教會的名稱，但有一天，村裡的男人們跟他說，他應該搬去其他村子，他就打包行李離開了。」我看見他回想起曾跟他們一起生活的那位福音傳道者時，臉上露出一抹微笑。「馬蒂歐的父親和我聊過那天的事，我們聊到那位傳教士臉上的恐懼。他很怕村裡的男人。」

「為什麼村裡的男人要那一家人離開？」

「我們是個傳統的民族，」他說。「我們有自己的神，不需要更多的神。」

我們那天早上大部分的時間都跟瓦將在一起，接近中午時分，他孫女端著食物出現，我們吃的是包著豆子與雞肉的薄玉米餅。我們離開前，我送了瓦將幾包青菸葉，還有一箱他最愛的可口可樂作為禮物。他要我承諾下次來瓜地馬拉一定要來看他，我答應了。

我經常想到瓦將。雖然他從未到他的村子之外的地方旅行，也沒有這個欲望，但他曾親眼目睹從另一星球來的藍色巨人綁架了一個家庭，還活著繼續分享他的經驗。他並未將那些訪客視為神，也不接受白人的神，因為，正如他貼切表達的：他有他自己的神，不需要更多的神。

16・紅眼外星人

雖然並不常見，但還是有些紀錄記載了紅眼睛的外星訪客。部分研究者的報告中出現過有著蜥蜴皮膚與黃色或紅色貓眼的外星巨人。在這一章，你會讀到四位年輕女子的故事，她們曾遇到四名可能計畫綁架她們的星際旅行者，但她們的尖叫聲讓那些外星人撤退回太空船。女孩們堅稱那些外星人有紅色眼睛。

造訪基里瓜之後隔天，我決定休息一天，好好放鬆、寫日記、重新整理筆記。傍晚時分，馬蒂歐打電話來。他有一個姐姐住在瓜地馬拉市外的小村莊，邀請我們去她家吃晚餐。「她是位英文老師，想認識妳。她很喜歡跟說英文的人聊天，我跟她說我會說服妳去。」

「我很樂意去啊。」

「太好了。這樣妳就有機會吃到一些瓜地馬拉的家庭料理，還可以見見我的幾個外甥女。她們最近才遇到外星人，我想妳會很喜歡聽她們說。一開始我姐姐對於讓妳跟她們聊那次的事件感到有點遲疑，但我讓她相信妳沒問題，而且跟妳見面對女孩們會是件好事。」

晚餐時我見到了馬蒂歐的外甥女：伊策兒、艾美與依絲切里三姐妹，她們住在一個小村子，村裡有幾間傳統房屋、一間小酒吧、一間家庭餐廳、一間有便利商店與戶外餐廳的加油站，以及一家從牛仔服與家庭製罐頭食物到鐵鎚與鏟子都賣的小五金行。她們家是間現代牧場風格的泥磚屋，就位在學校旁邊。馬蒂歐的姐姐曾是中學的英語與西班牙語老師。女孩們的一個表妹阿格娜，在她們遇見外星人時剛好跟她們在一起，也住在馬蒂歐姐姐家方便上學讀書。年輕女孩們的年齡從十七歲到十九歲，依絲切里與艾美是同卵雙胞胎，也穿一模一樣的衣服，都是牛仔褲和緊身粉紅色毛衣。阿格娜十七歲，是其中年紀最小的，她把頭髮綁成兩條馬尾，完美的肌膚可能會令所有好萊塢電影明星羡慕。伊策兒十九歲，是最年長的女孩，她留著及肩的長鬈髮，行為舉止帶點世故，顯示出她跟妹妹們不一樣，已從青少女變成女人。她們都夢想成為老師，伊策兒已經申請到大學，雙胞胎在下學期都可望入學，阿格娜打算隔年也跟進。

「馬蒂歐舅舅希望我們去上學，我們的父母也是。我媽媽不希望我們在飯店當女傭或去當餐廳服務生，她說我們需要受教育。」伊策兒說，我則坐到放著座墊的地板上，女孩們把座墊排成一個圓圈。「我們的媽媽是位老師，這在瓜地馬拉對女人來說是一份好職業。我們很榮幸能認識一位大學教授，有好多關於美國課堂上的問題想請問妳，好開心妳來看我們。」

「老實說，博士，我們也想知道跟時尚、男孩與彩妝有關的事，但我們會先聊幽浮。」艾美說道，四個女孩都緊張的笑著，但我從她的聲明中分辨得出什麼是實話。

「我會跟妳們聊所有妳們想聊的話題。」我答道。我們坐在她們家客廳的地板上，女孩們說著他們的文化、對他們民族遺產的自豪，以及對實現他們父母夢想的期望與祈求。阿格娜是她們當中最主動的，撇開她的實際年齡，她很容易被誤以為是二十五歲。她身上穿的牛仔短褲與印著「KISS」字樣的T恤，令她看來就像個標準的蒙大拿青少女。她透露她母親認為她不應該跟人談論那次的遭遇，因為害怕人家會以為她瘋了。

「我們的媽媽倒是沒有要我們不要談論那件事，只說我們不應該昭告眾人。我們跟她說，因為馬蒂歐舅舅說沒關係，我們才想告訴妳那次的經驗。他說妳不認識我們，也不會指認出我們。」艾美說。

「我保證絕不會有人知道妳們是誰，那將是我們的祕密。」

「我不是很在乎別人認為我很古怪，」艾美說道。「我知道發生了什麼事，那不是我們想像出來的。那確實發生了，而人們應該知道外星人是真實存在的。」

「我同意。」伊策兒也說。「如果人們知道這些事情正在發生，那麼當外星人登陸、讓眾人知道它們的存在，人們就不會那麼驚訝了。」

女孩們爭論著公開談論她們的經驗的問題，以及她們曾向少數人說過那次事件，顯然她們的父母與家人在意的是，女孩們不要被當成精神狀況不穩定，或甚至更糟的，被當成女巫。在一段針對贊成與反對說出故事的長時間討論後，女孩們安靜下來，一致看著阿格娜。

「那是發生在三個星期前，」阿格娜開口說。「我們跟家人一起去廣場。我們很喜歡跳舞。」她解釋道。

「那是星期六晚上。」艾美插嘴道。

「我們在那裡待到大約午夜。」阿格娜繼續說。

「事情就發生在離這裡幾個街口的地方。」艾美說。

「我的眼角瞥見某個東西在移動，」伊策兒說，「我告訴阿格娜。」

「就在那時我看到了它們。它們有四個。」阿格娜說道。

「我原本以為是本地男孩在跟我們開玩笑，」艾美說。「我對他們大吼，問他們是誰，但他們沒有回答。」

「因為沒人回答，我們便起身離開。突然間，艾美發出一聲尖叫，我以為有人攻擊她，便試著跑到她身邊，但我動不了。」阿格娜說。我注意到她回想那次事件時，聲音變得生動許多。

「我也試著跑到她身邊，」伊策兒說。「但我也不能動。」

「我大喊：『出來！別躲了！』」阿格娜說。

「那時我們就清楚看見它們了，很顯然它們不是人類。」伊策兒說道。

「嗯，它們長得像人類，有四個。它們很瘦小，有著又長又細的手臂。」艾美補充道。

「它們不像本地男孩一樣有肌肉。」伊策兒笑著說。

「它們有紅色的眼睛。」阿格娜看著其他女孩，她們都點頭同意。「我看到那紅色眼睛時，以為它們是魔鬼，便盡我所能的大聲尖叫。」

「接著我們同時尖叫起來，我們是想吸引別人的注意。它們就是在那時釋放我們的。我跑向艾美，把她拉起來。」阿格娜說。

「然後我們拔腿就跑，」伊策兒說。「我想如果我們稍有遲疑，可能就逃不掉了。」

「那時我們看到了太空飛行器，」阿格娜說。「我看得出那是一個圓形的物體，它的底部圍繞著白色燈光，形成一個圓圈。它在我們上方移動，接著又下降到路的上方，就停留在我們面前。」

「然後它突然快速往上飛射，幾秒鐘之內就離開了。」艾美補充道。

「它離開後，我們尖叫著緊抱在一起，然後快速跑回家。」伊策兒說。

「我不斷想著萬一我們出了什麼事，我們的媽媽會怎麼樣，她不可能承受得了失去三個女兒。」艾美說道。

「還有一個外甥女呢！」阿格娜插了一句，她們都同意的咯咯笑著。

「關於妳們那次的遭遇，還有其他可以告訴我的嗎？除了妳們覺得它們試圖綁架妳們之外。」

「我覺得最可怕的是全身不能動彈。」伊策兒補充說。

「我真的非常害怕，」艾美說。「害怕它們要把我從家人身邊帶走。我看過一個講外星人綁架事件的電視節目，我怕死了。」

「妳們認為看過那個電視節目，會對記憶發生在妳們身上的事造成某種影響嗎？」我問。

「如果妳是指我們只是受到驚嚇而想像出這件事，不是的。事情不是那樣。它們是真實的，它們不是人類，有紅色的眼睛。我閉上眼睛都能看見它們，就像它們正站在我面前一樣。」

「妳們還記得其他關於它們的事嗎？」我問道。

「它們穿得都一樣，在光線下身上的服裝閃耀著光芒。它們閃閃發亮，是一種閃亮的藍色光。在暗處那服裝不會發亮，只有在光線下才會，所以它們盡量待在陰影下，它們不希望任何人看見它們。我是這麼認為的。任何人看到它們都會知道它們不是這裡的人。」阿格娜答道。

「它們的眼睛會發光，頭比人類大。」艾美說。

「它們頭比較大，腳比較小。」伊策兒說。

「它們也配戴著某種腰帶，」艾美說。「但我沒看到武器。我不記得它們有帶任何東西。」

「它們的武器就是它們的心智。」伊策兒說。

「真的。」阿格娜也說。「它們在玩弄我們的心智。我不太知道如何解釋，但有很短暫的一瞬間，它們讓我以為他們是安立奎、胡安、安杜羅與聖蒂亞哥。」

「他們是誰？」我問。

「他們是本地男孩。他們喜歡我們。」女孩們都臉紅的輕笑著說。
「妳們能告訴我它們是怎麼玩弄妳們的心智嗎？」我再問道。
「我以為聽到朋友在叫我們的聲音，『我們去散步。一起跳舞吧。』之類的。有一刻，我以為它們是我們的朋友，但我知道那是外星人。它們有控制你的心智的能力。」阿格娜說道。
「那很奇怪，因為有那麼一會兒，我覺得那四個外星人看來很像我們的朋友。我還記得心想它們躲著我們真奇怪。」艾美說。
「妳認為它們是在控制我們的大腦嗎？」伊策兒問道。
「妳們說呢？」我回答。
「我認為它們是試圖要控制我們。或許是我們的尖叫打破了控制，因為我們一尖叫，它們就放開我們了。」艾美說。
「妳們有告訴任何人妳們的經驗嗎？」我問。
「幽浮飛走之後不久，我們就碰到在路上朝我們走來的哥哥。我們告訴他發生的事，他見過幽浮，所以就陪我們走回家，還要我們待在屋子裡並把門鎖好。」艾美答道。
「我們告訴媽媽和爸爸剛剛發生的事，也告訴我們的阿姨與舅舅們。他們都跟我們說不用擔心。」伊策兒補充道。「我們的爸爸在過去二十年間見過幾次幽浮，我覺得他很擔心，但他試著不讓我們看出來。我們上床睡覺後，我聽到他偷偷出門的聲音。我從窗戶看出去，他已經叫來了一些鄰居的男人，整夜沒睡守著村人的房子。我想他是擔心外星人會回來。」

「除了媽媽之外，我沒有告訴任何人。」阿格娜說。「但沒多久整個村子的人還是都知道了。在村子裡，沒有什麼祕密能隱藏太久。」

我整晚都在跟那些女孩們說話。儘管我提出各式各樣的問題，試圖挑戰她們那晚的記憶，但她們的故事都沒有出入，只是更確定了那天晚上發生的事件的嚴重性。

過去幾年，我一直跟這四位女孩保持聯繫。其中的三位已經完成大學學業，且實現了她們成為老師的夢想。第一次的拜訪之後，我還見過那三姐妹兩次。我們有幾次聊得很久的午餐聚會，在廣場共度過幾個濕熱的夜晚，聊著她們的生活、生涯規劃，以及她們對未來的夢想。三姐妹仍跟她們的父母住在一起，大學畢業隔天就嫁給一對兄弟的雙胞胎也一樣。最近的消息是，伊策兒正在跟一位在瓜地馬拉工作的美國考古學家交往，也正論及婚嫁，婚後要跟他一起搬到美國住。她對搬去美國感到很不安，懷疑自己能否在美國教書，以及能否適應大學的環境。我經常收到她們的電子郵件，告訴我她們的冒險故事，也針對教導不愛讀書的學生尋求建議。她們都沒有再遇見外星人或幽浮。

17・它們有毒

和許多美國的原住民族一樣，傳統馬雅人認定他們的主要糧食作物玉米是生命的主要原動力。這一點在他們的神話傳統中很清楚的展現著。根據他們的創世故事所述，人本身就是從穀物中創造出來的。許多馬雅畫作也證明了一個以玉米為中心的豐富神話世界的存在。

在這一章，你會認識一位馬雅農夫，他偶遇了一個同樣對玉米感興趣的陌生矮人。

在花了幾小時聽女孩們告訴我她們遇見外星人的故事、她們的夢想，以及回答她們對美國的問題之後，馬蒂歐的姐姐瑪麗亞建議我們留下來過夜。「有個本地農夫每天早上都會送新鮮蔬菜過來，他有過一次與外星人滿奇妙的接觸。如果妳留下來過夜，我會介紹你們認識，並建議他告訴妳他的故事。」於是我很開心的接受了她的邀請，她帶我去一間有著手工雕刻紅木床與私人浴室的房間。「我父親為他母親建造了這間房間，但奶奶在房間還沒完工前就過世了。妳是第一位住進這間房間的客人。」艾美在四個女孩都跑到這張手工大床上來找我時告訴我。接下來一小時，她們就圍著我問有關時尚、約會和美國男生的問題。直到瑪麗亞來敲門，告訴女孩們該上床睡覺了，她們才不情願的離開房間。

隔天早上，阿格娜叫醒我，她身穿白色上衣與海軍藍裙子。「這是學校制服，」她解釋道。「我們很討厭這身衣服，但它讓每個人都一樣，沒有窮人與有錢人的差別。早餐十分鐘後開飯。」她說著端給我一杯新鮮現榨柳橙汁。「就像美國人說的，我是妳的晨喚服務。」我從床上爬起來，快速換好衣服。快吃完有著新鮮水果與水煮蛋的早餐時，那個名叫艾克托的農夫正好來敲廚房房門。介紹彼此之後，他坐到廚房桌子旁，禮貌的接受放在他面前的咖啡。瑪麗亞和女孩們要出門去學校前，排成一排向我與馬蒂歐道別。馬蒂歐端了一盤玉米薄餅與炒蛋到桌上請艾克托吃，他微笑著把蛋與混合豆子的莎莎醬包在玉米餅裡，盡情的吃著。他是個矮小的男人，頭戴草帽，身穿剪短的褲子，露出涼鞋，上身則是一件上方開了個洞讓頭可以套進去的手織及膝上衣。

「瑪麗亞說你跟外星人有過一次接觸。」等他吃完玉米餅，我開口說道，馬蒂歐用馬雅語翻譯。他看著我點點頭。「那大約是在兩年前，我跟我哥哥正在田裡工作，大約下午兩點時，我們決定收工回家。我記得天氣很熱，比平常還熱。我們收拾好東西動身走回家時，我哥哥注意到在樹頂高度的地方有個奇怪的物體，正直直的朝下移動，折斷樹枝與樹木。」他停下來，讓馬蒂歐有時間翻譯。「那個物體沒有停在地上，而是懸在地面上。我們以前從未見過那樣的東西。」艾克托說。

「你能描述一下那個物體嗎？」我問。

「它是圓形的，像兩個倒扣的盤子合在一起。它是棕色的，暗沉的深棕色，像鏽掉的金屬。」

「你有看到任何生物嗎？」馬蒂歐再次替我翻譯。

他點點頭。「有個陌生的矮人從那個物體出來，它是漂浮到地上的。它走路的樣子很僵硬，步伐很小。我想它一定是魔鬼。」他再度停下來，吃另一塊玉米餅。

「你能描述一下它的外貌細節嗎？」我問道。

「它穿著一件式的棕色服裝，頭上也戴著同材質的東西。它的雙手也被覆蓋住，鞋子是服裝的一部分，顏色也一樣。我知道它不是來自這附近，這裡沒人穿成那樣。」

「那個外星人有看到你嗎？」我問道。

「一開始沒有。它走近我們的玉米田，察看玉米穗並摘了一些。」我請馬蒂歐問清楚他的意思，以確定我真的了解。

「他說那個外星人走進玉米田，採了一些他種的玉米的樣本，把玉米樣本放進它身上服裝的一個袋子裡。」馬蒂歐說。

「你看到它採你的玉米樣本時，你是怎麼想的？」我問道。馬蒂歐一邊翻譯，一邊拿另一塊玉米餅給他。艾克托接下玉米餅，直到吃完前都沒說話。

「我不了解它在做什麼，如果它想要我們的玉米，它應該開口問，我們會給它的。」

「它有用任何方式跟你們溝通嗎？」

「沒有。它沒有看我們，我不認為它有看到我們。但後來，我哥哥跳起來試著把它嚇跑。它定住不動時，我哥哥朝它走去，那個外星人就在那時朝樹上的棕色物體飄移過去。我哥哥追過去，但那外星人往上飄。然後那個物體起飛，直往上移動，我看見底部的門關上。」

「你哥哥還好嗎？」我再問。

「一開始我們都動彈不得，完全不能動，一個多小時後我們才有力氣走回家。隔天我們倆都躺在床上，虛弱到坐不起來。我吐了好幾次，吃不下東西。我哥哥狀況很糟，他臉上和脖子都起疹子，持續了好幾天，後來是巫醫治好的。我們彼此說好，絕不再碰從天上來的外星人。它們有毒。」

「你還記得其他事情嗎？」我問道。

「它們走路的樣子很古怪，好像它們的腳一直很痛。但後來我想，我知道為什麼。」他說。

「為什麼？」我問。

「因為它們的腳是圓的。」

「腳是圓的？」

「它們的腳對小小的身體來說太大了，看起來是圓的。我跟哥哥討論過，如果它們的腳是圓的，它們就不可能是地球人，一定是從其他地方來的。」馬蒂歐又在他的咖啡杯裡倒入咖啡，同時翻譯。

「那個外星人有多高？」我問道。他站起來，用自己的身體當量尺，根據他的描述，我估計那個生物大約有一百公分高。「你能看清楚它的臉嗎？」我又問，馬蒂歐也再次翻譯。

「它的臉上戴著某種面罩，我看不到它的臉，也無法描述。」

「關於你的經驗，還有什麼可以告訴我的？」我問。

「那個外星人對我們做了一些事。我哥哥兩年後都還為身上的疹子所苦；我有時候會累到全身不能動。我認為那來自天上的外星人一定有毒。」

我們坐在桌旁看著艾克托又享用了兩塊玉米餅，他問我是否知道什麼可能對他哥哥有幫助的藥物。我詢問他們有沒有去看醫生，他告訴馬蒂歐說他不相信醫生，除非是本地的薩滿。我提議要幫他們支付醫藥費，他禮貌的婉拒了。

艾克托對他與哥哥承受的痛苦有個簡單的解釋：外星人有毒。在幽浮圈子裡，他的說法很可能遭到駁斥，但我想就他的狀況而言，他是正確的。無論他們是因輻射之毒或暴露在不明化學物質下而受苦，這對兄弟的人生都因而改變。儘管身體狀況不佳，艾克托仍抱持希望，期待他的故事能對其他經歷過類似遭遇的人有些幫助。「人們應該知道，如果他們遇到這些陌生的矮人，應該別靠近它們。它們有毒。」

和艾克托見面之後，我跟馬蒂歐的姐姐瑪麗亞還聊過幾次他的狀況。他仍努力對抗著身體上的不適，但那並未阻止他每天送新鮮蔬菜到她家。「他還是會問起妳，」瑪麗亞說。「他稱呼妳為『一心一意的女人』。」在馬雅人當中，那代表你是他們可以信賴的人。這是我所能得到最大的讚美了。

18・紅眼外星爬蟲生物

根據報導，有各種不同類型的外星人存在。雖然很多看來像人類，但也有其他是呈現類似動物的特性。最常見的是高度一百五十到兩百七十公分的外星爬蟲生物，據聞它們的皮膚有鱗片、呈棕綠色，寬闊的嘴上沒有嘴唇，還有紅色眼睛。目擊者經常描述它們的手腳有爪。

在這一章，你會認識恰克．杜克，他是位馬雅老人，曾在十二歲時撞見一個外星爬蟲生物。

我們開在灰塵瀰漫的泥土路上，前往拜訪一位替馬蒂歐的姐姐做一種奇特工作的老人家。道路兩側的玉米田長得比我們還高，玉米田的盡頭，出現六間蓋在一起的傳統小屋。我們停在第一間房子前，詢問恰克．杜克在哪裡。他就是據說小時候曾遇過外星生物的老人。

我們找到恰克．杜克的時候，他正在吃從自家後院樹上摘下的柳橙。他穿著破舊的棕色長褲，邊緣磨損的格子襯衫，襯衫的扣子還扣歪了，令我想起許多在旅途中短暫相遇的老人。他脫下草帽，微微向我敬個禮，歡迎我們到來，微笑時露出僅剩的一顆門牙。他起身帶我去看他的柳橙樹，並剝了顆柳橙請我吃。馬蒂歐跟他說著當地馬雅方言，告訴他我們來訪的目的。老人看著我，低聲對馬蒂歐說話。當我看見老人點頭，便知道他願意談他的經驗了。又剝了另一顆柳橙請馬蒂歐吃之後，他帶我們坐到一棵大樹下的凳子上，叫他妻子端食物過來。等玉米餅與炒蛋配豆子送上來後，他才開始說他的故事。

「我第一次看見幽浮是在一九五七年，那年我十二歲。那是個寧靜的夜晚，我在後院的吊床上睡覺，那晚很熱，夜色剛剛籠罩我們村子。」他把混合的配料包進玉米餅，等馬蒂歐翻譯完，他才繼續說。「突然間，我看見一顆像月亮那麼大的明亮光球從夜空中掉下來，落在叢林裡。我去叫已經入睡的父親，告訴他我看見的景象，他一把抓了他的彎刀，我們便一起跑進清涼夜幕中，往我看見光球落下來的方向前去。」他停下來，舉手指著。「它就是朝那個方向掉下去的。我還清楚記得它下降到那樹林裡的景象。」馬蒂歐剛吃完一塊玉米餅，翻譯道。

「有其他人看見嗎？」我問道。

「沒有。但我們並不是唯一去搜尋那道光的人。父親和我朝村子外跑去時，有另外兩個也看見那道亮光的男人加入我們的搜索行列。我記得那晚一切似乎很正常，但是當我們走進叢林深處，就聞到一股奇怪的味道。我從未聞過那種味道，聞起來很噁心。」他停下來指指他的胃部。「噁心，非常噁心。」我看著他又剝了另一顆柳橙，先拿給我，再拿給馬蒂歐，馬蒂歐接下。「跟我們一起的一個男人說，那是從天上墜落下來的星星。我看過墜落的星星，所以清楚知道那不是一顆星星，但大人教我要尊敬長者，因此我沒有說話。妳知道，星星墜落的時候會有長長的、火焰一般的尾巴，這不是顆墜落的星星。它是圓的，而且跟月亮一樣大。」

「你們花了多久才到達那顆光球墜落的現場？」

「可能是一小時吧。我們到達那個現場時，期待看見的是一個地上的洞，或一些墜落物體的殘骸，但什麼都沒有。我們很失望的轉身離去，此時我們看見一道光從叢林深處照射出來。」馬蒂歐再次翻譯，並包了一塊玉米餅。

「我們向那道光前進時，看見了一雙在我們上方的樹上偷瞄我們的紅色發光眼睛。我發誓我還聽見了一陣嘶嘶聲。我嚇死了，但其他人沒有聽見。」

「說不定那就是動物？」

「不可能。我們很熟悉動物的眼睛，我們知道差別。其中一個村人有帶提燈，他把燈舉高，對準紅眼睛的方向。那個生物長得很嚇人，它的臉很像蜥蜴，皮膚是綠色的，也或許是棕色的。它跟叢林融合得很完美，如果有陽光照射，應該很難看見它。當光線照到它，它立刻從樹上跳出來。」

恰克停下來喝一口瓶裝水，馬蒂歐再次翻譯。

「能請恰克描述一下它的皮膚嗎？」我問道。馬蒂歐翻譯時，我拿起水壺喝水並看著他們兩人交談。

「他說那個生物有著像魚一樣的鱗片。」

「那個生物有多大？」

「他說有他的兩倍大，而且非常強壯。那生物從一根大樹枝上跳出來，那樹枝位在他的四或五倍高的地方。那生物落地的時候，他覺得地上震了一下。」馬蒂歐翻譯道。

「那樹枝大約有那麼高。」恰克指著院子裡一棵樹的樹枝說道。我估計那樹枝應該有超過九公尺高，很懷疑一個三公尺高的生物怎麼有辦法從那麼高的樹上跳下來卻沒受傷。

「它從樹上跳下來後發生了什麼事？」我問。

「它消失在濃密的葉子中，朝那道光的方向而去。就在那時，我們都開始感到非常頭暈想吐。我之前聞到的氣味強烈的撲鼻而來，我們完全不想再跟蹤那個剛剛發現的生物，也完全沒有意願再搜尋那道光。我們就這樣回家，隔天早上對那事件隻字未提。事實上，那就像從未發生過一樣。」

「你是說你們毫無記憶？」

「我們記得，只是不說。我們害怕如果說了，它可能會再出現。我們覺得自己很幸運，它有可能把我們殺了吃掉。隔天中午前我們全都開始發病，那場病持續了好幾個星期，發高燒、起疹子，我們虛弱到無法走路。村裡的薩滿製作了不同的藥來醫治我們，我們好不容易才痊癒。」

「你們幾個之間有談過那件事嗎？」我問道。

「從來沒有。」恰克說，一邊搖頭。

「那是你們最後一次碰到幽浮嗎？」我再問。

「我七十五年來在叢林裡看見過許多次光，但我從未去調查。這裡經常發生那樣的景象，但我沒興趣去跟蹤它們。見過那紅眼魔鬼一次就夠了。」

會面結束後，恰克帶我們繞了他的後院一圈，跟我們介紹他土地上各種不同的果樹與種在咖啡罐裡的藥草，每一種都有其功用。恰克帶我們走到他土地的後方，有四隻尚未完全長大的豬懶洋洋的趴在煤磚砌成的豬圈裡，他靠近時，那些豬用後腳站立起來，他深情的拍拍牠們的頭，跟我們介紹每一隻的名字。馬蒂歐後來告訴我，恰克把牠們都取了瓜地馬拉政客的名字。

我們很捨不得離開恰克。他跟我們一起走到廂型車旁，馬蒂歐從車上搬下兩箱水與一箱可口可樂。他跟我握手時，我塞了相當於五十美元的錢到他手裡。他微笑著跟馬蒂歐說話，後來馬蒂歐告訴我，恰克說這些錢會拿來支付他孫子這學年的學費。

我經常想起恰克。我之前從未認識遇過外星爬蟲生物的人，雖然我偶爾會認識一些人，他們見過類似人類外形，而有紅眼睛與鱗片皮膚的外星人，但恰克是其中最特別的。他熱情歡迎我這個陌生人去到他家，說出他很少訴說的故事。他告訴馬蒂歐他只跟兩個人說過這個故事，就是馬蒂歐的姐姐與我。我因此覺得非常感謝與榮幸。

19・留下紅手印的閃亮外星人

世界各地的岩石藝術與建築遺址上都可找到手印，但科學家們總是會問：它們的意義是什麼？是藝術家的簽名嗎？或是薩滿向靈性世界問候？連史蒂芬斯與卡瑟伍德都曾記錄他們旅行中遇到的紅手印之謎。有鑑於這個圖像普遍存在於古馬雅文化，今日也被建商用來作為他們對一棟建築物做出貢獻的象徵，古馬雅文化的紅手印可能已受到外行人的誤解。

在這一章，你將認識一位馬雅長老，他根據自己從長老那裡學到的，來解釋紅手印的意義。

我們在馬蒂歐姐姐家住了兩晚。村子裡正好要舉辦一場讚頌一位天主教聖徒的慶典，馬蒂歐認為我可能會樂意參加。他姐姐堅持要我留下來當她的貴賓，她是當地學校的英文老師，很喜歡跟會說英語的人用英語交談。參加一整天的慶典、跳舞，與吃下太多食物之後，馬蒂歐和我隔天便動身踏上返回瓜地馬拉市的旅程。在路上，他建議我們順道去一些隱藏在叢林裡的小型馬雅遺址。我滿心歡喜的同意。

馬蒂歐和我在叢林裡的一個小遺址跟一位馬雅長老優克碰面，他看來比他聲稱的八十歲要年輕。這座遺址在旅遊地圖上找不到（其實在任何地圖上都找不到）；但在這處叢林裡，有幾個被樹木覆蓋的土丘，一座城市就隱身其中。我們在這裡停下來休息，吃馬蒂歐的姐姐瑪麗亞幫我們打包的午餐。優克在我們駛離公路不久後就前來跟我們打招呼，他是那座無名的小小馬雅遺址自告奮勇的守護者。據他說，二十年前政府曾對修復遺址有過宏大的計畫，他們建造了看守人的小屋，之後卻沒有任何解釋就放棄了計畫。優克在政府顯然對遺址失去興趣後，主動把責任承擔下來，搬進那座看守人小屋。他擔任起看守人的角色，沒有人質疑過他的職權。他守護著遺址的安全，讓打劫者不敢靠近，作為他非法占用公家房舍的交換條件。優克年輕的時候曾旅行到美國，在加州與華盛頓工作過，這是他英文能力不錯的原因。他很愛美國，但也因活在恐懼中而吃了不少苦。他存夠了幫母親與兄弟姐妹蓋一棟房子的錢之後，便搬回瓜地馬拉，重拾農夫的生活。雖然他保護這座古老遺址並未收到任何酬勞，但他有一間房子、一塊種花種草的地方，偶爾還會從某個不照規則來的遊客那邊收到小費。他帶我進入他的小屋，指著一個吊床附近的架子。「那是我的圖書館，」他說。「美國遊客會給我一些他們不要的書，我就透過閱讀來練習英文。」我瀏覽一遍架子上的書，從史蒂芬・金（Stephen King）到言情小說家丹妮爾・斯蒂爾（Danielle Steele）的作品都有，還有大量的英西字典。

「這些書你都看嗎？」我問道。
「每天晚上都看。」他說。
馬蒂歐和我與他分享午餐時，他一直用巨人、矮人與多毛人的故事來娛樂我們。我們準備好要離開時，留給他一箱水以及之前在路邊攤買的水果。我也貢獻了幾本平裝書給他的圖書館：兩本偵探小說家東尼・席勒曼（Tony Hillerman）有關納瓦霍（Navajo）[2]警察的小說、克瑞格・強生（Craig Johnson）關於一位懷俄明州警長的最新小說，以及一本阿嘉莎・克莉絲蒂（Agatha Christie）的法國偵探白羅小說選集。為了回報我們，他堅持要帶我們繞遺址一圈。我跟在他身後，小心選擇踏出的每一步時，看見一座小神廟的遺址，居然有三面牆還矗立著。我們三個人就在這棟石造建築前的一張木凳子上坐下。跟遺址裡許多只剩一堆堆碎石的建築不同，這棟建築的結構還好好的直立著，門口上方有平滑的拱型，正面還裝飾著畫上去的紅手印。「這凳子是我做的，我喜歡一大清早來這裡坐著。這是那些閃亮的人的聖壇。」他說。
「那些閃亮的人是誰？」
「它們是外太空人、天神、星人（Star People）、外星生物或外星人，隨便妳想怎麼稱呼它們。」他說道。「就是它們留下那些手印的。」
「關於那些星人，你知道些什麼？」我問道。
「星人有很多種，它們來自很多不同的地方，只有一個族群與馬雅人有關聯。有些星人是從我們這個太陽系來的，但不是全部。那些閃亮的人告訴我，一個星際邦聯有六十七個太陽系，任何一天都有數以千計的太空船造訪地球。就在這一刻，就有數百艘太空船繞行地球，我們的政府沒有能看見它們的科技。它們告訴我，它們就住在地球各處監視並協助人類。」

「你是說，你跟那些星人接觸過？」我問道。

「我跟它們一個月、一個月的接觸。」

「你的意思是每個月嗎？」

「不，我的意思是有些月份。」

「跟我聊聊那些生活在我們當中的星人吧。」

「它們有特定的任務，不會永久住在這裡。它們幫助科學家改善人們的生活，幫助為和平努力的領袖。據我了解它們執行許多任務，絕不會對它們的人類朋友暴露身分。它們現在已經離開了，它們是每十六年來一次，很快會再回來。它們是二〇〇〇年離開的，會在二〇一六年回來。它們會待在這裡十六年，然後離開十六年。」

「你知道為何有十六年的循環嗎？」

2——北美西部的印第安人之一。

「我知道它們旅行到地球要花十六年的時間。它們一群來的時候，另一群就會離開。所以它們在這裡待十六年，十六年後，另一群會抵達。」

「它們長得什麼樣子？」我問。

「就跟妳我一樣。它們可以隨心所欲變成任何人的樣子。在這個星球它們看來是人類，在其他星球它們看來就像那個星球的主宰物種。」

「為什麼你稱它們為閃亮的人？」我再問。

「它們真實的狀態是光球，只有當它們呈現出人類的外形時，你才能看見它們，否則它們會令你看不見它們。很多人根本不知道自己見過它們，人們只會看到光球，不會意識到它們事實上是活生生的生命。」

「你能告訴我什麼關於紅手印的事呢？」

「我確定妳在其他地方也看過它們。」他說。我點點頭。

「有一些關於紅手印兄弟的故事，它們是一群在宇宙間旅行、蒐集知識的天人，它們握有星球起源的祕密，包括地球上所有人以及宇宙間有住民的星球。」

「所以紅手印兄弟就在它們經過的地方留下印記？」我問道。

「沒錯。那些兄弟是閃亮的人生下的，它們從有史以來就一直在地球上。考古學家到哪裡都會發現紅手印。科學家們說紅手印是建造者的簽名，但那不是真的。對那些知道真相的人來說，紅手印就代表知識。」

「你從閃亮的人那裡還知道了什麼？」

「它們的壽命是八百年。它們告訴我，我們是這個太陽系中唯一還在交戰的星球。別的星球也會戰爭，但不是在這個太陽系。它們說它們已經給了我們的科學家治癒所有疾病的知識，但科學家還沒用上。它們說有些星球上的居民仍活在黑暗年代中，連生命週期都不知道。還說有些星球上的居民永遠不會變老。也說過有個星球比其他星球先進許多，那裡的生物只要運用心智，就能呈現出任何它們選擇的形態。它們還說，有些星球有水晶打造的城市，在夜晚閃亮得像月亮一樣，因為那些星球沒有其他夜間的光源。」他暫停了一下。「我很想看看那個星球。」

「你能描述一下閃亮的人的太空船嗎？」我問道。

「那看起來像頂大帽子，這就是最好的描述了。它看來是金屬做的，但其實不是，雖然在人類的眼裡很像是銀製的。它沒有發出聲音，但卻能飛得像雷擊那麼快。」

「你第一次遇見閃亮的人時是幾歲？」

「我很小的時候祖母就告訴我星人的故事。有天晚上，我看見一道來自天空的光，便跟蹤那道光，之後就看到一顆光球出現，一個男性從裡面走出來。它跟我握手，叫我的名字。那時我大約十二歲。自從那天之後，我一直都會看見它們，即使在美國時也是。」

那天下午我們大多時間都跟優克在一起，但他說的紅手印與「閃亮的人」的故事並沒有太多不同。我經常想到這位善良溫和的老人，用如此平靜而清晰的口吻，談著那些協助我們的科學家與領袖的紅手印兄弟以及閃亮的人。希望它們在二〇一六年回來時，我們能親眼見證到它們的影響力。

20・它們說我不會記得

科拉多主教（Monsignor Corrado Balducci）是一位住在羅馬的退休天主教神父，他近年來曾在義大利的電視節目上，做過一些有關幽浮與外星人綁架事件的驚人陳述。在堅持自己並非代表梵蒂岡或教宗說話的同時，他也說幽浮與外星人綁架事件絕對是有趣且值得深入調查的事。在一次被收錄在維特利．史崔柏（Whitley Strieber）的《確證：外星人就在我們之中的鐵證》（*Confirmation: The Hard Evidence of Aliens Among US*）一書的訪談中，他提到：

「相信並斷言外星生物存在是合理的。它們的存在無法再被否認，因為幽浮研究者的紀錄中，有太多證據足以證明外星生物與飛碟的存在。完全堅決的指稱它們都是幻覺與妄想，或目擊者作證的描述不可信，是錯誤的……這對宗教本身來說會有很嚴重的後果，因為宗教是基於一個歷史事件，基於耶穌基督的誕生……」

在這一章，你會認識一位親身遭遇過幽浮和星人的天主教神父，那次事件令他從此堅信外星生命的存在。

星期天早上，馬蒂歐臉上掛著大大的笑容迎接我。「快點，博士，我們得吃早餐然後去做彌撒。我有個特別的驚喜要給妳。」由於已習慣馬蒂歐的驚喜，因此我遵照他的指示，選了炒蛋與吐司當早餐，以免趕不上他暗地裡為我準備好的活動。做完彌撒之後，馬蒂歐要我留在座位上，等其他教區居民都離開教堂。菲利培神父關上門時，我們還坐在位子上，我看著神父朝我們走來，在我們前方的教堂長椅上坐下。

「神父，這是我跟你提過的那位博士，那位在蒐集有關幽浮與天人故事的教授。」菲利培神父點點頭，對我伸出手。「菲利培神父跟我從小就認識，」馬蒂歐繼續說道。「我們在同一個村子裡長大，上同一所學校。顯然我們的人生道路不同，但知道有個人能讓我跟天堂有直接的連結，令我很安心。」馬蒂歐咯咯笑道。「菲利培神父，我最老也最親愛的朋友，有個關於幽浮的故事要告訴妳。我跟他聯絡並提到妳，我想妳會想聽他的故事。」神父對馬蒂歐微笑並點點頭。他身穿黑色長袍，脖子上掛著一串有玉石浮雕的銀色大十字架項鍊，一頭銀色頭髮在古銅色皮膚的襯托下更顯醒目。雖然他有西班牙血統，但可明顯看出他是梅斯蒂索人（Mestizo）[3]。

「那年是一九八二年，我十三歲，跟馬蒂歐住在同一個村子。那時是七月，確切的說是七月十五日。我會記得是因為那天是我的生日，有一場為我舉辦的生日聚會，整個村子的人都來了，一起在慶生會上分享喜悅。馬蒂歐也在那裡。我大約午夜時分才睡著。我們住在村子邊緣的地方，屋子旁有一塊小空地，我們都會在那裡踢足球，我記得那也是校園的一部分。」他看著馬蒂歐，尋求確認。

「在我的記憶中，那就是學校的操場。」馬蒂歐說道。神父點點頭。

「我半夜醒來，看見外面有閃光，覺得很奇怪。我們村子裡沒有電力，因此我只見過電燈一、兩次，但即使我閉上眼睛，都能感覺到那些光在閃。一開始我很興奮，因為從未見過如此美麗的事物。我試著叫醒跟我睡在同一間房間的三個兄弟，但不管我怎麼叫，他們就是沒有醒過來。」

「跟她說我的事。」馬蒂歐說。

「快了，親愛的朋友。我試著照事情發生的順序說。我記得有個聲音在我腦海裡告訴我，要我從房間窗戶出去，我照做，爬出窗戶。一出去我就看到那些彩色光球，有些還在空中，但有些已經在地面上，當它們一碰到地，就變換成人。我走近其中一個男性，問它的飛行機器是什麼。我原本預期會看見某種類似我在學校看過的漫畫書裡的東西，但它的機器很不一樣。它沒有回答我，反而舉起手裡的一個東西對我射擊，我感覺肩膀有一點刺痛，接著它說，不管我到世界的哪個角落，那都能讓它追蹤到我。我還記得心裡想著：『如果這奇怪的天人是來自太空，為什麼它想追蹤我？』」

「它看起來是什麼樣子？」我問道。

「我不記得它看起來的樣子，但我並不怕它。我總覺得它很友善。」

3——歐洲人與美洲原住民祖先混血而成的拉丁民族。

「那它射中你的地方呢？有留下疤痕嗎？」

「我年輕的時候，那裡有一點點凹痕——一道小小的直線，但隨著時間與體重的增加，現在已經不見了。」他停下來摸摸肚子笑著。「村裡的女人都是很棒的廚師。」

「那天晚上還有發生什麼其他的事嗎？」我問。

「跟天人說過話後，我看到一件很奇怪的事。我眼睜睜的看著我的鄰居、親戚，甚至我最好的朋友馬蒂歐，都呆呆的站在空地上，一個接一個的被帶上那架飛行器，然後，大約半小時後，他們便回到空地上。我跑向馬蒂歐，想把他從隊伍中拉出來，但我完全拉不動他，他跟一座石雕雕像一樣，甚至看都不看我一眼。他被它們的咒語控制了，我無能為力。我記得自己坐在一塊石頭上哭泣。那個天人再次走近我，告訴我不要哭。它說明天我就不會記得今晚發生的事情了。」

「但你記得。」我說。

「是啊，我記得，而且我那時就告訴天人說我會記得，我絕不會忘記發生了什麼事。它說我只會記得那是一場夢。」

「你有一段記不得事情的時間嗎？」我問道。

「沒有。那天晚上我撿了一顆石頭帶回家，把它放在涼鞋旁的地板上。我知道如果早上醒來石頭還在那兒，我就不是在做夢。而當我醒來時，石頭就在那兒。所以我知道那確實發生過。」

「隔天早上，他告訴我他看見的事，但我並不記得。他記得而我不記得，令我總有一種被騙的感覺。」馬蒂歐說。

「我想我就是在那晚決定要成為一名神父的。這位天人給我一種信任、仁慈與愛的感覺，我想把那樣的感覺傳遞給別人。」

自從那次最初的會面之後，我就沒再見過菲利培神父。他的人生方向顯然受到那個決定性夜晚的影響，那一晚，天人造訪了他的偏遠小村莊。那對他人生造成的衝擊，我並不感到驚訝。其他人也告訴過我與改變他們人生的外星人相遇的故事。似乎得知我們在宇宙中並不孤單，會為生命帶來重大的改變。

21・與天空接觸的城市

根據《波波武經：馬雅的創世紀》（*Popol Vuh: The Creation Story of the Maya*）這本後古典時期基切族馬雅帝國的歷史敘事書，偉大的天才之王奎查寇特在建立瓜地馬拉的古馬噶（Q'umarkaj）城時，便是受到強大神靈的協助。這座城市曾經歷九個王朝，擁有二十三座宮殿。西班牙人在十六世紀初抵達這個地區時，它也是最強大的馬雅城市之一。奎查寇特到底是個歷史人物或神話人物，還有些爭議，但無論如何，建立這座城市的人，絕對是個眼光超越同時代人的天才。

就在古馬噶城，我的司機馬蒂歐告訴了我他遇見外星來的人的經驗。

星期天早上，我的新司機還沒到，馬蒂歐便說服我回去古馬噶城。「我要帶妳去看個東西，」他說。「我們之前在那邊的時候，我就應該跟妳分享，但這是時機的問題。現代馬雅人將古馬噶視為聖地。」馬蒂歐說道。「因為是星期天，我們很有機會可以看見一些村民舉行的儀式。」

接近那座古老遺址時，我想起史蒂芬斯與卡瑟伍德是騎驢子旅行的。而開著有冷氣的廂型車，顯然是比較輕鬆的選擇。

我們接近遺址時，一位自稱名叫艾伯托的老人攔下我們。他與馬蒂歐短暫交談後，馬蒂歐跟我解釋，這位長老是一位現任薩滿，看到我走近時，感覺到跟我有一種特別的連結。他想跟我描述一下我的「Nawai」，據說「Nawai」是代表一個人的人生使命或命運，也可以給接受者（在此狀況下指的就是我）如何達到人生偉大成就的啟示。我不安的跟著老人走向一座小山丘的山頂。馬蒂歐跟我說明，薩滿之所以選擇這個地方，是因為他覺得在這裡能接近遺址的創造者。我看著艾伯托點燃一個火圈，我知道這裡的人經常使用火圈。根據馬蒂歐的說法，火是儀式中必要的部分，因為火能直達天空，能經由禱告接收訊息，再傳遞給艾伯托。我很驚訝的是，他之前對我毫無所悉，但卻知道我追隨史蒂芬斯與卡瑟伍德腳步的使命。不用說，這當然令我印象深刻。「妳會非常長壽，而且有許多機會做出對世界產生影響的貢獻。妳走過的道路將會得到回報。妳會遇到許多阻礙，但人們跟妳相處很自在，而妳將得到妳緊緊追尋的事物。天神們祝福著妳，妳在旅程中會很平安。」儀式結束後，我提議付他一些酬勞，但他拒絕了。「博士，認識妳是我的榮幸。這樣就足夠了。」

與那位年長薩滿道別後，我們繼續朝遺址走去。古城位於一座四周都是陡峭深谷的山頂，足以證明它在戰爭時的優越戰略地位。

「這真是個令人驚奇的地方。」我一邊舉起相機對準托西神廟（Temple of Tohi）一邊說。

「去年夏天，我帶家人來這裡度週末。我們在奇奇卡斯德南戈租了間房間，星期天我太太與孩子們打算去城裡的市場逛逛，因此我決定自己來這裡。天快亮時我就出門，因為我喜歡看著晨霧從樹梢升起。當我坐在這裡，就在我現在坐著的地方，我看見了一架飛行器從雲霧中下降，在廣場上方盤旋。」我望著他指的方向，一對夫妻帶著一個小朋友正在那裡參與一項私人儀式。「我坐在這裡觀察，這時有兩個外星人從飛行器裡下來。我相信它們是利用某種綁在背後的機械化工具，從飛行器下降到地面的。我觀察了它們好久好久，確定它們是在拍攝這整個地區，它們都在身體前方舉起一隻戴著手套的手。突然間，第三個外星人出現，然後開始動手挖掘東西，至少我是這麼認為。三個外星人在那塊地方不時跪下來，當它們站起來的時候，其中一個看見了我。他向另外兩個外星人指出我所在的位置，它們也轉身看向我。它們立刻回到飛行器那邊，站在飛行器下方，上升進入那架盤旋的太空船底部。」

「它們有說什麼嗎？你聽得到它們說話嗎？它們長什麼樣子？」

「天啊！它們很高，是我見過最高的，大約有兩百四十到兩百七十公分高。它們穿著一件式的服裝，背上揹著兩個圓筒狀的東西。一個放射出類似蒸汽的物質，我想那是讓它們能進出飛行器的推進系統。另一個可能是呼吸裝置，因為它們一直沒有脫下罩住整個頭部與上半身的頭盔。我沒有看清楚它們的臉，它們離我太遠了，但它們跟人類很像，而且非常高。這點我可以發誓。」

「關於它們的身體外貌，你還記得什麼？」

「我還記得一件事：它們走路的樣子很奇怪。」

「請解釋一下。」我說。

「它們的步伐很大，有一般人的三倍大，但不只如此，它們走路的時候，彷彿沒碰到地面，只有在靜止不動時，它們的腳才似乎接觸到土地。」

「它們穿的是什麼樣的衣服？」

「就像我剛剛說的，有個像頭盔一樣的裝置罩住頭與肩膀，它們的衣服看來是一件式的，甚至靴子似乎也是相連的。左肩上有枚徽章，但我無法看清楚。它們的服裝是銀灰色的，或許更接近銀色。它們的手套似乎比較像是個裝備，而非人類穿戴的手套，我想裡面有嵌入照相機。」馬蒂歐說，一面盯著遠方。

「你說你認為它們在挖掘什麼東西？」

「我不是很確定。第三個外星人出現時，帶著一種看來像是挖掘工具的器具，但當它們離開後，我沒看見地上有任何挖掘的痕跡。事實上，我自己還動手挖了一下，但什麼也沒找到。」

「它們回到飛行器後，又發生了什麼事？」我問道。

「它們就離開了，但那天早上稍晚，我又看見它們，在靠近山底下的地方。也是同樣的三個外星人，但這次那架飛行器已經降落，它們正在一塊區域裡不時跪下，我確定它們在挖掘東西。我在那裡待了一陣子，但它們似乎對我不感興趣。後來，我也親眼看到那三個外星人往上飛到空中，往古城的方向消失。到那時，我才開車回奇奇卡斯德南的馬雅飯店，等我太太與孩子回來。」

「真是個有趣的故事。依你看，它們到底在做什麼呢？」

「如果每次試著弄清楚它們在做什麼，我都有錢可以拿的話，我現在一定是個富翁了。我真的不知道，只知道它們不是在進行這裡常見的獻祭儀式。」

「但你相信馬雅人是天神們的後代。」我說。

「就像我之前告訴過妳的，我相信外太空人或天神們其實是要來殖民這個星球。我相信我們這些現存的馬雅人，是天人的後代。真的是這樣。」他暫停了一下，接著幾乎是帶著歉意的補充道。「這只是一個男人的看法：我的看法。」他微笑著說。「妳對這座城市有什麼想法？有感覺到什麼特別的地方嗎？」馬蒂歐問道。

「雖然這座城市已成遺址，我還是感覺到這裡有一股強大的靈性力量。」

「妳是我第一個認出這股力量的客人。」他說。「我們一定有什麼關係。」

我從馬蒂歐身旁走開，踏上一座沒有屋頂的宮殿地板，停下來看著那些蠟燭，以及獻祭用的水果、酒、豆子與玉米。那是曾占領這座雄偉城市的後代子孫留下來的。站在廣場中央，我對著四方低聲祈禱。在宮殿地板上的其他供品中，我也留下了一小根菸以及在蒙大拿一條河床上找到的一塊水晶，作為供品。

22·基切村落女人的故事

在十六世紀西班牙人入侵之前，瓜地馬拉是馬雅世界的中心。即使今天，大多數瓜地馬拉公民仍自認是馬雅人。儘管馬雅人占多數，他們還是被拉丁獨裁王朝統治，因而成為中美洲受到最大迫害的民族。一九六〇年到一九九六年間，估計有二十萬馬雅人在內戰中遭到殺害，大多是以有組織、有系統的方式進行屠殺，而世人對他們的困境都保持沉默。瓜地馬拉軍隊執行了六百二十六次屠殺，有五個山區馬雅部族遭到滅絕。政府的辯詞總是基於種族歧視的意識形態，認為十六世紀初期馬雅帝國後代的馬雅人比拉丁民族低等。政府指稱馬雅人懶惰而原始，是國家貧窮的罪魁禍首。而根據這套種族歧視的信條，最低等的就是「山上的住民」。

我此刻就在山上住民的國家。美國人在這裡經常受到懷疑與蔑視，那是基於原住民過去與剝削他們的美國企業，以及曾支持獨裁者執政的美國政府交手的經驗。他們的態度是可理解的。雖然身處困境，瓜地馬拉的原住民仍抱持著微弱的希望。特別是女人，一直扮演著反抗者的角色。在這樣的氛圍下，我遇到了幾位堅毅的馬雅女子，她們就跟全中美洲的原住民女子一樣，遭遇過獨特的幽浮經驗。在這一章，你將讀到她們的故事。

造訪過基切族馬雅人的古馬噶古城後，我們回到旅館吃午餐，之後馬蒂歐帶我去逛市區。奇奇卡斯德南是個用白色灰泥打造的小鎮，就位在山頂的最高處。大多數居民都是基切族馬雅人，說的是基切方言。當地人所知的「奇奇」，也就是市區，是個繁忙的小鎮，狹窄的街道圍繞著有四百年歷史的聖湯瑪斯教堂（Church of Santo Tomás）與中央市集廣場，這也是瓜地馬拉最大的市集廣場之一。

「單身女子，特別是外國人，在瓜地馬拉可能會成為攻擊目標。」我們走在街上時瑪蒂歐警告我。「這樣說令我覺得很羞愧。我愛這個國家，但瓜地馬拉是個危險的地方，幫派分子在城市大街與主要幹道上閒晃，有很多搶劫與謀殺事件發生。因為妳的新司機還沒來，我決定再待一晚，確定他真的有到。如果有必要，我會載妳去墨西哥。我不能讓妳一個人踏上那段旅程。」

「感激不盡！」我說。「但我不想讓你冒險。」

「妳是家人，那不是冒險。」馬蒂歐決定那晚留下來，令我鬆了一口氣。到瓜地馬拉市的車程是三小時，天黑之前他是到得了的，但因為擔心我的安全，他決定在此過夜。

那天晚上我跟他一起用餐。走近他的桌子時，他對我微笑。「我要給妳一個特別的驚喜。」我坐下時他說道。「今天下午我去酒吧，我和我太太認識很多年的一位女士在這裡工作。她丈夫住院的時候，她曾住在我們瓜地馬拉市的家中。我跟她說妳的事，還有我們在這裡的原因，她告訴我她有過跟幽浮接觸的經驗。雖然那是幾年前發生的事了，她還是同意跟妳談談。我們吃飯前，妳是否想去見她？」這簡直是不用回答的問題。我拎起包包，把椅子往後一推，隨馬蒂歐往他的車子走去。「她住在村子外面，在餐廳廚房工作。她都是清晨四點來上班，下午四點回家照顧小孩。」

「那是十二小時的工作。」我回應。

「但已經是社區裡較好的工作之一了。她是家庭的經濟支柱，她丈夫的身體狀況非常不好，已經是癌症末期，活不了多久了。」我們開車穿過鎮上，在靠近往基切省首府聖克魯斯（Santa Cruz del Quiché）的市郊處，馬蒂歐把車停在一間鐵皮屋頂的混凝土小屋前的人行道上。「根據她給我的指示，這裡應該就是她家了。」馬蒂歐幫我開車門時說道。他還沒走到小屋前敲門，大門就倏然開啟，是一個大約六歲的小男孩開的門。他微笑著帶我們走進燈光昏暗的屋子。

「安荷莉娜，」馬蒂歐說道。「這是我從美國來的朋友與旅客。我跟妳提過她對幽浮的興趣，妳也說願意告訴她妳的故事。」

「跟我來。」她帶我們穿過這間兩房的屋子，進入一個小小的後院區。我們經過起居室時，她指了指她的丈夫，他正躺在吊床上看著一部小小的黑白電視機，有另一名男子坐在他身旁的木椅上。我們進入後院時，有幾個女子圍成一圈坐在那裡聊天、吃東西。「這些是我的朋友與家人，」

她開口說道。「她們也有故事要說。」她請我坐在一張椅子上，我依言坐下。她轉向馬蒂歐說：「我有請艾德娜幫忙翻譯，她是英文老師。因為對話中可能有些部分不太適合讓男人聽到。」馬蒂歐點點頭，跟我解釋狀況，便走進屋子裡去了。

馬蒂歐一離開，安荷莉娜便開始說她的故事。她們大部分是說基切方言，因此得由艾德娜翻譯。「有一天我跟女兒去撿木柴，我們沿著路邊走，撿拾一些小樹枝。此時我們看見一個像大貯油槽一樣的長形物體，從天上落下來，掉到地面上，但它沒有發出聲音。我和女兒都很驚訝，隨即便害怕得躲起來，但還是一直看著那個油槽。有兩個巨大的男性從裡面出來，它們比我高兩倍。」我望著安荷莉娜，她一定沒超過一百二十公分。「它們一定是看到或感覺到我們，因為它們穿過林子朝我們走來，抓住我們。」她停下來，喝光一瓶啤酒，然後拿一瓶給我。

這時，我打斷她並請艾德娜問清楚，她說的「它們穿過林子朝我們走來，抓住我們」是什麼意思。艾德娜跟她解釋我關注的部分，她隨即說明，它們把她們像洋娃娃一樣拎起來，然後帶進那個奇怪的油槽裡。

「我真的很害怕，」她繼續說道，「但它們要我冷靜下來，說它們不會傷害我。之後我什麼都不記得，只記得突然發現我們站在路邊，看著那個油槽從地面升起，爬升到雲裡面。後來我們就沒再見過它。回到家之後，我們告訴艾爾方索看到的景象，但他卻說我們可能是被太陽曬昏頭了，才會想像出那種事。那不是我想像出來的。一個載著男性的貯油槽從天上掉下來，可不是平常會發生的事啊！」

我望著艾德娜說：「妳可以請她描述一下那兩個男性嗎？」艾德娜翻譯，安荷莉娜望著我回答：「它們很白，非常白，看起來好像從未曬過太陽。它們很高，身上的服裝會弄痛我的身體。我掙扎著想掙脫時抓到它們的服裝，全身立刻感到一陣刺痛，不得不放棄掙扎，我受不了那種疼痛。要是我女兒在的話，她也會跟妳說一樣的事。它們的味道也很奇怪，整個油槽裡的味道都很奇怪。我想那就是我記不得任何事情的原因，應該是那個味道薰得我失去知覺。」我問艾德娜，她能否形容那個味道，她說那是她沒有聞過的味道，她不知道該如何形容。

「幫我問她它們的臉長得什麼模樣，」我對艾德娜說，「或任何她還記得的事。」

艾德娜翻譯。「她說它們眼睛上戴著某種護目鏡，但它們的臉是白色的。其他的她都不記得了。」

「我也看過同樣的油槽，」坐在安荷莉娜對面的一個女子開口說道。「我是葛洛莉亞，住在這裡過去兩戶的房子。那一定跟古馬噶有關，那是它們來這裡的原因。古馬噶是那些老者的家，它們是回來拿留在這裡的東西。我想它們是來帶走那些老者的骸骨，回它們在天空的家。人們見過它們在那裡挖東西，有幾次還碰巧看見打開的墓穴遺址。我祖父曾告訴我，他看到它們挖出一具骸骨，然後那具骸骨就活了過來，跟它們一起走上飛行器，往天空飛走。」我望著艾德娜，她感覺得到我的懷疑。於是她要葛洛莉亞重說一次她祖父的故事，但葛洛莉亞的說法還是一樣。「我從小就見過巨人造訪遺址，它們會來四處察看、挖掘，然後離開。它們一定是在找某個還沒找到的對象，在找到之前，它們會持續回來。我祖父說，它們把那些骨頭帶回天上之後，那些骨頭就會再度復活。」

「那是什麼意思？」我問艾德娜。

「她是指那些骸骨會再次活過來。她相信外星人有重生的能力。」

「妳能描述它們的模樣嗎？」我問道。

「它們是巨人，比胡安高兩倍。」她指向另一間房間裡那個短小精幹的馬雅男子，那名男子正跟安荷莉娜的丈夫一起看電視。「它們穿著銀色的服裝，但我離它們不夠近，無法描述得更清楚。或許是它們的親戚幫助過奎查寇特建造這座城市，而它們是來帶它回家的；或許它們不會像地球上的我們一樣死去；或許它們真的是天堂裡的神。」我思考著葛洛莉亞的看法。她對為何那些外星人持續回來這個地區的說法，似乎是我想像得到最可信的解釋。

「那些外星來的人把我帶上它們的太空船。」這群女子當中最年輕的羅莎莉葉說道。「我那時大約十六歲，有天晚上，我跟男友蓋拉多在一起，他陪我從廣場走路回家。我們看見一架圓形的飛行器在建築物上方盤旋，突然間，我們就發現自己被往上拉。當我的腳離開地面，我開始尖叫，而即使我們不斷扭動與掙扎，仍然無法停止往上移動。我們倆記得的都不多，我們被分開來，雖然蓋拉多很努力想跟我待在一起，但他被迫進入另一個區域。我後來就失去了知覺。兩星期後，我發現我懷孕了，至少我有所有懷孕的癥兆。我老是想吐，幾乎每晚肚子都會變大，但我從未跟任何人做愛，然而我卻懷孕了。」

「關於妳懷孕這件事，蓋拉多有什麼感覺？」我問道。

「蓋拉多相信我。他說那就像聖母瑪利亞的處女生子，我們應該結婚，他會照顧我和孩子。兩個月後，那些幽浮又來了。突然間，我就不再懷孕了。除了蓋拉多之外，沒有人知道這件事。現在我們認為，那時我懷的是某個外星人的孩子。這件事令我非常害怕。後來我們去廣場時，一定會跟一群朋友或家人一起回家，絕不再落單了。」她在說她的故事時，手摩挲著肚子，眼角溢著淚水。

「我知道那不是蓋拉多的孩子，我那時還是處女。那一晚之後，蓋拉多和我就結婚了。我們很努力想有孩子，但一直都沒有。我想它們對我做了一些事。」

「艾德娜，請妳問問她，在她失去孩子那晚，她是否有任何登上太空船的記憶？」我等著艾德娜翻譯我的問題。

「我遠遠看到太空船，」她說。「但我不記得有再次被帶上去。蓋拉多也看到了，他跟我在一起。」

「我就生得出孩子。」卡拉說道，緩和了籠罩在這群女人身上的哀傷。「它們也把我綁架到它們的太空船上。事情發生在我剛結婚的時候。我走路到鎮上的市場去賣雞蛋，回家的路上天色已漸漸變暗，就在這時我看見一顆光球飛越天空。我嚇壞了，開始奔跑。突然間，那道光把我圍住，我逃不了，然後那道光就把我拉到它們的太空船上。我可以清楚看見我的村莊，還有我的房子和園子。

我知道我丈夫會擔心，於是告訴它們一定要讓我走，不然我丈夫會擔心、也會生氣。但它們只是好奇的盯著我看。不知為何，我心裡知道如果我乖乖合作，它們就會讓我回家。它們是很怪異的生物。我讓它們做它們想做的事，它們採了我的血液與皮膚的樣本，然後扳開我的雙腿。」她暫停下來，用壓抑的聲音跟安荷莉娜說話。看得出來她對那次痛苦經驗感到很尷尬。稍後，安荷莉娜解釋道，卡拉相信它們也讓她懷孕了。隔天，她就感覺到她身體裡有一個生命，而她幾天前才剛剛結束月經週期，她知道自己那時並未懷孕。兩個月後，她記得自己又被帶走，當她醒來之後，就知道自己的肚子裡已經沒有生命了。

「我沒有被綁架，」女人群中最晚說話的羅拉說道。「但有看見它們。有天早上我在蒐集木材，就碰見了一架像安荷莉娜描述的飛行器，看起來就像個很大的貯油槽。這東西在林子裡令我覺得很奇怪，而我靠近之後，就看到它從地面升起，然後消失在空中。我沒看到任何外星人，只看到那長長的銀色油槽，非常巨大。」

夜越來越深，女人們對她們的故事已沒有什麼細節要補充了。她們坦承很少跟別人說她們的故事，因為害怕自己會被社區的人孤立。「我們這邊的人很迷信，」安荷莉娜說。「她們跟外界很少有接觸，市場是她們唯一的管道，而且她們也不跟陌生人說話。她們仍舊相信照相機會偷走她們的靈魂，拒絕遊客幫她們拍照，所以妳一定要了解她們的出身背景。」

「我真的很感激她們願意跟我談。」我說。「請代我謝謝她們，我真的很感激她們的坦誠。」

我起身離開時，詢問那些女子是否有任何我能為她們做的事。羅莎莉葉問我有沒有口紅。「我一直很想要口紅。」她說。我打開包包，把口紅、縫紉包、指甲油與小鏡子都拿出來，放在她們面前的桌子上。每個女人都拿了她們想要的東西，雖然我說要把沒人挑走的物品留下來，她們還是跟馬蒂歐說，我已經對她們很慷慨了，我應該把剩下的物品帶走，送給其他有故事要說的人。當她們站起來跟我握手道別，我給了每個人等同於五十美金的謝禮。其中一位女子擁抱我，落下淚來。其他女人跟我解釋，她們可以用這筆錢去看牙醫、醫生，或買鞋子。

回旅館的路上，馬蒂歐說我很慷慨。「我旅行的時候，總是會帶幾盒我知道女人喜歡的物品。我把它們放在包包裡隨身攜帶，遇到這種狀況時就派得上用場了。」我答道。

「那還是很慷慨。我遇過一些研究者從不考慮別人花費在他們身上的時間，那些研究者認為他們的時間很寶貴，卻不認為村民們的時間也很寶貴。」

「事實上，那些物品與金錢只是聊表謝意。說出故事的那些女人，才是慷慨的人。」

「妳說得對，女士。」之後一路上我們沒再說話，回旅館後我們去吃晚餐，而正當我們打算隔天早上一起吃早餐時，我雇用來載我越過墨西哥邊界、到聖克里斯多巴去的司機艾米利安諾，已出現在我們桌旁並自我介紹。離開馬蒂歐令我感到悲傷。過去兩星期以來，我們的關係已不只是客戶與導遊，而是曾共享一些不可思議經驗的朋友。我們都同意要保持聯絡。

距離我第一次遇見馬蒂歐已經十年了，我們一直信守這個承諾。我有兩次機會回到瓜地馬拉去拜訪他與他的家人。雖然他已不再從事旅遊業，但還是會經常打電話給我，告訴我他聽到的其他天人的故事。

23‧瓜地馬拉叢林的星人

數世紀以來，歷史上便一直流傳著瓜地馬拉叢林裡的巨人傳說。許多創世故事都透露，地球上的第一個人類種族就是巨人。在中美洲的原住民中，很早就有人述說巨人的故事。例如，葡萄牙航海家麥哲倫的助理安東尼奧‧皮加費塔（Antonio Pigafetta），就曾在《麥哲倫的航行》（*Magellan's Voyage: A Narrative of the First Circumnavigation*）一書中，詳細記錄各種與巨人的相遇過程。他寫到他們遇見的巨人非常高大，與麥哲倫一起航行的水手們只到巨人的腰部。與巨人相遇的整個過程中，巨人們不停的指著天空，想知道麥哲倫是不是從那裡來的。這或許代表巨人們很習慣從外星來的訪客。

在這一章，一位來自一座與世隔絕的原住民小村落的老人，要訴說外星巨人的故事，那些巨人常出沒於叢林，綁架女人與孩童。他的故事賦予了從天上來的巨人另一種不同的詮釋。

「根據村民的說法，史蒂芬斯與卡瑟伍德披荊斬棘穿越的，就是靠近這條路的這片叢林。」我的司機艾米利安諾說道，我們正朝墨西哥邊境駛去。

「我知道那是段悲慘的旅途。」我說。

「我小時候，祖母告訴我巨人會在這些山裡遊蕩。白色美洲豹是它們的同伴。」他暫停說話，把車子減速，技術高明的開過通往墨西哥邊界的瓜地馬拉陡峭山路上的一個髮夾彎。「有些人說，巨人可以扭斷人的頭，吞下去，然後把人的靈魂像西瓜籽一樣吐出來。萬一遇上那種事，你就注定要永遠在地球上流浪。即使到今天，叢林裡仍不時會找到巨大的骸骨。農夫們都相信那就是巨人的骸骨。」

「你想那會不會是乳齒象的骸骨？一位考古學家告訴我，在瓜地馬拉曾發現過乳齒象。」

「一位在烏塔特蘭（Utatlán）的法國考古學家聲稱，那些巨大的骨頭是乳齒象的骨頭。」他說，「但這附近的人才不理他，他們知道巨人是真的。他們曾經親眼見過巨人。」

「你的意思是，巨人還住在叢林裡？」我問道。

「它們還在這裡，人們偶爾會看見它們。它們會來到各個村子，目的是把女人偷走，讓她們幫它們生小孩，然後離開，接著我們就會很長一段時間看不到它們。」

「這些是神話，對吧？」我們慢慢開進一座小村落。我們身處很高的山上，因此等於是在雲朵間穿梭而行。

「不，博士。這不是故事，而是真實的事。」突然間，一群孩童出現，朝廂型車跑過來，不斷喊著：「艾米利安諾，艾米利安諾。」他放慢速度，從廂型車窗戶遞給他們糖果與硬幣。

「你認識這些孩子嗎？」我問道。

「是啊。我家就住在下面那邊的山谷裡。」艾米利安諾在路邊停好車，繼續說道。「妳從這裡看不到我的村莊，但那是我出生的地方，也是我將死去的地方。」我從車子側邊望出去，但下方的叢林太過茂密，看不見任何村落。「到我的村莊沒有公路，那裡沒有電力、也沒有電視，人們只靠騎馬或步行的方式旅行，所以我才把廂型車停放在城裡。我哥哥住在那裡。否則我不可能做導遊的工作。」我望著路邊時，艾米利安諾解開安全帶，說：「博士，請原諒我，我得去我的村莊一趟，我把我的導遊執照放在家裡，沒有它，我就無法護送妳進入墨西哥。」他把引擎熄火，打開車門。

「你會離開多久？」我一邊下車繞到駕駛座，一邊問道。

「不會很久，大概半小時吧。」

「為什麼你答應帶我去墨西哥時，不告訴我你沒把執照帶在身上？」我問他。

「女士，我需要這份工作。我幾分鐘內就會回來，我把鑰匙留給妳。別擔心，沒有人會走這條路。」

「我覺得單獨留在這裡不太妥當，或許我應該跟你一起去。」我說。

「不，女士，那太難了。下去的路很危險，一旦到了山谷，就很難爬上公路。妳不會有事的。

很少有旅人會經過這條路。」他從駕駛座後面拿出一把彎刀，然後關上門。「不會花太久時間。妳在這裡等我。」他把鑰匙遞給我，就消失在路邊，我根本還來不及再進一步表示反對。我沉默的站在那裡，懷疑當初選擇艾米利安諾是否正確。他看來不像其他我雇用的司機那樣專業，很容易會誤以為他是個叛軍，而非導遊。他一頭凌亂黑髮，身上的白襯衫不太整潔，海軍藍色的長褲因為洗太多次而磨損出白色光澤。我懷疑他告訴我的是不是實話。他需要這份工作。如果他的村莊就像我們經過的那些村莊，那些人確實生活貧困。

我走到他消失不見的公路邊緣，小心的環視周遭險峻的世界。下方是無盡延伸到地平線盡頭、被綠葉覆蓋的山谷。太陽正朝南方移去，隨著溫度緩慢上升，將霧氣吞噬。四周昆蟲發出的嗡嗡叫聲，如海浪般規律的揚起又退去。我體會到在這樣的環境中，巨人的故事是如何被創造出來，有一刻，我甚至能想像它們潛伏在叢林裡的樣子。

我回到廂型車，拿出我的筆記本，找了個陰涼處坐下，開始寫東西。才寫不到半頁，路上傳來一陣不易察覺的馬蹄聲，干擾了叢林裡熟悉的聲音。我從我所在的隱蔽處往外偷窺，看見一名年老的馬雅人朝我騎來。他的肩上斜揹著一條彈藥匣，一把來福槍平放在馬鞍上。他的腰部下側用兩條長長的皮帶綁著一把彎刀，隨時可以拔出來。「哈囉，先生！」我用西班牙語跟他打招呼。

「哈囉。」他舉起手招呼著說。他下馬，鬆開轡繩，馬因為天熱而痛苦的喘著氣。我從保冷箱裡取出一瓶冰水遞給他。

我用西班牙語問他：「你會說英語嗎？」

「會。」他回答。他告訴我他的母語是基切馬梅（Quichean-Mamean）語，我聽得出那就是艾米利安諾說的馬雅方言。儘管我們的母語不同，但還是能用西班牙語、英語與比手劃腳溝通。他證實了下方山谷裡確實有座村莊，並透露艾米利安諾是他的遠方表親。閒聊中我得知他的名字叫祖林．波普，他說：「這是馬雅名，我沒有西班牙血統。」他告訴我，他還是個英俊的二十歲年輕人時，曾越過邊境到墨西哥，再去到美國，可是他不喜歡那裡。太孤單了。「一個人，好寂寞。」他搖著頭說。「我表哥在那邊工作，我本來是要去那邊跟他一起工作的。那個年代去北方比較容易。但我一直沒找到表哥，就回來家鄉，之後再也沒離開過。那是四十五年前的事了。」

我望著他，想像他英俊的模樣，但歲月與辛苦工作損毀了他的容貌。他很瘦削，可說是憔悴，皮膚是曝曬過度的皮革顏色。頭戴白色牛仔帽，更加映襯出他古銅色的皮膚，頭上的髮帶上有一圈汗漬。雖然他的褲子與襯衫很破舊，但卻穿著一雙裝飾著閃亮銀色貝殼的牛仔靴。我稱呼他西班牙語的「caballero」，意指「紳士」或更符合字義的「騎士」時，他笑得很開心，露出掉了門牙的前排牙齒。他說，他根據一九五〇年代的美國黑白電視影集，把他的馬取名為「西斯科小子」。

「我也在電視上看過《西斯科小子》。」我說。

「喔，帕喬！[4]」他模仿那位深受歡迎的墨西哥籍美國牛仔說道。
「喔，西斯科！」我也模仿西斯科的死黨回應道。他笑得前仰後俯。
我跟他說，我很開心他停下來。「我其實有點緊張，我的司機跟我說有巨人住在叢林裡，你也知道那些傳說嗎？」我問道，試著用另一種方式提出問題，此時卻看見他的身體僵住不動。
「蛇！」他用西班牙語說，同時快速拉我起身，把我拖離廂型車。他指向公路邊緣，有一條紅、黃、黑色相間的珊瑚蛇正滑行逃開，只離我們剛剛坐的位置十幾公分遠。我看著那條蛇滑進叢林濃密的樹葉中。祖林摸摸我的手臂安撫我，微笑的指著我的牛仔靴。他說，我只需要當心地上的蛇，樹叢裡的東西反而沒那麼危險。不知為何，這消息並未安慰到我。我靠著廂型車，低下頭，用T恤衣角擦拭臉上的汗水，強迫自己慢慢冷靜的呼吸。
正當我努力想著要如何用這位馬雅長老可以理解的話語，跟他表達我的感謝，他卻走去他的馬旁邊，從鞍囊裡取出一種奇怪陌生的水果。他把水果切成三份，一份分給西斯科小子那匹馬，一份遞給我。他解釋說，古時候，長老們會在儀式中用到這種水果。「用來保護。」他指著水果說。我吃著苦苦的水果，一邊想著我能用到的一點點保護力。之後，我們坐在廂型車形成的遮蔭處，啜飲瓶裝水裡的冰水。
「我在蒐集關於巨人、天人、矮人的故事。」我跟他說明。「你有沒有什麼願意跟我分享的故事呢？」

他點點頭，再喝了一口水。「有啊。」

「以後我可能會把這些故事寫在書裡，你介意我錄下你的故事嗎？」我問道，並給他看我的小型錄音機，操作給他看。他聽見自己的聲音，笑了出來，伸手拿走錄音機，在手裡把玩了一下，然後還給我。「它能幫助我記住你說的每一個字。」我解釋道。「那樣的話，如果我真要寫書，就能正確的說出你的故事。」

「了解。妳可以用妳的機器，也歡迎把我的故事寫出來。」他停了一下，摘下牛仔帽，放在一邊膝蓋上，又從口袋裡掏出一條熨得很平整的手帕，擦了擦額頭。「巨人一直都在這裡，」他說。「它們一直都會造訪這些山區。它們很有力量。我們從未……依你們的說法是……干涉？」

「是的。干涉。」

「沒錯。我們從未干涉過它們。我們從不會在山頂過夜，總會設法在天黑前抵達山谷。」

「你是說，巨人是住在山頂？」我問道。

「是，也不是。它們坐著它們的大銀盤從外星球過來，然後在這裡停留，有時只停留一晚，有時是一星期或更久。它們把女人帶走，讓她們幫它們生小孩。它們有四根手指，沒有拇指。任何試

---

4 ——《西斯科小子》（*The Cisco Kid*）是美國在一九五〇年開始播放的一齣電視劇，「西斯科小子」（Cisco Kid）是劇中主角的膩稱，該角色是名墨西哥騎士。他的死黨名字是帕喬（Pancho）。每一集結束時，兩人都會笑著對彼此說：「喔！帕喬！」「喔！西斯科」，然後往日落方向奔馳而去。

圖保衛自己女人的男人，都會病上好幾天。它們有巨大的力量，會讓你聽到話語，但它們從未開口說話。它們還有能令岩石與東西消失的武器。」

「你說這些巨人來自外星球？」

「是的。巨人就是天人，它們來自外星球。」

「它們長得什麼樣子，這些從外星球來的男性？」

「它們是巨人，大概有這麼高。」他說，一邊站起來舉起手臂，用廂型車的高度來度量。

他描述的生物高度介於兩百一十到兩百四十公分之間。「你見過這些天人嗎？」我問道。

「喔，我見過很多次。」

「你可以描述一下它們嗎？」

「可以啊。它們都是深夜才來。」他說道。「它們從天上來，降落在『山尖』？我不知道你們怎麼說。」

「山頂。」我說。

「是的，山頂。它們搭著不會發出聲音的機器，從外星球過來。我見過它們的燈光很多次，每次看到它們時，我都會把老婆、小孩關進屋子裡。聽說以前它們會把女人偷走，還有小孩。去年它們在其他村落帶走了一個男孩與一個女孩，它們後來把小孩還回來，但兩個小孩的狀況不太好。」

「你說小孩的狀況不太好，是什麼意思？」我問道。

「他們不想出去戶外，不怎麼說話，也不跟兄弟姐妹或表兄弟姐妹玩。天人改變了他們。」

「你有近距離看過巨人嗎？」

他望著我，彷彿聽不懂我在說什麼。我用西班牙語把問題再重複一遍。

他點點頭，指指自己，再指向道路的一個轉彎處。我估計那個距離大約是三十公尺。「它們有看見你嗎？」我再問道。

「喔，當然，但我跑走了。跑得非常快。那些巨人穿著閃亮的服裝，你們是怎麼說的？」他接著說了一句西班牙語。

「在月光下閃閃發光？」

「沒錯，閃閃發光，就是這麼說的。」

「關於從外星球來的巨人，你還有什麼可以告訴我的？」

「我們從不會在夜裡上山，妳不可能發現我們村裡的男人在這些山裡過夜。在晚上，那不是個好地方。」

「你能告訴我任何有關它們飛行器的事嗎？」我問道。他困惑的看著我，於是我用西班牙語再解釋一次。

他會意的點點頭。「它們有明亮的燈光，是非常明亮的紅色與白色燈光。太空船是圓的，非常巨大，比我的村莊還要大，是銀色的，帶著很亮的光。」

「你還能告訴我其他有關天人的事嗎？」我問道。

「沒了。」他抬頭望著天空回答，接著說太陽漸漸偏西，他得去打獵了。他說太陽下山時就會回來，如果我還在這裡，他會帶我回家，去找他太太，說我不能晚上待在山裡。他蹬上馬背，轉過身，舉起牛仔帽跟我致意。他的馬對空嘶鳴，兩隻前腳騰空躍起。祖林用西班牙語大喊：「再見！」隨即就像好萊塢西部電影全盛時期的牛仔一樣離開了。我對這位在最始料未及的時刻進入我生命的出色男人心懷敬意。毫無疑問的，他是我遇過最有趣的人之一，而我知道，我可能再也不會再見到他。

我看看錶，艾米利安諾把我留在路邊已經超過兩小時。我拿起筆記本，把小錄音機倒帶，重複聽了祖林的故事好幾次，一字一句的把我們關於從外星來的巨人的對話抄寫下來。我剛剛寫完，艾米利安諾就從叢林中現身。他一隻手裡拿著彎刀，另一隻手裡則是一條死珊瑚蛇的屍體。

「哈囉，博士。」他用西班牙語說。「很抱歉花了這麼久的時間。」他充滿男子氣概、威風的把蛇舉高讓我檢視，然後把牠拋進叢林裡。他沒有多做解釋，就坐上駕駛座，轉動鑰匙發動引擎。我也坐進他旁邊的位子。他把導遊執照掛到後視鏡上的一條鍊子上，後視鏡原本就掛著一個聖母瑪利亞的塑膠小雕像，在那裡晃來晃去。我們倆誰都沒說話，沉默的坐了幾秒鐘，享受著從空調吹出來的涼爽空氣。這一刻，在世界的這個角落，幾分鐘可能代表著半小時到二十四小時，已經不重要了。我正踩在史蒂芬斯與卡瑟伍德、巨人與天人的足跡上，沒有任何事能令我意志消沉。

「準備好了嗎？」艾米利安諾問道。

我朝下看了一眼我的牛仔靴，微笑著回答：「是的，我準備好了。」

第四部

與古人同行：探索墨西哥

由於急切想到達帕倫克，史蒂芬斯與卡瑟伍德從未冒險深入聖克里斯多巴。我和艾米利安諾到達聖克里斯多巴時，正好是耶誕夜。這城市可說是名副其實的馬雅國，到處可見穿著紫、藍、綠、黃與紅等多彩服飾的原住民，而且占了人口的大多數。打扮得像六〇年代的美國嬉皮在戶外咖啡屋喝咖啡，歐洲的旅行者則擠在窄小的街道上。天氣是涼爽的，但對來自蒙大拿的我來說，只能算是稍稍紓緩了瓜地馬拉的熱浪。

這座城市是由殖民時代豪宅改建成的旅館、咖啡店、網咖、原住民手工藝店、琥珀店與小餐館所組成的大雜燴。我住在一家市區的旅館，他們給了我「總統套房」，那是全旅館唯一有窗戶的房間。這頂多是家一星級旅館，但位置很好，跟城裡廣場與市中心只隔不到一條街的距離。

艾米利安諾和我在一家小小的戶外咖啡館喝完咖啡後，便互道珍重，隨後他即踏上返回瓜地馬拉的旅程。他想在耶誕節一早前回到家，與家人共度聖誕。晚餐後，我在旅館房間裡打開行李，沒多久後就睡著了。

接下來四天，我都待在聖克里斯多巴，探訪了三座遺址，然後前往瓦哈卡城。那是一趟車程九小時的旅程，途中行經十四個收費站與十二處軍事檢查哨，走過極陡的斜坡、又長又彎的公路與肥沃河谷等各式各樣的地形。山坡上散布著巨型仙人掌與棕櫚樹，陡峭的山坡上則栽種著龍舌蘭，一路上散置著小型龍舌蘭釀酒廠。在瓦哈卡城，我住在一間修道院改建的五星級旅館，並以此為基地，造訪數座古老的薩波特克（Zapotec）遺址。從小村落到古城，我在每個地方都跟當地人蒐集天神、外星人與幽浮的故事。

在聖克里斯多巴與瓦哈卡城待了兩星期後，我又回到繼續追隨史蒂芬斯與卡瑟伍德腳步的計畫。聖克里斯多巴與帕倫克之間的公路，是條狹窄的山路，還布滿了兩百一十個減速丘，令這兩百公里的旅程更加難行。松樹林看來似乎與史蒂芬斯的年代沒什麼不同，但其實景觀在之前不久才改變。整個地區散置著房舍與玉米田，原本的樹木都被砍伐以種植作物。有許多次，孩子們在我們車子靠近時跑出來，在路中間拉起繩索，要求「捐錢」給教堂。每次停下來「捐」幾披索的錢，同時給那些馬雅孩童棒棒糖、餅乾與硬牛肉乾，就能讓他們臉上充滿喜悅，但也令這趟旅程更加漫長。

我的司機與我越深入恰帕斯山區，發現居民越是貧窮。這個地區的走私問題也是眾所皆知，毒品與非法移民從瓜地馬拉越過邊界湧入墨西哥。基於這所有原因，這地區有大量的墨西哥軍人進駐。我們在好幾個軍事檢查哨被攔下，但他們只想知道我們從哪裡來、打算去哪裡，有些軍人會搜查我們的車子、打開行李箱，還有一個軍人把我護照上的名字抄下來。每一次，我都發現年輕的軍人非常有禮貌，對他們所造成的不便幾乎是深感歉意。

我們在奧科辛戈（Ocosingo）短暫停留，順道造訪了托尼納（Toninà）古城。現代的奧科辛戈已不像史蒂芬斯所描述的那般美麗寧靜，而是一個骯髒、布滿灰塵的城鎮，到處都在修路。我們在市區廣場停留了一下。史蒂芬斯描述廣場中央有一棵巨大的木棉樹，但已經不見了。他們是在一八四〇年，在前往帕倫克的路上造訪托尼納的。我們駛離通往帕倫克的主要幹道，開上到托尼納的路徑，大約走了十三公里。造訪托尼納之後，我們繼續前往帕倫克的旅程，遇見一段又一段之字形山路，下降到一座有著瀑布與溪流的茂密叢林。我們在夜色降臨前抵達帕倫克，那晚我的司機和我一起吃晚餐，他打算隔天就回聖克里斯多巴的家。

在帕倫克待了二十八天之後，史蒂芬斯打算繼續探索猶加敦半島。他們在梅里達（Merida）停留，當時那裡住著兩萬人，與現今有著百萬居民的城市大不相同。休息一陣子之後，兩位探險家出發前往烏斯馬爾。卡瑟伍德與史蒂芬斯去了古城一次，但隔天早上，卡瑟伍德又發了一次高燒，史蒂芬斯非常擔心他的健康狀況，於是立刻決定離開墨西哥。他們在七月三十一日抵達紐約，距離上次離開紐約，只差三天就滿十個月。

史蒂芬斯的第一本書《中美洲、恰帕斯、猶加敦半島旅行事件》成功出版之後，加上他和卡瑟伍德探索猶加敦半島的渴望仍未消滅，兩位冒險家決定重返墨西哥。第二趟旅程，史蒂芬斯與卡瑟伍德在一八四一年十月九日，從紐約啟航。那趟航程中，波士頓外科醫生與業餘鳥類學家山繆．卡伯特（Samuel Cabot）加入他們的行列。十月二十七日，他們錨泊在梅里達的港口城市西薩爾的海岸。在第二次的探勘中，他們造訪了將近三十處遺址。一八四二年五月十八日，史蒂芬斯與卡瑟伍德離開墨西哥，於同年六月十七日抵達紐約。那也是他們最後一次前往中南美洲。

從二〇〇三年到二〇一〇年，我多次前往中美洲（總共十四次），通常停留一個月或更久。從蒙大拿州立大學退休後，我有更多空閒時間可以用來探索那些遺址，與當地人交談。我探索了那對探險家造訪的每一處遺址。這一部裡的故事與前三部的故事不同，是分別發生在幾年之中。你會注意到這幾年間，我經常雇用不同的司機兼導遊陪伴我。

我在墨西哥旅行的途中，大多數史蒂芬斯與卡瑟伍德造訪過的遺址，都去過了好幾次，沿路總是會發現一些新鮮事、蒐集到更多故事。這一部並非按時間先後順序來敘事，而是根據地理位置來歸類。

雖然為這本書所蒐集的故事結束於二〇一〇年，但我仍持續在馬雅世界中搜尋。一個始於青少年的夢想，成了一股熱情。我的人生就在那些馬雅古代遺址中產生了巨大的改變。在墨西哥，我聽到了旅行中聽過最不尋常的一些幽浮經驗。在這一部中，我會分享許多這些故事。

24・在圖荷哈尼之地

美洲豹之屋（Casa Na Bolom）是法國考古學家弗朗斯・布隆（Frans Blom）與太太葛楚（Gertrude）的家，葛楚是位紀實攝影家、記者與環保先驅。這座宅邸位於聖克里斯多巴，今日已改為旅館、博物館，以及由美洲豹文化協會（Asociación Cultural Na Bolom）運作管理的研究中心，該協會是一個致力於保護拉坎冬族馬雅人與恰帕斯雨林的非營利組織。弗朗斯與葛楚是在一九四三年，於連綿墨西哥與瓜地馬拉邊境的恰帕斯雨林裡，一個偏遠的小型機場偶遇，並於一九五一年買下那幢宅邸。他們相遇時，正各自追尋著自己的熱情所在，弗朗斯專注在古馬雅文化，葛楚則是人類學，以及與古馬雅人有直接血統關聯的少數族群：拉坎冬族印第安人。

拉坎冬人是唯一成功逃過西班牙殖民統治的馬雅人，他們住在濃密叢林的最深處，以致西班牙人無法穿越那些植被，也無從找到他們。他們仍依循古老的方式生活，遠離非原住民族的文化。他們身穿白色、長及膝蓋與腳踝間的長袍式粗製衣服。他們又長又平順的黑髮，跟其他已接受西方男性穿著方式的墨西哥原住民比較起來，更顯特殊。

今天的美洲豹之屋裡，擺滿了布隆夫婦的作品，包括照片、考古發現物件、捐贈給原住民族的九千冊藏書，以及三座神奇的有機花園。一九九三年過世的葛楚，在一九六三年她丈夫過世後，仍持續為拉坎冬族馬雅人發聲，努力保護他們與他們的生活方式。

在美洲豹之屋，我剛好遇見一對拉坎冬族馬雅人父子，他們告訴我，外星生物仍會在他們的土地上自由來去，他們稱那些外星生物為「圖荷哈尼」（Tuhohani），意即從星星來的人。

耶誕節早晨，我和我的新司機導遊貝尼托約在聖克里斯多巴飯店的餐廳吃早餐，想跟他概述一下我們接下來兩週的行程。離開蒙大拿之前，我就一直跟貝尼托保持聯繫，他自認是梅斯蒂索人，擁有米斯特克人與墨西哥人的血統。貝尼托有學士學位，也是名老師，會在假日與暑假期間陪同旅人在這個地區旅行，以賺取外快。之前他曾把照片透過電子郵件傳給我，因此他一走進餐廳，我便認出他。他從頭到腳看來就像個縮小版牛仔，頭戴黑色牛仔帽，腳蹬西式蛇皮馬靴。我估計他身高不超過一百五十八公分，但他的靴子讓他看起來比實際身高還高。旁人很容易會以為他只有三十來歲，但他坦承三天前才剛過五十歲生日。他一頭又長又直的中分黑髮垂在臉頰兩側，常掛著的微笑更凸顯了他的圓臉與棕色皮膚。他身穿黑色牛仔褲、硬挺的白色短袖襯衫，手上還戴著一支錶面刻盤很複雜的金錶。他說那是太太送他的禮物，雖然錶已經不會動了，但他還是戴著，作為他們共同生活的標記。

耶誕節的晚上，與年邁父母同住的貝尼托邀請我跟他的家人一起吃晚餐，他的女兒瑪麗亞與兒子海米也從他們就讀的大學回家，瑪麗亞主修教育，準備當老師，海米則是主修工程學。那天晚上，我才知道貝尼托是鰥夫，他的妻子在瑪麗亞出生後不久就死於肺結核，得年只有二十九歲。客廳裡點著蠟燭的壁爐架上擺了大量她的照片。從我見到貝尼托的那一刻起，我就知道自己做了明智的選擇。貝尼托是位值得敬重、重視家庭的男人，我們還有共同的興趣，因為他是個老師，一生中也有過好幾次幽浮經驗。我們接下來兩週要一起探索聖克里斯多巴與瓦哈卡，再原路返回帕倫克。

耶誕節隔天，對我來說是個放鬆日。我需要在不停的旅行中稍事休息，而獨處能讓我獨自探索這座原住民城市。位處海拔兩千一百九十五公尺，聖克里斯多巴可謂恰帕斯州皇冠上的珠寶，周圍環繞著松樹與橡樹林，整座城市帶著殖民時代的氣息，建築物上都塗著淡淡的黃、橘、藍、紫色。白牆間的狹窄鵝卵石街道與種滿樹木的廣場，使得在城裡散步很輕鬆。主廣場是當地人與旅人重要的會面地點。現場音樂演奏、賣食物的攤子、街頭表演者，以及兜售手編項鍊、皮帶與圍巾的原住民女人和孩童，就是這裡的夜生活樣貌。

延伸至這座城市周圍的深山中，有為數眾多的原住民村落，對進行交易與獲取外來補給品來說十分重要。聖克里斯多巴周遭的高地社區，說著十種馬雅方言。這些擁有自身特色的村落，可說是人類學者的教科書，他們保有的傳統可以追溯至被西班牙人征服前的時期。每個村落都有他們自己獨特的律法、注重顏色的穿衣法則、設計、手工藝、語言與守護的聖徒。例如，原住民不跟他們社區之外的人通婚，如果跟外人結婚，就要被放逐。而獨自旅行者，尤其是女性，在這些村落裡並不常見，且會被視為可疑人物。

耶誕節過後，貝尼托載我去馬雅醫藥博物館與美洲豹之屋。馬雅醫藥博物館是由恰帕斯傳統療癒師與助產士委員會所創設，目的是保存他們的工作成果與智慧。博物館就位在美洲豹之屋的庭園中。恰帕斯南部的鄉村高地缺乏西方醫藥，反而使得馬雅的草藥療法與當地植物的知識與療癒作用得以再度盛行。為因應這樣的狀況，博物館邀請了當地薩滿記錄與傳播他們的知識與相關的療方。在這座殖民風格的宅邸裡，有五間大廳用來展示馬雅醫學的五大領域：藥草、把脈、整骨、山中禱告與助產術。五種典型的傳統療癒師：藥草師、助產士、整骨師、把脈師與禱告師，就在博物館外執行他們的工作。現場就有一間擁有數百種草藥的藥房，販賣乾燥草藥製成的茶包、草藥藥劑與藥膏。

我在博物館待了半天，與他們的駐館薩滿請益。離開博物館前，我買了針對數種人類境況的傳統醫藥，包括可以確保長壽且擁有成功人生的各種藥草茶。造訪完博物館與藥房後，我走到美洲豹之屋。我讀過在布隆夫婦過世前，民眾會在他們的邀請下，到這間宅邸原本的餐廳裡用餐。而因為前法國總理密特朗（Francois Mitterland）、墨西哥女畫家芙烈達·卡蘿（Frieda Kahlo）與她夫婿迪亞哥·里維拉（Diego Rivera），甚至美國前國務卿季辛吉（Henry Kissinger）都在美洲豹之屋裡用餐過，因此我也預訂了這裡的晚餐。

貝尼托和我於晚上七點抵達時，他們先帶我們簡單參觀一下美洲豹之屋，再帶我們到餐廳，坐到為三十個人準備的大桌子旁。桌上擺設了四個人的餐具，包括：一位拉坎冬族原住民巴藍、他的少年兒子拜兒，以及貝尼托和我。巴藍與拜兒都會說西班牙語，巴藍甚至能說一點英語。那一晚，拜兒告訴我，當最後一名拉坎冬人死去，這個世界就會滅亡。巴藍則說拉坎冬的傳統文化很重要，如果沒有這些傳統，人們就會酗酒，並且跟那些拉美混血兒（一般指非原住民的墨西哥人）一樣把森林燒毀。

隨著夜越來越深，我開始跟巴藍分享我的研究，以及我在瓦哈卡旅行的原因。他也告訴我在他居住的小村落，有很多年的除夕，天神們來訪的情形。「它們是乘著一束光而來的。」他說。我進一步詢問後，他告訴我：「它們飄浮在一道光上，從天空而來，離去時也是同樣的方式。那是一道很寬廣的光。」他重複說道。

「它們到你的村子裡做什麼？」

「它們來跟療癒師拿草藥，它們每年都會這麼做。我父親稱它們為『把我們指引到這裡來的人』。他說，現在它們回來跟我們學那些草藥的知識。古時候，在來到地球之前，它們是我們的老師。它們教導人們宇宙的知識，今日它們只是過來警告我們關於輻射、汙染，以及氣候破壞的危險性，並蒐集草藥。有時它們會進入叢林裡蒐集植物，是為了保存這些植物，以免地球被毀滅。我們叫它們『圖荷哈尼』，從星星來的人。」

「你認為地球會被毀滅嗎？」我問道。

「女士，這已是第四個世界。地球過去曾被摧毀過，每一次，人們都對地球很粗心。我們在這裡是有原因的，我們被安置在這個星球，是為了看顧它。我們被允許進化成人類，但我們還無法完成被賦予的任務。終有一天，我們必須對漠視自身使命負起責任。到那一天，地球就會整個倒轉過來。」

「你怎麼會知道這些？」我再問道。

「是它們告訴我的。馬雅人的語言就是圖荷哈尼的語言，它們也是說同樣的話。它們警告我們必須為未來做好準備，妳也應該回家做好準備。我在地底下有個為家人準備好的地方，如果地球的更新發生時，妳人在這裡，妳可以跟我的家人待在一起。」

「你看見圖荷哈尼時，有發現它們跟你我有什麼不同嗎？」我問。

「它們看起來跟我們長得差不多，雖然有些比較高也比較白。它們會說我們的語言，但它們只跟療癒師溝通。」

「你可以描述一下它們的飛行船嗎？」我繼續問。

「我看過兩種飛行船與兩種不同的人。其中一種飛行船像長長的油槽，就像這支筆，只是大多了。」他在桌面放上一支原子筆。「那飛行船很大，從裡面出來的是很高的白色男性，穿著白色的服裝、戴著白色頭盔，像自行車衣。我覺得它們很白。另一艘船則是圓盤狀的，沒有發出聲音，是銀色的，裡面出來的是穿著銀色服裝、較矮小的男性。它們長得就跟我一樣。」他說，摸著自己的胸膛。「就是它們把我們帶來這裡的。」

「當地球被毀滅，你相信那就是這個星球的末日嗎？」

「這裡將會有第五個世界。第四個世界將會被清除，而存活下來的人會有另一次機會。圖荷哈尼會在這裡幫助那些倖存者開啟一個新世界，而這將是我們把地球導向正途、完成我們任務的最後機會。」

「你相信拉坎冬人會是地球倖存者中的一分子嗎？」我問道。

「我們是地球的守門人，我們會存活下來。」餐桌被清理乾淨後，我們又坐了一小時，談論著末世預言。沒多久，服務生便過來告訴我們，十分鐘後餐廳就要關門了。

我很不情願的離開了美洲豹之屋，以及那位與我分享他們一些最神聖的信仰與預言的拉坎冬族父親。我後來又回去美洲豹之屋三次，可惜沒能再與巴藍或拜兒取得聯繫。一名工人告訴我，巴藍一年才會來聖克里斯多巴一、兩次。

25・在恰帕斯心臟地區的天神

琴庫提克（Chinkultic）是墨西哥恰帕斯州一座中等大小的考古遺址，它也是蒙特貝洛潟湖國家公園的一部分。史蒂芬斯與卡瑟伍德橫越墨西哥時，曾露宿在科米坦（Comitan）的村子裡。西班牙人入侵之前，馬雅人稱那個村子為巴倫卡蘭（Balun Canan），意思是「九星之地」。琴庫提克距離科米坦約五十六公里，然而史蒂芬斯與卡瑟伍德從未經過該地。

二〇〇八年十月，這座遺址登上全國新聞，因為有六名當地印第安人在一次示威行動中，於該遺址遭到殺害。他們是一個原住民團體的成員，該團體要求參與管理這座由國家考古協會管理的考古遺址。我二〇〇八年十二月造訪時，這座遺址是正式關閉的。

在這一章，你將看見一位年輕原住民，訴說從他祖父的年代就曾造訪這座遺址的天神們的故事。

二〇〇八年，我又回到恰帕斯。我再度透過電子郵件與貝尼托安排好行程，接下來幾天他將擔任我的導遊。十二月十日下午，我抵達墨西哥恰帕斯州首府圖斯特拉古鐵雷斯（Tuxtla Gutierrez）的圖斯特拉古鐵雷斯國際機場。與恰帕斯州其他地方不同，此地是現代化、有著漂亮飯店的熙攘城市。我們開車到聖克里斯多巴過夜，這裡在我離開的四年當中沒什麼改變。與貝尼托的家人一起吃完晚餐後，我們回到市區，在城裡散步了一下，然後在蘇家諾（Zocalo）廣場待了兩小時，享受夜間的娛樂活動。

十二月十一日，我們出發前往琴庫提克。路上貝尼托便警告我，那座古老城市曾發生流血事件。儘管地處偏遠，我抵達之前幾星期，琴庫提克卻登上國際新聞版面，因為那裡是州政府與聯邦警察和當地村民發生交戰的地點。根據各方報導，從拉特里尼塔里亞（La Trinitaria）自治區來的村民，認為國家人類學與歷史研究所對琴庫提克遺址棄之不顧，因而於二〇〇八年九月二十八日占據遺址。過程中，七十七名被派來逮捕占領行動領導者的警察，反而被村民抓住並拘禁，並繳了他們的械。一個月後，州政府與聯邦警察進入琴庫提克，援救警察、武器與遺址。在行動過程中，有六名村民死亡、十七名村民受傷。

離遺址幾公里處，有幾名男子出現在公路兩旁，拉起一條橫跨路面的鍊子，迫使我們驟然停車。他們聲稱這條道路為他們所有，要求我們支付五十披索，才能經過他們的村落，到達考古遺址。雖然我們知道這是條公共道路，我們絕對有權利不付任何費用經過，但還是乖乖付了那等同五美金的過路費。

抵達遺址時，只見一道三公尺寬的鐵網門阻擋著入口。我正站在那裡考慮爬過圍籬的可能性，一個名叫迪耶哥的原住民少年，騎著一輛生鏽的腳踏車出現，說可以當我的導遊。

「你在哪裡學會說英語的？」我問他。

「跟照顧女人與小孩的修女，還有美國遊客學的。那些美國人說我英語說得不錯。」他說完露出一個驕傲的大大笑容。

「你英語說得很好，」我回應道。「可是，我們要怎麼進去遺址呢？」我接著問道，一邊指著上面寫著大大的「禁止進入」的標示。他搖頭微笑。

「跟我走，女士。」迪耶哥說。他帶領我沿著圍籬走到一排低矮的灌木叢，然後抬起圍籬，讓我從下面爬過去，他跟在我後面，貝尼托殿後，但我注意到貝尼托看來有些擔憂。

雖然這座遺址規模頗大，修復這座古城的工作卻做得很少。地面完全棄置沒有整理，也沒有軍方、政府或當地人在此管理的跡象。琴庫提克裡有兩百多座石堆，分成六區，但當地人說得對：這座遺址的修復工作做得很少。我們在遺址裡逛了大約三小時，此時我的少年導遊指出幾處特別有意思的地點，包括幾座小神殿的遺址，以及一系列描繪著琴庫提克統治者們慶祝勝利抓到俘虜的石碑。

我們爬上衛城的最高處，這是座位在山側的巨大金字塔。遺址本身就已令人驚歎，俯視而下的景觀更是雄偉。馬雅人深知如何利用天然地勢，讓整座城市兼顧防衛功能與藝術之美。下方有一座獻祭井，是一處充滿水的天然滲穴。

「在這上面，幾乎可以看見『永遠』。」我說出心裡的話。

「是啊，晚上更是壯大。」

「壯大？」

「就是美麗、驚人。」我的同伴笑著回答。

「喔，是『壯麗』。」我說，迪耶哥重複了幾次，試著記下這個正確的形容詞。那天有好幾次，他都會使用壯麗一詞來確認說法的正確性。

「我晚上在這裡見過幽浮。」他說。

「真的？」我回應道。「我敢打賭你在這裡可以看見很多東西，我一點也不驚訝。」

「如果妳願意，我們今晚可以待在這裡看看。這裡晚上很舒服，四周傳來的聲音就像音樂一樣。」我看著我的少年同伴，雖然他的邀請很吸引人，但我也看見貝尼托搖頭皺眉，知道他覺得那樣並不安全。

「下次吧。」我說。

「妳不會再回來的。」他回答。我聽得出他聲音裡的失望，於是再次看向貝尼托，他還是搖頭，要我牢記不應該留下來。「沒有人會再回來琴庫提克，妳會遺憾的。妳可能會看見一艘或很多艘幽浮。」他說。「有時它們乘坐光球而來，有時它們就莫名其妙出現了。」

「我不懂。」

「有時候它們是隱形的，然後就忽然出現。」我知道他的意思是，那些太空船原本是看不見的，後來才忽然出現讓人看見。

「我祖父告訴我，他小時候，大概是我這個年紀（迪耶哥是十二歲），幽浮經常降落到獻祭井裡。這是恰帕斯州唯一的天然井。」他說。

「你祖父有跟你說它們在井裡做什麼嗎？」我問道。

「他說它們是來取回天神們留在這裡的寶藏，它們有辦法在水底下四處行走，取回那些物品。」

「你祖父怎麼知道這些？」我再問。

「我不知道，也有可能他告訴過我，但我不記得了。」

「你祖父還健在嗎？」我問。

「不，他去年冬天過世了，媽媽說是因為心臟衰弱。有時候他會告訴我，它們是經歷長程航行後來這裡休息的，他說他有時候會看見它們，但它們從未進來村子裡。」

「還有其他人知道天神來訪的事嗎？」我問道。

「我祖父年輕的時候，政府的人搭直升機過來，把井裡的水抽送到附近的湖裡，然後到井底探勘過。有人說他們是在尋找天神的蹤跡，其他人則說他們是在尋找寶藏。我祖父說他們什麼也沒找到。」

「你祖父相信他們是在尋找天神的蹤跡嗎？」我問。

「是的。他們到村子裡來問，有沒有人到井裡搜尋過古物。」

「你祖父有告訴他們他看見的景象嗎？」

「沒有任何村民告訴他們任何事，大家都說什麼也不知道。族人們絕不會背叛天神，尤其是把天神出賣給政府。我的族人不信任政府。」

我與迪耶哥坐在衛城的最高處，欣賞這座古老城市。「它們從那個方向來，」他邊說邊指著西方的群山。「有時一艘，有時更多。我祖父說它們喜歡來訪，喜歡地球。他說它們曾經一度住在這裡，但又回到外星球去了。或許這裡的生活對它們來說太辛苦，也或許是它們想家了。我聽過一位智者說，天神指引我們到這裡，然後就回到外星球去，把我們留在這裡。如果它們當初有留下來，或許我們的生活會很不一樣。」

「為什麼你會這麼想？」我問道。

「它們離開時，帶走了所有關於生活的知識。它們原本打算回來，但是西班牙人來了之後，天神們就再也不來了。我們被獨自留在這裡求生，那是我們唯一知道的事，我們知道如何活下來。那些美國人告訴我，他們永遠都無法像我的族人那樣求生存。」我聽著這位智慧超出年齡許多的年輕男孩說話，好幾分鐘都沒開口。「我相信等下一個世界來臨，我們的生活會輕鬆一點。不會再有墨西哥人，只有馬雅人。」

「現在天神來訪時，它們會跟人說話嗎？」我問道。

「我祖父說，它們有時會警告我們即將發生的事。它們說，我們正處在一個地球即將轉變的極度危險時刻。」

「什麼樣的轉變？」我再問。

「我不知道，女士。只有老人家們知道，而他們不說。至少不在我面前說。我只知道會有一個很大的轉變。」

「你祖父說那會是個很大的轉變？」

「是的。他告訴我哥哥不要去美國，他說每個人都應該待在家裡，墨西哥比美國安全。就這樣，女士。其他的我就不知道了。」

我們回到車上時，我給了迪耶哥五十美金。他的笑容告訴我，他對得到的小費非常開心。「這足夠支付我弟弟一年的學費了。」他笑著說。我問他，其他遊客會接受他的服務嗎？他說我是他這星期的第七位遊客，但我是最慷慨的一位。「其他美國人給我二十美金。美國人都很慷慨，我喜歡美國人。」我問他偷帶人進去遺址多久了，他說只有幾星期。「村民曾開放遺址一段時間，但後來政府又把它關閉了。我就是在那時候開始帶人進來的。我每天來這裡等，大部分來的人都很害怕，不敢進去，他們害怕警察和軍人。但美國人不在乎，他們最勇敢，其次是法國人。」他說。我佩服他的生意眼光，不懂為何墨西哥政府無法善用當地村民的足智多謀，來維持遺址的開放。即使這裡人煙稀少，還是有不少獨立旅人，喜歡尋找較偏遠、尚未擠滿遊客的遺址。

離開琴庫提克前，迪耶哥、貝尼托和我坐在一棵樹蔭下，眺望著藍水瀑布（Aqua Azul）。我們不急著說再見。迪耶哥跟我練習說英語單字與句子，我們一邊喝著從保冷箱裡拿出來的可樂，吃著飯店餐廳準備的雞肉三明治。離開遺址前，我給了迪耶哥一袋越橘太妃糖，讓他分給村裡的小孩吃。他緊抓著那包糖，彷彿那是什麼珍貴的財富。「女士，妳下次回來的時候，請帶給我一本妳寫的書，我想看看裡面我的故事和名字。」我們駛離遺址時，我看著後視鏡，迪耶哥還站在揚起的塵埃中對我揮手，臉上帶著我永遠不會忘記的笑容。

我經常想起迪耶哥。正如他所料，我一直沒能再回到琴庫提克，但我正在計畫一趟回墨西哥的旅程。造訪琴庫提克和迪耶哥，就列在我的行程表上。現在那座遺址已對大眾開放，要接受迪耶哥的提議在遺址裡過夜，或許更難了，但下次去恰帕斯的時候，我就會知道。

26・我們的長老與星人為友

關於發光球體與生物突然憑空出現的敘述並非新鮮事，我旅行途中，一直聽到許多此類現象的報導。人們描述這些事件時最常提到的，就是幽浮的出現。

原住民對發光的球體非常熟悉，很多場合都有人描述閃亮球體轉換成幽浮的景象。美國印第安人的幽浮經驗中，發亮球體變身成外星生物的敘述十分常見，也有人描述過在儀式中出現會舞動的明亮球體。霍皮族的舞者們經常遇見閃爍光球的造訪。切羅基族人也聲稱，他們的家鄉從古時候就經常出現光球，傳說那些光是戰士們的妻子與母親，在尋找她們深愛的人。亞馬遜的修爾族人（Shuar）也說過，他們的祖先會以白色或藍色光球的形式，在夜空中出現，前來探望他們。修爾族人不會區分祖先、幽浮或他們自己，他們認為三者是一樣的，最終都是「我們」。

這一章，你會遇見一位年長的薩波特克族人羅德立戈，他告訴我發光球體曾探訪他們族裡長輩的故事。

在聖克里斯多巴的第四天，貝尼托與我很早就離開，踏上前往瓦哈卡市的旅程。到這個因查巴達（Zapatista）[1]反抗軍與隨反抗運動而起的暴力行動以至於聲名狼藉的城市，開車需要五小時。一天晚上，我坐在墨西哥瓦哈卡市一家精品小旅館裡的庭院，一名負責整理庭院的年長男子，在我旁邊的凳子上坐下來。「女士，我看妳在這附近待了好幾天，妳會待多久呢？」

「大概十天吧。」

「慢慢花時間享受我們這美麗的城市，是件很棒的事。」他又黑又直的頭髮摻雜著幾絲白髮，往後綁成一束馬尾。黝黑而布滿皺紋的面容，令我想起一名一九五〇年代的西部電影明星。我一邊努力卻徒勞的回想那名演員的名字，一邊好奇的看著這位同伴。我住在這間旅館期間，已經很多次在各個場合中見過他。如果不是因為他身穿旅館男性員工的深藍色連身制服，我會以為他就是旅館老闆。他似乎會參與每個層面的管理工作，但我偶然聽見他跟另一位客人說他是園丁。「感謝妳選擇我們旅館。我們雖然小，但很以我們的服務為榮。妳如果有任何需要，儘管找我，羅德立戈，我會處理好每一件事。」

「我在這家旅館住得很開心。房間很棒，食物也非常美味，而且我好愛你們的城市、古老遺址，還有巧克力。」我說，並特別強調巧克力。聽我提到巧克力時，他臉上綻放出大大的笑容。

「喔，是啊，巧克力。這是巧克力之城。」

「這城市到處都聞得到巧克力的味道，太多誘惑了。」老人聽了拍著膝蓋大笑，一邊搖著頭。

「真的。女人都愛巧克力。」他說。

「我也不例外。」我回應道。他微笑著眨眨眼，彷彿我跟他分享了一個特別的祕密。

「妳是為古遺址還是為巧克力而來？」他戲弄的問道。

「我是來看古遺址的，也跟人們聊聊星人與天神的古老傳說，當然，我也是為了巧克力而來。」

「啊，星人。我們的故事可多了。我可以問一下，妳去過哪些地方嗎？」他問道。

「我在阿爾班山遺址（Monte Alban）待了兩天，在米特拉（Mitla）與亞古爾（Yagul）待一天，去看了那棵在土黎（Tule）的樹[2]，我還持續在拜訪一些偏遠的村莊。」

「大部分的人都是來了又走，根本沒看到什麼東西。如果妳敞開心，就能在這裡感受到力量。」

「我感覺得到靈性的力量，無所不在。」

「很有意思。我們再聊。」他起身離開。我招來一位服務生，點一瓶水，然後移坐到旅館中庭角落的一張桌子旁。我望著那位老人在那一區漫步，一邊清除地毯似的清掃草坪區裡的枯萎花朵與

1——查巴達是一個爭取馬雅人權益與尊嚴與從事反全球化運動的原住民團體，以墨西哥革命家艾米里亞諾·查巴達（Emiliano Zapata）為名。該團體於一九九四年一月一日，為抗議北美自由貿易協定生效，而於恰帕斯州發動武裝抗爭，與政府軍爆發十二天的衝突，據稱造成政府軍至少一百四十人身亡。

2——墨西哥瓦哈卡近郊的土黎，有一株樹齡兩千多年的墨西哥落羽松，高度不高，卻是世界上樹幹最寬的樹，最寬處約需五十人才能環抱（約五十四公尺）。

落葉。做完之後，他朝我走來。

「明天我會帶妳去一個地方——當然是在妳的許可之下。那裡有賣全瓦哈卡市最好吃的巧克力。」他說。

「謝謝你，我很樂意跟你一起去。」

「今晚如果妳願意跟我一起吃晚餐，我可以告訴妳那些星際旅行者的事。」他說，接著問道：「我七點來接妳，好嗎？」

「七點沒問題。」

晚上七點整，我的房門響起一陣敲門聲。我一開門就看見羅德立戈站在那裡，穿著黑色西裝褲、白色短袖襯衫，這是城裡男人常見的打扮。他的頭髮看來似乎剛去理髮店整理過。「妳去過瓦哈卡之屋餐廳用餐嗎？」他問道。

「沒有，我還沒機會去。」

「很好，我訂了屋頂的位子，好不受干擾，那裡還可以看見聖多明哥教堂（Santo Domingo Church）的絕美景觀，我想妳會喜歡，我們也能在那裡好好聊聊。」

我們互挽著手臂走過幾個街口，到達餐廳。市區有攤販和各種年齡的人，顯得生氣勃勃。我們沿著街道走的時候，女人會跟我們點頭致意，男人則會微微敬禮。每個人，甚至孩童，都會在我們經過時讓到一邊，為我們清出人行道。似乎沒有人不認識或不敬重我的同伴。「我覺得在我面前的是位皇室成員。」我說。

羅德立戈微笑著低聲說：「西班牙人來之前，妳的懷疑或許是對的，但今天我只是個微不足道的普通人。」

「我很難相信你的話。」我說，但羅德立戈沒有回應。

在餐廳屋頂西側唯一一張桌子一坐下，我便欣賞起眼前的景致，羅德立戈則開始點餐。

「希望妳不介意，女士。他們有一份五道菜的晚間特餐，都是拿手菜，我詢問過菜單，替我們倆各訂了一份。」

「沒問題，我相信你的判斷。羅德立戈，如果你不介意的話，我能否問一下你的年齡？」此時一名服務生送來一小碗用辣椒與酸橙調味的炸蚱蜢，他等了一下。

「我已經九十一歲了。」他說，一邊拿起小碗，請我嚐嚐那可食用的昆蟲。我用匙子舀了一匙到盤子裡，拿起一隻蟲來吃。「在瓦哈卡市，大家都知道，如果你吃了炸蚱蜢，就一定會再回來。」他微笑著說。「我現在很有罪惡感，」羅德立戈說道。「因為我是故意點這道菜的。薩波特克人說，吃過炸蚱蜢的人注定會重返瓦哈卡市。」他舉起酒杯跟我敬酒。「祝我與這位令人讚歎的美國人，能有很多次機會像今晚一樣共進晚餐！」他說完，跟我眨了眨眼。我知道那一刻他一點罪惡感也沒有，但我並未說出我的懷疑，反而試著讓他把注意力拉回他的故事上。

「你剛剛在說你的事，我問了你的年齡。」

「啊，對。我九十一歲，我認為我會再活更多年，然後成為傳奇。」他咧嘴笑著說道。「我強壯又健康。」我望著坐在對面的男子，他的舉止會令我想起比他至少年輕四十歲的男人。他自稱是薩波特克族印第安人，英文略帶一點口音。

「你長壽的祕訣是什麼？」我問道。

「我只在週六晚上喝酒，每天吃水果，只服用植物做成的藥，每天走好幾公里的路去做我應做的工作。我跟年輕女人跳舞，有時候也跟女人調情。」我在心裡偷偷笑了，因為他偶爾也會跟我調情。

「我想你經常練習跳舞與調情。」

「那倒是真的，雖然我從未結婚。我把自己都獻給了旅館，以及撫養我長大的族人。」

「請跟我說說你的故事吧。」我說。

「我十二歲的時候母親過世，」他開始說道。「我父親幾乎是立刻就找到另一個女人，根本沒時間哀悼。我母親下葬後隔天，那女人就嫁給我父親。我很不開心，非常悲傷。我父親的新老婆不想看到我。我有兩個弟弟，她喜歡他們，但不喜歡我。旅館老闆是我母親的遠房親戚，我跑去找他，他也給了我一個家。我在這裡長大，從那時候起，旅館就是我家。我有自己的房間，有好的食物吃，還有一點點零用錢，但我比這谷地裡最富有的人還要富有。我能生長在族裡仍有智者的時代，已經很幸運了。現在智者們都過世了，但他們是我的導師。他們教導我古老的智慧，我也是個好學生。我想知道關於先人的所有事情，我很幸運有他們陪在我身邊。」

「他們有告訴你關於星人的事嗎？」我問道。

「那些星際旅行者在我小時候就來過這片土地——就是這個地方。長老們能跟它們溝通。」

「你能跟我談談星際旅行者嗎？」

「你見過出現在天空的球體嗎？」

「是的，我見過。」

「我們認為那些球體是我們的祖先，」他說。「它們以白色光球的形式出現在夜空。有時候是藍色或淡紫色，但總是會發光。如果在夜空中看見那些球體，你就知道是你的祖先在試著跟你接觸。」

「那些球體與幽浮有什麼不同？」我再問道。

「沒有什麼不同。有時那些球體會變成飛行器，有時它們會變成人類的模樣，依它們的任務而定。」

「什麼樣的任務？」

「曾經，它們來到我們身邊是當協助者與老師，它們擁有巨大謎團的所有知識。現在，它們來只是擔任觀察者或蒐集藥用植物。許多我們使用的藥用植物，都是那些星際旅行者種來幫助我們的。它們在這裡種得比在它們原來的星球好。」

「你有跟那些星際旅行者溝通過嗎？」

「只有在我還年輕、那些長老還活著的時候。長老們是它們的朋友，它們會在儀式舉行時從天上下來，但是它們已經很久沒有跟我們溝通了。我想它們是對我們走的道路感到很失望。」服務生端來用洋茴香調味的黑豆湯時，他暫停了一下。「有人說它們仍會來到山裡的一個地方，那是個洞穴。它們會在那裡休息，像以前那樣在山裡散步。我從未在山上見過它們，但後來我也不再去山裡了，自從長老們離開之後。」

「你相信薩波特克人是從星星來的嗎？」我問道。

「不，女士。我們是從洞穴裡來的，我們是岩石民族。」服務生送來一道巧克力辣味燉雞，他又停頓了一下。「這家餐廳做的巧克力辣醬是全瓦哈卡最棒的。」羅德立戈說。「恰帕斯州有很多種巧克力辣醬，但黑辣醬最好吃。」

「材料是什麼？」我問道。

「大概有三十種材料吧，我並不確切知道所有材料，只知道他們會用好幾種不同的辣椒、巧克力、肉桂、黏果酸漿、番茄、丁香與堅果。」

「很好吃。」

「那我選對了。」

「沒錯，選得非常好。」我們安靜的吃了一會兒，羅德立戈才又繼續說。

「那些星際旅行者從天上而來，我們跟它們是宇宙裡的朋友，會互相幫忙。智者們說，古時候它們有些人會跟我們的女人結婚，把她們帶去星星那邊，是那些女人選擇跟它們走的，它們並未違反她們的意願帶走她們。星人們從未留在地球，它們只是造訪。我們稱它們為祖先，是因為它們比我們年老，它們不是我們的親族，只是祖先。它們的文明很古老，知識比我們豐富，我們是因為那些知識而尊重它們。」

「讓我釐清一下，那些祖先不是你們的親族，對嗎？」

「沒錯。我們稱它們祖先，是因為它們是更古老的文明。但我們終究是有關聯的，宇宙中所有事物都是有關聯的，即使是植物、樹、水、星星、地球上的人、星星上的人。」

「有那些嫁給星人的女人的故事嗎？她們曾經回到地球，或帶回她們的孩子嗎？」

「我只聽說過星人把馬雅女子帶去當老婆，但她們從未回來過。」

「你相信星人幫忙建造了像阿爾班山遺址那樣的古老城市嗎？」

他搖搖頭說：「來造訪薩波特克人的星人不是建築家，而是科學家，它們在宇宙間漫遊，尋找可以幫助世界文明進展的植物與藥草。不是的，女士。是薩波特克人與米斯特克人建造了他們自己的偉大城市，只要看看那些語言與城市的多樣性就知道了，它們都很獨特。得要好多種不同的星人族群，才能建造出這些城市，那是不可能的。」

「你最後一次看見那些球體是什麼時候？」我問道。

服務生端著裝飾著玫瑰花瓣的熱巧克力與冰淇淋出現，打斷了他的回答。服務生離開後，羅德立戈繼續說道：「它們幾乎每天晚上都會來，妳只要張開眼睛去看。大多數人看不見，是因為他們沒有那樣的內在之眼，或沒有開放的心。我相信如果妳去看的話，一定會看見它們。妳有一顆真切的心。」

那天晚上，我們多喝了兩杯熱巧克力，聊著我們的人生，然後慢慢的散步走回旅館。他牽著我的手，小心的指引我走過崎嶇不平的鵝卵石街道。我們偶爾停下來，羅德立戈會掃視天空。我知道他在尋找那些球體，但它們並沒有來。隔天早上，我被一陣敲門聲叫醒，一名年輕旅館員工送來一束像葬禮花圈那麼大的玫瑰花，以及一盒我見過最大盒的巧克力。「這是羅德立戈送的。」他說。我看了附在上面的卡片，上面的西班牙文翻譯如下：「真希望我能年輕四十歲。現在我必須等下輩子了。」毫無疑問，羅德立戈還在調情。

辦理退房時，我詢問羅德立戈在不在。旅館經理說，他帶著藥去村落裡看他病重的弟弟。「他要我為他的缺席跟妳致歉，他希望女士能很快回來，他會數著日子等待那天的來臨。」我笑著走出旅館，帶著我的玫瑰花與巧克力，跟等在廂型車裡的貝尼托會合。

兩年後，我回到瓦哈卡市。在同一家旅館登記入住後，我詢問羅德立戈在不在，得知他仍在旅館裡工作。我在那家旅館待了兩星期，接受羅德立戈的招待。他每天晚上七點準時到我房門口，陪我去吃晚餐。旅程的最後一天，我才知道他根本不是園丁，而是旅館的老闆。我最後一次到訪的六個月後收到消息，羅德立戈已在睡夢中過世。他活到九十四歲，比他計畫的少活了幾年。他把旅館留給兩名最忠實的員工，還立下規定：我這輩子都會得到完全免費入住這家旅館的待遇。在他的葬禮上，旅館的新老闆把我拉到一邊說：「他對妳的印象非常非常深刻，女士。他告訴我，他下輩子會再見到妳。」我從未再回到那間旅館與瓦哈卡市。沒有了羅德立戈，一切都不一樣了。

每當我看著夜空，都會想起羅德立戈。他跟我說過，他從不擔心死亡。「我死去的時候，祖先們會來接我，而我會再次與智者們坐在一起。我不要任何人哀悼我，我將與我隸屬的家庭同在。」

27・神的處所

特奧蒂特蘭（Teotitlán del Valle）這個小村莊位於西耶拉華雷斯山脈（Sierra Juarez Mountains）下的丘陵地帶，距離瓦哈卡市三十一公里，是薩波特克人在約西元前四百六十五年建造的。它原本命名為薩基哈（Xaquija），在薩波特克族語的意思是「天上的星座」，但在納懷耳族語中，特奧蒂特蘭被認為是「神的處所」。雖然史蒂芬斯與卡瑟伍德從未冒險深入墨西哥的這個區域，但在《天主教百科全書》（*The Catholic Encyclopedia*）裡記載著，有一位西班牙修士胡安・德・科多瓦（Juan de Córdova）曾記錄一個據傳發生在西元三四年的特奧蒂特蘭傳說。根據那則傳說，有道巨大燦爛的光從北方天空而來，它的光芒在空中持續了四天，然後自行降落到村子中心的一塊岩石上。從光中出現一個雄偉有力的存有，站在岩石頂端，發出像太陽一樣的光芒。它站在那裡，讓整個村子的人都看得見它。它白天、晚上都發著光，照亮整個村子。它說話的時候，聲音就像傳遍山谷的隆隆雷聲。

在這一章，你將看見現代薩波特克人說出他們自己的故事版本，以及他們與來自天空的訪客的相遇過程。

一天早晨，貝尼托與我吃過早餐後，就開車前往薩波特克族的特奧蒂特蘭村，那裡住著知名的薩波特克編織工匠。這個村落距離瓦哈卡市約二十四公里，大約有一百五十戶人家，大多數人都從事地毯製作的工作與生意。從一五三五年前後，多明尼加主教胡安．羅培茲．德．薩拉提（Juan López de Zárate）來到這個村落，引進一種能產羊毛的羊，編織就成了村民的主要職業。之後沒多久，第一部織布機從西班牙運來，製造披肩、毛毯與地毯的家庭工業便快速興起。今日，這個村落已成為北美一些最知名地毯製造者的故鄉。

我們進入這個村落時，在路中央打瞌睡的狗醒來，從容的踱步到路邊，帶著責備的眼神等我們經過。我們直接開車穿過村子的商業區，環視道路兩旁的許多商店，全都誇張的展示著色彩鮮豔的紡織品，有許許多多的尺寸、顏色與設計。

史蒂芬斯與卡瑟伍德從未造訪這個村落，他們一進入墨西哥，就把焦點完全放在找到帕倫克上。至於我，來這個村落是為了進一步探究一個有關天神的古老傳說，那位天神是乘坐著一道光，從天上來到這個村落。同時，我也想找到一位能根據我的設計創作出兩張地毯的編織工匠。

我拜訪了幾位在美國都很知名的編織工匠，最後拜訪的是一位年輕的工匠，名叫大衛，他坦承自己並不有名，還解釋說他沒有錢去參加大型的藝術展覽。他是獨立藝術家，只能靠沒參加巴士旅行團的遊客買他的作品。他帶我參觀他的小小陳列室。我仔細檢視他的作品時，就知道我找到了能創作我的地毯的編織工匠。我把我的設計圖拿給他看，並仔細選擇要用的紗線之後，便到他的小辦公室完成付款。他寫出地毯的尺寸與資料時，我問他特奧蒂特蘭的古老天神傳說。

「關於那則傳說，你有任何可以告訴我的資訊嗎？」我問道。

他搖搖頭，遞給我一張訂購地毯的收據。「女士，那可能只是傳說，也或許是真的。我小時候總是留意天神的出現，我祖父說過很多從天上來的人的故事。我們看到高掛在村子上方天空的光很多次了。」

「你見過幽浮嗎？」我問道。他緩緩的搖頭。

「我沒見過，但我有一個從聖克里斯多巴過來探望他祖母的朋友，見過幽浮很多次。他告訴我，那些外星人都很高，白皮膚、白頭髮，還穿著白服裝，就像你們的太空人穿的那樣。」

「你認為你朋友會願意跟我談談他的經驗嗎？」我問道。

「會的。妳如果能再等一下，他應該會過來。我們有約好要一起打籃球，我愛籃球，他打得很好，可以給我很棒的練習機會，」他說。「還能幫我保持身材。」他起勁的說著對籃球的熱愛與球技時，我卻被他辦公桌後面牆上的一張照片所吸引。照片裡的他穿著黃色的籃球球衣，手指指尖上頂著一顆籃球。諷刺的是，這位地毯工匠大衛只有一百五十二公分高。

等不到半小時，他的朋友騎著一輛搖搖晃晃的生鏽腳踏車出現了。他自我介紹名叫維克多，之後便告訴我一年前他經歷過的一次與外星人的接觸。

「那時我正在幫祖母撿拾木材，離市區大概有七公里遠。我很晚才開始撿，而太陽開始下山了，我知道我必須動身回家，因為晚上走在公路上很危險，我可能會被車撞，也可能遭到毆打搶劫。我把木材綁起來時，有點擔心揹著那些木材騎腳踏車可能會不穩，那捆木材體積很大又很重，我的腳踏車又不太好。我把木材揹到背上時，周圍的地上忽然變得像白天一樣亮。我往上一看，看見一道奇怪、刺眼的光從上方射到我身上。」說到這裡，維克多開始踱步。

「你確定還想繼續說下去嗎？」我問道。

「是的。我只是想到，我對那時發生的事誤解有多深。起初，我以為是神要來帶我上天堂了，我請求自己的罪得到赦免，然後就在那裡等。那道光並未移開，它停在那裡似乎好幾分鐘。於是我起身走向我的腳踏車，但忽然間，從黑暗中出現了兩個男性，擋住了我的路。接下來我知道的，就是我已經站在祖母家門前，而我不知道自己是怎麼到那裡的。木材好端端的在我背上，腳踏車也停在門邊。」

「你說你不知道自己怎麼到那裡的，是什麼意思？」

「我不記得騎車到那裡。我告訴祖母剛剛發生的事，她說我受到詛咒了，說女巫在我身上下了咒語。她立刻把我趕上床，調製一帖她說能解除咒語的藥物。我沒告訴她，那些女巫是奇怪的男性。我喝了藥之後，便立刻睡著了。」

「你後來怎麼知道發生在你身上的事的？」我問道。

「那晚我半夜醒來。一開始，我以為我在做惡夢，但隨即知道自己是清醒的。我覺得口非常渴，於是起床找水喝。就在那時，我記起自己被那兩個從那道光中走出來的外星人，強迫喝下一種很濃的液體。我忽然想起自己身在一個奇怪的地方，一切都是陌生的。我記得有看到其他人，但我認不出任何人。我不認識那個地方、也不認識那些帶走我的外星人。它們把我放在一間牆上有燈光的房間，但沒有看見燈泡。我覺得頭很昏，還聞到一種奇怪的味道。房間裡有一片霧，伸手都看不見五指。我的皮膚很冰冷，但我卻在冒汗，衣服都濕了。我被帶到一張床上——一張很硬的床。其他的就不記得了。」他停了一下，讓我寫完筆記，然後才又開始說。

「隔天，我正要回那條路上去幫祖母找木材時，遇到住在我祖母村子裡的侯黑，他跟我說，前一晚他看到從天上來的人把我帶走。還說，我搭上那道光河進入那部機器裡，他以為再也見不到我了。他很驚訝我還活著。我的記憶慢慢恢復，但就像我祖母說的，它們確實對我下了咒語。我還是不知道它們為什麼把我帶走。」

「你看見了多少外星人？」我再問道。

「有兩個很高的外星人，但我也記得有矮一點的外星人，比我還矮。」他一邊說、一邊舉起手臂，比到腰部略高的位置，顯示那些外星人還不到九十公分高。

「你可以描述它們嗎？」我問道。

「把我帶走的外星人有我兩倍高，侯黑說它們是白人，留著稀疏的白髮。我沒看見它們的臉，但侯黑說它們看來像穿著白色服裝的鬼。我不記得這些事，只記得它們很高，而且不讓我走。」

「你還記得其他事嗎？」我問。

「沒有了。」

「那太空船呢？你記得太空船內部的樣子嗎？」

「我記得裡面非常冷，我想不起太空船的任何細節。有看見其他人，他們不是墨西哥人。有兩個金髮女子，我喜歡金髮女子，因此沒有忘記她們。」

「你想我可以見見侯黑嗎？」我問道。

「我不知道他住在哪裡，他祖母過世之後，他就沒再回村子裡了。他一個表親說他搬到聖克里斯多巴去了，另一個表親則說他娶了一個住在坎昆（Cancun）的女人，她是德國人而且很有錢。侯黑總是很有女人緣，她們都愛他。」

「再問一個問題。你說你祖母調製了一種飲料給你喝，好解除女巫的詛咒，你知道她在裡面放了什麼嗎？」我問。

「不知道，那是她的祕密。」

「你認為她會跟人分享那個配方嗎？」我再問。

「不，不，提出這樣的問題是很冒犯的，我不允許妳那樣做。」

「很抱歉，我無意冒犯。」我答道。

「沒關係，女士。她是位很好的女藥師，會保護族人不受女巫與詛咒的侵害。」

「我了解。」我說。

「女士，妳認為這些太空來的人為什麼要綁架我？」

「我真的不知道。」我答道。

跟他們道別後，我便離開特奧蒂特蘭。在那裡完成的事比我原本安排的更多。我訂製了兩張自己設計的特製地毯，還找到了仍矗立在村子裡的天神岩石。除此之外，我還遇見了一名薩波特克人，他祖母能解除外星綁匪的咒語。雖然我無法取得那個配方，至少我知道這種藥劑確實存在，而且顯然有效。

28・它乘著一道光而來

薩波特克人說，他們的族人是從地底的洞穴冒出來的，他們相信他們的祖先是從岩石、樹木或豹子變成人的。據說，統治他們的菁英是住在雲端的超自然生物的後裔，在死去之後會回到雲端，回復為超自然生物的狀態。薩波特克人自稱是「Be'ena' Za'a」，翻譯之後的意思是「雲族」。

跟史蒂芬斯與卡瑟伍德一樣，我經常追蹤著少為人知的事件與地點的傳聞和故事。這樣的冒險之舉把我帶到了瓦哈卡市，我得以探索數座薩波特克考古遺址，並採訪了好幾位原住民。

在造訪規模最大也最知名的薩波特克遺址阿爾班山時，我遇見一組大學生組成的電視節目團隊，他們正在拍攝一支紀錄片，報導的是墨西哥的刀耕火種農耕法。那三人團隊過來找我，詢問我身為一名遊客，對他們實施那種農耕法的意見。就在那時，貝尼托插手跟他們解釋我是位大學教授，這令他們更熱切的希望我出現在他們的紀錄片中。我婉拒在他們的影片中現身，但私下告訴他們我自己的研究。他們覺得我的工作很有趣也很吸引人，提議說不定我的旅程拍起來會是一部更有意思的紀錄片。當我們喝著可樂討論著各自的計畫時，他們也告訴我各種在恰帕斯州的天神傳說，以及幽浮經驗或近似遭遇幽浮的經驗。其中一個特別的故事，引起了我的興趣，那是關於在蘭比迪業柯（Lambityeco）的「閃電之神」。

傍晚之前，貝尼托和我抵達蘭比迪業柯，雇用了一名當地嚮導，他願意帶我前往那座古老遺址，並分享他對「閃電之神」的看法。

蘭比迪業柯就位在往米特拉途中剛下一九〇號公路的地方，是另一處薩波特克族遺址。要不是我特意在尋找這個地點，一定會錯過。與其他古老城市不同，這座遺址是直接座落在一條雙線道的路旁，沒有停車場，只有路上一處較寬的位置提供車子靠邊停放。我停在售票亭買入場券，並與一名嚮導交談。他自我介紹名叫耶里歐多羅，但比較喜歡人家叫他耶里歐。只要五十披索，他就能帶我去逛遺址。我問他那則傳說的事，他告訴我，是一位名叫科西侯（Cocijo）[3]的天神乘著一道光到這個村子來，建造了這些古老神廟。祂帶走一名地球女子去當妻子，她懷了祂的兒子。等祂的兒子長大，足以擔任這座城市的領導人，這位天神便又乘著一道光離開地球。

雖然這座遺址僅有一小部分被發現，但已可看見許多非凡的雕刻作品，包括兩座巨大的科西侯灰泥頭飾。對那些相信外星生物扮演著建造遍及墨西哥各地古老神廟的重要角色的人來說，科西侯為那種假設增添了可信度。科西侯的形象是戴著一頂幾乎蓋住整張臉的頭飾，眼睛四周有某種護目鏡的鏡框，鼻子上則是一塊厚石板，與護目鏡的下方和口部的遮罩相連。頭上的帽子則由一排羽毛頭飾組成。

我們在逛遺址時，耶里歐告訴我，蘭比迪業柯曾是個重要的貿易中心，並製造鹽提供給這個地區使用。我們一邊走，他一邊指出鹽坑的位置。「關於那位乘著一道光而來的神的故事，有任何人跟你暗示過，那位建造這座城市的神，可能是來自另一星球的外星人嗎？」我問道。

「每天都有人這麼說。」耶里歐答道。「女士，來造訪這座遺址的人不多，但都是來尋找答案的。他們都是因為這座遺址背後的傳說，才想來看看。如果不是為了那則傳說，他們的車子就會直接開過去了。大多數人都是這樣。在這裡當嚮導很難賺到錢，妳出現之前我才正要回家。」

「我很高興你沒有離開。」

「我也很高興。」他說。我看著這個動作敏捷、身材結實的四十四歲男子輕鬆的爬上遺址，我們在遺址裡走動時，他偶爾會停下來伸出手臂讓我扶著穩住身子。他並未穿著正式嚮導的制服，衣著反而是像我遇過的許多男性村民：白襯衫與黑色絨面呢長褲。他比我高十公分（也就是比一百八十公分矮一點），深色皮膚配上總是掛著的笑容，更彰顯一口完美的皓齒。他的上唇留著一小撮鬍

3——科西侯是墨西哥南部前哥倫比亞時期薩波特克文明中的閃電之神，因為祂與下雨有關，因此是薩波特克人非常重視的神祇，在薩波特克區域的陶器上常見到祂的形象。

子，使他看來有點邪惡，我忍不住想，如果戴上面具與披肩，他完全可以化身為蒙面俠蘇洛。

「你對『閃電之神』的傳說有什麼看法？」我問他。

「如果妳是要問我那是不是真的，我會跟妳說，我相信那則傳說是真的。我不相信科西侯是一般人，我跟住在這裡的大多數人一樣，相信祂是從星星來的。」

「說到從星星來的神，你在這地區有見過幽浮嗎？」我問道。

「它們來這裡很多次了。有時它們彷彿很敬畏的站在遺址上方，這裡和星星有某種連結，科西侯就是連結它們的橋梁，我想它們是來這裡對柯西侯表示敬意的。」

「你見過任何從星星來的人嗎？」我再問道。

「沒有，但我相信它們在太空船上，那些太空船自己不會飛，一定是有人在操縱它們，而且它們比地球上任何人都要聰明。村民們說它們是重臨人間的神，但我不這麼認為。我認為它們是人，只是比我們聰明。」

「你能描述一下它們來的時候從事的活動嗎？」我問。

「它們在那些古老政治領袖的宮殿與祭司的宮殿的上方盤旋。它們是來向那些死去的人致敬，就像我們去軍人紀念碑或總統陵墓悼念一樣。」

「你可以描述一下太空船嗎？」我再問。

「它們就像電影裡的幽浮一樣，銀色、圓盤狀，沒有發出聲音，是非常奇怪的機器，有很亮很亮的燈光。它們離開時非常迅速，你會懷疑自己是否真的見過它們。」
「這地區有任何人曾與那些外太空來的人接觸過嗎？」我問道。
「是有一些相關的故事啦。很多年前，我還是個九、十歲的小孩，有人說其中一艘太空船降落了，有兩個外星人從裡面走出來，站在科西侯的頭飾前。那是很久以前，大概有三十五年了。我還記得那個晚上，夜晚變成了白天，我母親嚇壞了，她警告我兄弟和我待在屋子裡。我從未見過那艘太空船，但村裡的男性長老們見過，也看到了那些外星人。」
「他們是怎麼說那次事件的？」
「他們說，那些外星人站在頭飾前，看來很悲傷，一個字也沒說。那些外星人要離開的時候，望著他們，跟他們溝通，說它們沒有惡意。」
「但你說它們一個字也沒說。」
「不是像我們說話那樣，它們是進入那些男性長老的心智。那些男性長老說，它們沒有發出聲音，但他們知道它們懷著和平的意圖。男性長老們稱它們為祖先。」
「你認為他們那樣說的意思是什麼？」
「意思是我們都是宇宙的一部分。宇宙的所有事物，包括所有生物，不論是人、動物、植物、樹木或岩石，我們都是互相連結的。我們是來自星星或地球並不重要。」

我們離開蘭比迪業柯與耶里歐時，我不禁想著他對那些祖先的定義。對許多人來說，「祖先」這個詞，指的是直接的親屬關係，但是對薩波特克人與許多原住民族（包括美國印第安人）來說，「祖先」指的是一種相互的連結、一種相信我們都是互有關聯的信仰。

拉科塔蘇族人稱之為「Mitakuye Oyasin」，意思是「所有人都有關聯」或「所有人都是親族」。這個說法會用在傳統拉科塔蘇族人的祈禱文與歌曲中，反應了原住民世界觀特有的內在信仰，也就是地球上的一切都是相連的，包括所有的生命形式：人類、動物、植物與樹木、鳥，甚至岩石、河流、山脈與谷地。根據薩波特克人的說法，這樣的關係更擴及涵蓋了從星星來的人。

29‧沒有人相信事實

瓦哈卡州之所以能保留如此獨特的印第安族群多樣性，是因為該州極為嚴峻的地形，隔離了大量的原住民族群，使他們遠離墨西哥主流社會。這種多樣的文化有助於使瓦哈卡成為墨西哥最引人好奇的一州。現在，那些文化也找到了呈現的方式，不僅是透過語言（總共有十六種），也透過服裝的樣式、手工藝品、音樂與舞蹈。該州最多人說的原住民語言是薩波特克語，有三十五萬人會說；而只有六十一個人能說流利的波波科語，是最少人會說的原住民語言。與許多其他族群不同的是，將近九成會說薩波特克語的人，也會說西班牙語，這也格外提高了他們受教育與就業的機會。

我第二次到瓦哈卡市，也是住在同一間由修道院改建的精品旅館，位置離蘇家諾廣場與市中心很近，我把它作為待在那裡兩星期的基地。貝尼托和我每天都會走路到廣場，去喝我們的早餐咖啡，吃旅館餐廳提供的雞蛋三明治。坐在那裡看著來來往往的人群時，我會在筆記本上寫東西，貝尼托則跟廣場裡的當地人聊天找樂子。待在瓦哈卡市的最後一天，貝尼托介紹我認識一位薩波特克長老，名叫卡洛斯。他是附近一所教堂的管理員，跟我們兩人一樣，正在廣場上享用著他的早餐咖啡。貝尼托告訴他我來墨西哥旅行的目的後，他忽然很感興趣，追問著貝尼托我蒐集到的故事。那時我還不知道卡洛斯有個驚人的故事要說。

在這一章，你將讀到他的故事。

「瓦哈卡第一次發生幽浮目擊事件，是在一八七四年。」卡洛斯開口說道。「我會記得日期，是因為我母親就是在那天晚上出生的。我外婆總是說，她是被幽浮驚嚇得太厲害，才把孩子生出來的。」我仔細聽這位長老談著十九世紀的那次幽浮目擊的事件，顯然那次事件在這地區廣為人知。他黑白相間的一頭鬈髮長及敞開的衣領，他的T恤上印著副司令馬可士（Subcomandante Marcos）的圖像（馬可士是查巴達解放軍的領袖，這個反抗團體曾一度控制了瓦哈卡市），邊緣磨損的反摺牛仔褲蓋住他腳上的涼鞋。

「他們有跟你說過任何有關幽浮的事嗎？」我問道。

「我不記得了，只知道他們看到幽浮在天空待了幾分鐘。後來我才知道它的形狀像隻牛角，過去沒有人見過像那樣的幽浮，那可是獨一無二的。」

「非常有趣。我還不知道幽浮事件在瓦哈卡從一八〇〇年代就有了。」

「瓦哈卡發生過很多次幽浮事件，但被報導出來的很少。人們不會跟人述說這些經驗。遊客或住在這裡的外國人有時會這麼做，但印第安人不會。」

「你說到印第安人，指的是薩波特克人嗎？」我問。

「我是薩波特克人，瓦哈卡大多數都是薩波特克人，但也有其他印第安人住在這地區，我們只是占多數。」

「我從貝尼托那裡知道，你曾有過幽浮經驗，可以告訴我你的故事嗎？」

「我有很久沒有說這個故事了，很多年前我跟我父親說這個故事時，他告訴我最好不要告訴別人，因為沒有人會相信，即使那是真的。我接受了他的忠告，從未跟人說這個故事，直到現在。」他暫停了一下，看著兩個穿著超短短褲與露背背心、口操德文的年輕女孩，慢慢從我們前方的廣場晃過去。他用他的母語方言跟貝尼托說話，貝尼托大笑著點頭。我沒請他翻譯。「所以，如果妳決定不相信我的故事，我可以理解。」

「請說，我很樂意聽你的故事。」

「那是發生在八〇年代，那年我三十五歲。我的表哥葛西歐已經搬去帕倫克，在那裡的一間旅館工作，他告訴我如果我去帕倫克，他可以幫我找工作。所以我存夠錢之後，就在一天晚上買了夜間巴士的車票，搭車去帕倫克。」他停下來啜飲了一口咖啡，那兩個德國女孩又在我們面前走過，他再次跟貝尼托用母語說話。貝尼托又笑了，我則等著卡洛斯繼續他的故事。

「你在從聖克里斯多巴到帕倫克的旅程中，有看到幽浮嗎？」我問道。

「有，」卡洛斯答道。「我們那時啟程了大約一小時，經過奧科辛戈之後，幾乎立刻就遇到蜿蜒的上坡與下坡路，直到往下進入帕倫克的叢林。我坐在巴士後方的座位，只希望把腳縮起來睡一覺。這時一道明亮的光從我們後方升起，我以為是另一輛巴士，或是一部軍車。」

「你有轉頭去看嗎？」

「一開始沒有，直到它更靠近了，我才轉頭看。它跟著我們大約有一小時了。我往後一看，看到的不是車頭燈，而是一顆很大的圓形光球，它把我們後方的整個農村都照亮了，沿著山脈的頂端緩緩的移動。然後，忽然之間，那顆光球移動到我們前方，在公路上方盤旋。我看得出巴士司機越來越焦慮，一邊把車子轉向另一條小路，最後，巴士司機終於找到一處寬廣的位置，把車靠邊停下。每個人都下了車，有些人四肢趴在地上禱告，我則是站在那裡看著那顆光球。」

「那個幽浮做了什麼？」我問。

「它慢慢的下降到山谷裡。」

「你能描述一下它的外觀嗎？」

「它很巨大，大到塞滿了整個山谷。」

「它移開之後，巴士司機有繼續上路嗎？」我再問。

「有，但我們還是看得見幽浮就在前方。有時候路會繞過一座山，我們就有一陣子看不到它，但之後它又會出現。有些人希望司機能停下來，等它離開；其他人則很興奮，因為他們從未見過那樣的東西，他們很好奇。」

「你會好奇嗎？」我問。

「喔，會啊，我非常好奇。但它終於還是消失了。我回到巴士後方座位，試著睡覺，但根本睡不著。」

「你有再見到幽浮嗎？」我問。

「有啊，大約半小時後。我們開上一座山頂時，可以看到下方的山谷，而那艘幽浮就在那裡，只不過這一次還看到其他幽浮，那是一些小型的幽浮，正飛進去那艘照亮山谷的大幽浮裡。等所有小幽浮都消失在大幽浮裡面之後，大幽浮便緩緩往上移動，幾分鐘之內就離開了。」

「你有跟政府單位報告那次事件嗎？」我問道。

「沒有，就像我跟妳說過的，我告訴我父親，他建議我把這故事當成祕密。畢竟，那太令人無法置信了。但我跟妳發誓，那是真的。」卡洛斯暫停說話，看看錶，然後站起來。「很抱歉，我得去工作了。」他輕輕點了頭便離開了。

我沒有再見到卡洛斯。那天稍晚，我就打包行李離開瓦哈卡市，但我經常想到他。確實，許多人不相信幽浮的故事，但我卻不是其中之一。我相信卡洛斯說的是事實。

30・到天堂的路上

離開瓦哈卡州與薩波特克之後，我又重拾原本追尋史蒂芬斯與卡瑟伍德足跡的意圖。我的第一站是著名的馬雅城市，位在恰帕斯州高地上的托尼納。史蒂芬斯與卡瑟伍德是在一八四〇年造訪此地的。

托尼納的地名「Toniná」，在策爾塔爾族（Tzeltal）馬雅方言裡的意思是「石之屋」。這座城市如今位在一座營業的養牛牧場中，古城建造在山腳下，彷彿一座山中堡壘。主要的神廟是座月神廟，這相當少見，因為大多數的馬雅神廟是太陽神廟。當地人堅稱，坐到最高的神廟頂端，就能看見世界的四個角落，或者如果你更喜歡的話，可以從那裡進入地下世界。以軍事重要性聞名的托尼納，經常被稱為「天空囚徒之地」。

許多當地故事充滿了與托尼納有關、會變形的天人與地底外星人基地的描述。對幽浮研究者來說，此地並非熱門遺址，但因為要追尋兩位探險家的腳步，我仍前去挖掘環繞在這座遺址的神祕事件。這一章，你將得知托尼納當地人與幽浮接觸的經驗。

主要的金字塔衛城，是托尼納遺址的核心。它由一座高達九十公尺的山丘組成，涵蓋了七層平台。底下三層平台是獻給下部世界，中間那層獻給中部世界，上面三層則是獻給上部世界。上面三層的平台上，共有十三座神廟。我爬上衛城時，真的是在前往天堂的路上。根據古老的馬雅信仰，這樣的登高之舉，能讓個別的攀登者與天堂連結。

坐在最頂端，我了解到那些強大君王的臣民為何會相信這座神廟能直通天堂。座落在山丘的一側，這些典禮用的神廟幾乎觸及天空。我坐在那裡沉思著那神聖的登高概念時，看見一名維護工人爬到頂端來。他手裡拿著一瓶水，還帶著一只午餐袋，顯然是在尋找陰涼處吃午餐。因為急於想認識熟悉這座遺址的人，我出聲叫喚他。

「哈囉！」他走近我時，我說。他有點猶豫，但帶著微笑。

「哈囉！」他回答。「妳喜歡我們的美麗城市嗎？」

「非常喜歡。」我答道。「你在這座遺址工作多久了？」

「四十年了。」他說。「我從十二歲就在這裡了。」

「你的英語說得很好。」我說。

「我是跟遊客們學的，他們是好老師。」

「請坐。」我注意到他正急著尋找休息與吃午餐的地方，於是跟他說。他坐到我下方的階梯上。他是個矮小的男人，大約不到一百六十公分高，一頭粗硬的黑髮梳得非常整齊。靠近看的時候，我注意到他一隻眼睛好像看不見，經常看到他移動頭部來彌補視力的缺陷。

「我聽過一些故事，說托尼納是連結宇宙的特殊地點。」我開口說道。「你能告訴我這是真的嗎？」他咬了一大口從午餐袋裡拿出來的玉米薄餅，露出一個大大的微笑，然後把袋子裡的第二塊玉米餅拿給我吃。我婉拒他的好意，他微笑著改拿一瓶水給我。我給他看了我的水瓶，他點點頭，吃完第一塊玉米餅，才開始說話。

「是啊，長老們說過很多故事。有的說，擁有純正血統的天人直系後裔仍活在地底下；有的說，它們是住在天堂的天人的使者，所以幽浮才會回托尼納，來跟使者見面，並了解地球與這裡居民的情況。」

「你見過那些天人的後裔嗎？」我問道。

「我見過它們幾次，女士。」他說。「我年輕的時候是守夜的警衛，它們會在晚上出來，或許是想呼吸新鮮空氣吧。它們不會走太遠，總是一起行動。」

「它們長得像人類嗎？」

「喔，是的，就像我一樣。」他說。「我始終無法靠得夠近、看清楚它們。有些長老說，它們白天可以變成任何想變成的樣子，是為了可以在我們之中生活，我們甚至不會知道它們就在身邊。它們可以是一名旅客，或一個從其他城鎮來的陌生人，而且因為它們可以隨意改變，我們永遠不會知道它們就在我們之中。妳也可能是它們的一員。」他說道。

「你相信這是真的？」

「我相信長老們說的話。長老們說它們就生活在我們之中。」

「我了解。」我答道。

「長老們說，如果你帶著一顆純淨的心來到托尼納，安靜的坐著冥想，就會感覺到天人試圖與你溝通。可惜的是，來我們這美麗城市的人沒什麼時間坐下來冥想，他們太忙了，一直照相、四處走動，希望讓所有朋友知道他們爬上了一座金字塔。但那不是托尼納這個地方的意義，這裡是與宇宙和天人的連結處，它是神聖的，正等著外面的世界來發現它。」

「你有在這座遺址見過幽浮嗎？」我問道。

「幽浮喔，我見過很多次啊。就像我剛剛說的，天上來的人會回來這裡探訪那些住在地底下的古人。地球的知識就是儲存在地底，在那裡被保護著，以防萬一地上的人把世界摧毀，倖存者就不用一切從頭來過。從前發生過這樣的事。地球曾被摧毀，生還者得一切重來。這一次，當下一個世界開始，這些知識將被留存下來，人們就不用再重新開始了。」

「你有去過地底嗎？」我再問。

「喔，沒有。他們說你只有在死後才會去地底世界。有一天我會去，但我不急著踏上旅程。」

他一邊說著最後這句話，一邊笑著站起來。「我得回去工作了。很高興與妳聊天，女士。」他說。

他手指輕碰了一下他的海軍藍棒球帽帽沿，說：「祝妳有愉快的一天。」

我坐在那裡冥想，希望天人能來跟我溝通時，一名男子走過來。他戴著印第安那．瓊斯款的帽子，身穿卡其長褲與有許多口袋的背心。在酷熱難耐的熱浪下，我連坐著都全身冒汗，實在懷疑怎麼有人可以爬上一座金字塔，看起來還那麼平靜清爽。曾有嚮導告訴我，他總是有辦法分辨歐洲人與美國人的不同。「歐洲人不流汗，美國人會流汗。」他還繼續跟我說，北美人與南美人會流汗，墨西哥人也會流汗，但歐洲人就是不流汗。那名男子走近我並坐下來後，我等著他開口說話。他的第一句話是法文的「日安」，顯示他正是不流汗的歐洲人之一。「美國人嗎？」他用法文問道，我點點頭。「我可以坐在這裡嗎？」我又點點頭。他告訴我他是來此訪問的考古學者。我們聊了一下他的故鄉巴黎，之後我們的對話轉向環繞這座天空之城的神祕傳說。

「在清晨時分，雲霧經常會完全籠罩金字塔的頂端。就是在那種時候，你會相信那些神廟能直通天堂。」他解釋道。

「你見過本地傳說中描述的星際使者嗎？」我問道。

「我不能說我見過，但我在這區域見過幽浮。我看過光輕快的飛舞、聚合，然後又飛走。下面的球場就是它們的遊樂場。」

「你看過太空船，還是只看到光？」

「主要是光。在這座遺址工作會看到很多東西，因為空氣是如此清新，星星如此明亮，你會像古人一樣，開始憶起天空的事。你會注意到任何變化。雖然我從未近距離看過幽浮，但我確實看過我無法辨識的物體。」他站起來，開始走下階梯。「我在這個遺址的帳棚裡有一些海報，如果妳想要的話，可以過來，我會給妳一張。」離開托尼納之前，我去了他的工作現場。雖然那位考古學者不在，但一位遺址工人給了我一張海報。

那張托尼納的海報現在被我得意的掛在寫作工作室裡。我每次進去，都會想起那個不流汗的法國人，以及那些會定期來檢視地球的星際使者的故事。這不是我第一次聽說來自星星的訪客會假冒人類的身分，而我也非常確定這不會是最後一次。

31・不再吠叫的狗

史蒂芬斯與卡瑟伍德於一八四〇年五月抵達帕倫克。為了到達那裡，他們披荊斬棘，穿越濃密的叢林，乘著馬匹與驢子，渡過拉合迭羅河（Rio Lagertero）進入恰帕斯。帕倫克古城離同名城鎮大約十三公里。史蒂芬斯與卡瑟伍德到達帕倫克後，就立刻計畫去造訪那座遺址。那是一趟漫長而艱困的旅程，途經一片幾乎無法通行的原始森林。

卡瑟伍德在那座古老城市待了二十八天，直到他因瘧疾病得太重，無法工作，才被迫離開遺址，搬到猶加敦半島。

我在帕倫克的第一天，遇見了一位導遊馬諾羅，他同意帶我遊遍整座園區，期間只短暫停留，讓我了解一下遺址。那時我並不知道，這個男子會介紹我認識他的表親，而這位表親有一次獨特不凡的幽浮經驗。在這一章，你將遇見安赫爾與他出色的狗杜雷諾，他們倆都遇見了幽浮。

貝尼托與我晚上頗晚才抵達帕倫克，我們在旅館裡吃晚餐，並總結了一下我們的旅程。隔天早上吃完早餐，貝尼托就動身去聖克里斯多巴。跟他道別後，我便前往帕倫克的考古遺址。那時我尚未雇用司機，也沒雇用導遊，但已決定在古遺址外設法找到一名導遊。我原本的目標是自己熟悉一下遺址的範圍，接下來再花幾天仔細探索這座遺址。我一走近入口，一個名叫馬諾羅的導遊便走過來。由於他說得一口標準英語，又表現出無比的熱情，我當下就雇用了他。我們進入遺址時，一名小販拿著一張皮革畫攔住我們，皮革上畫的是帕卡爾（Pakal）石棺。帕卡爾統治了帕倫克古城約六十八年。小販問我：「妳有聽說過帕倫克的古代太空人嗎？」我知道他指的是馮．丹尼肯對帕卡爾石棺的解讀。馬雅人相信，帕卡爾乘坐著生命之樹，踏上前往地下世界的旅程，馮．丹尼肯卻把樹描寫成一艘太空船。我問那個年輕人是否見過幽浮，他點頭回答：「看過很多次。」我告訴他我對幽浮的興趣，以及旅途中蒐集的故事。「我會告訴妳我的幽浮故事，」他說，「但要等到明天，我帶父親來幫我賣東西，然後我們就可以聊聊。」

我們離開那名小販後，馬諾羅也說，他有位表親曾在自己的農場上經歷過好幾次幽浮事件，他表親的農場就在帕倫克鎮附近。他同意約他表親碰面，於是我們便把逛遺址的行程縮短至半天。我回旅館吃了頓很晚的午餐，等馬諾羅通知我會面是否成行。

下午六點，他來敲了我的房門。我們離開帕倫克鎮約三十二公里，接著駛離公路。等我們到達那座農場時，馬諾羅的表親安赫爾已經在等我們了。互相介紹後，安赫爾帶我們參觀他的土地。

「馬諾羅跟我說，妳在蒐集有關幽浮的故事。」我還沒回答，他就繼續說道。「如果想聽故事，妳就來對地方了。」安赫爾擁有帕倫克古城附近將近八十公頃的土地。偶爾他會停下來，指出遠方的古城遺址紀念碑的位置，有時則指出幽浮造訪他的土地上的特定地點。在逛了四十五分鐘之後，我們回到陽台上。開始訪談之前，他女兒就送來了點心與飲料，為我們擺好之後，就回屋子裡去了。

「我總是在清晨四點起床，吃早餐，去馬廄，給我的馬匹裝上馬鞍，察看圍籬，確定動物都沒事。這是我的例行工作，一直都沒變。」

「你是獨自去檢查圍籬嗎？」我問道。

「是的。我的兒子們一小時後才會起床，我一個人騎馬過去，跟我的狗一起。」

「所以你出發時天還是黑的，對吧？」

「是的。我出發去農場時，太陽才剛剛從地平線露臉。在那個特別的早晨，我出發的時候，看見東方有一顆很大、很明亮的光球。一開始我以為是太陽，但隨即發現它正朝我而來，而且越來越近。它靠近時，突然下降到靠地面非常近，然後轉向北方，繞了好大一圈再回來，在我上方大約十公尺的空中盤旋。我的狗杜雷諾開始嗥叫。」我看著躺在他腳邊那隻無精打采的狗，安赫爾彎身拍拍牠。「馬廄裡的馬匹也開始用鼻子噴氣，伸腳踢身邊的柵欄。我跑進馬廄，叫杜雷諾跟我進來，可是牠沒有動，像塊石頭那樣坐在那裡，但我可以看見牠全身都在發抖。牠嚇壞了，卻不願跟我進去馬廄。」

「你有去牠旁邊吸引牠的注意力嗎？」

「沒有，我很害怕。我把我的馬拉進馬廄、關進柵欄。我一直叫著杜雷諾，但牠還是待在外面。」

「你在馬廄裡待了多久？」我問道。

「頂多兩、三分鐘吧。」

「你能描述一下那架飛行器嗎？」我再問。

「它就像兩個黏在一起的盤子。」他從桌上拿起兩個盤子，展示他遇見的飛行器的外形。「頂部有個圓形的凸起。它是暗沉的銀色，但會一下淡出、一下淡入，有時是明亮的白色球體，然後又變成銀色圓盤，偶爾還會發出奇怪的藍色火花。它沒有發出聲音，但卻令我手臂上的寒毛都豎了起來。」

「它離開後，你做了什麼？」

「我跑到農場上叫杜雷諾，但牠不見了。我想是外星人把牠帶走了。」

「為什麼你認為外星人把你的狗帶走了？」我問道。

「因為我找牠找了一整天，就是找不到。隔天早上，那顆光球又出現，我的狗也出現了。它們把牠帶回來了。」

「你發現狗的行為有什麼不同嗎？」我再問道。

「牠簡直被毀了，無法再吠叫。但是幽浮回來的時候，牠會跑到農場，望著天空等待著。我很擔心牠，牠是條好狗，不應該過這種日子。」

「你有帶牠去看過獸醫嗎？」

「我有帶牠去看獸醫，一開始，醫生找不出牠不叫的原因，但幫牠照X光的時候，發現牠的聲帶被割除了。」

「你是說，有人動手術割除了牠的聲帶？」

「我想醫生就是這麼說的，他說手術做得很完美。一開始我以為牠是被嚇到不敢吠叫，後來我才知道是這些魔鬼取走了牠的叫聲。它們毀了我的狗，牠不會再像以前一樣了。牠是條好狗，會保護牛群。任何一條牛走失了牠都會知道，還會把牛找到帶回來。」

「你有再看到那架飛行器嗎？」

「它每天早上都會來，持續了幾星期，最後終於不來了。我原本希望幽浮離開以後，杜雷諾可以不再那麼害怕，但到目前為止，牠都不肯離開屋子。是什麼樣的外星人會對狗做這種事？」他問道。

「我實在不知道。你認為呢？」

「我認為它們是最差勁的動物。它們不尊重生命，帶走一個男人的狗，把牠的聲帶割除，或許只因為牠的叫聲激怒了它們。真不知道杜雷諾在它們手裡還忍受了什麼其他的事。」

「你打算拿杜雷諾怎麼辦？」我問。

「我女兒心很軟，一向很疼牠。她會好好照顧杜雷諾。那很難。杜雷諾知道牠有工作要做，但又怕到不敢去做。如果一個人失去聲音，他還可以為自己找個理由，然後接受它，或者被送去醫院。但是對一隻狗來說，一定更難受，狗兒無法思考與合理化一件事。所以，牠一定很難過。」他停了一下，然後看著我說：「如果那些外星人會對一隻狗做這種事，那麼它們對人類會做出什麼？」

入夜之後，馬諾羅與我和安赫爾道別，他邀請我們隔天晚上回來吃晚餐。之後好幾年，我仍持續去拜訪安赫爾與他的家人。杜雷諾在二〇一〇年過世，去世時是十四歲。牠被埋葬在安赫爾的土地上，以紀念那次改變命運的幽浮經驗。

我回到蒙大拿的家中後，經常想起杜雷諾。在蒙大拿，訓練有素的牧犬非常珍貴，很少看見沒有狗的牧場主人。由於這一州曾有一些牛隻遭到殘殺的報導，我聽過很罕見的企圖綁架事件，但我還沒聽說過幽浮綁架一隻狗。聽過杜雷諾的故事後，我懷疑是否有一種外星人會對地球的動物進行實驗，只是我們不知道罷了。

32・名叫帕卡爾的太空人

一七七六年，拉蒙・德，歐德涅茲・伊・阿宜亞（Ramón de Ordóñez y Aguiar）修士開始撰寫《天堂與地球的創造史》（*Historia de la creación del cieloy de la tierra: conforme al sistema de la gentilidad americana*）一書。這位神父在書中試圖解釋古馬雅城市帕倫克的存在，提出曾有一個種族在帕卡爾・佛丹（Pakal Votan）的卓越領袖帶領下，從大西洋中出現。

另一段文字則記載著，帕卡爾從一個名叫法魯姆奇弗姆（Valum Chivum）的遙遠星球來到地球，建造了一座高塔。那座高塔下方，有一個能讓它在它的星球與地球間往返的地方。

雖然史蒂芬斯與卡瑟伍德並非首批看見帕倫克的白種人，但他們仍然功不可沒，因為他們停留在那裡的二十八天中，建立了對帕倫克最詳細且正確的勘測資料。他們很不情願的離開，承諾會回來。那時他們並不知道，在碑銘神廟（Temple of Inscriptions）下方就躺著帕卡爾王。直到一九五二年的夏天，墨西哥國家人類學與歷史研究院（INAH）的研究主任亞伯特・魯茲・路易爾（Alberto Ruz Lhuillier）才發現帕卡爾王的陵墓。

一九六八年，馮．丹尼肯出版了《諸神的戰車？：未解之謎》。在那本書中，他說統治那座古老城市六十八年的帕卡爾是個太空人。他翻拍了一張石棺蓋板的照片，比較帕卡爾與一九六〇年代美國第一個載人太空計畫「水星計畫」裡太空人的姿勢，解讀帕卡爾畫像下方畫的就是火箭，並用以作為古馬雅城市受到外星生物影響的證據。

在逛遺址的時候，我遇見了一名小販，他不斷跟信以為真的遊客說著馮．丹尼肯對帕卡爾石棺的解讀，並藉此取樂。他接近我時，我質疑他的故事的真實性，並問他是否相信帕卡爾王是個太空人。在這一章，你將看到他的回答。

我在帕倫克的第二天，跟馬諾羅約了六點一起吃早餐。我是以單日計價的方式雇用他的，因為我本來沒有雇用司機或導遊的打算。吃完一頓有蛋、馬鈴薯、培根的豐盛早餐，馬諾羅提議在前往古城遺址之前，先帶我去逛逛帕倫克鎮。帕倫克是個只為了遺址而存在的悶熱城鎮。史蒂芬斯所描寫的慵懶小村光景早已不再。主要大街華雷斯路（Avenida Juarez）與其附近，有一連串的餐廳、旅館與露營地。在城鎮西邊的旅遊熱門景點拉卡那拉（La Cañada）附近，可看見各式各樣來造訪帕倫克遺址的旅人。

逛完之後，我們在帕倫克遺址開放前幾分鐘到達。不同於史蒂芬斯介紹的遺址，如今遊客身處的是一處混亂的環境，有賣飲料、水果與紀念品的小販，大小型巴士造成了嚴重的交通阻塞。停車位很有限，因此很多遊客最後必須把車停在好幾公里遠的地方，走路到遺址入口。馬雅男人穿著與他們深色肌膚形成對比的白色棉質襯衫，在那裡等待遊客，提供十幾種語言的導覽行程。女人與孩童則帶著保冷箱坐在停車場周邊叫賣著：「水、西瓜汁、可樂、汽水。」一名身穿傳統服裝的拉坎冬印第安人則兜售弓箭紀念品，弓箭上裝飾著正快速消失的綠鸚鵡的七彩羽毛。

早上八點半，氣溫已熱得令人窒息。馬諾羅與我進入這個聯合國教科文組織認定的世界遺產遺址，經過將近一公里的古老森林，才到達一處空地。那座城市就高踞在同巴拉山脈（Tumbalá Mountains）的第一個山崗上。高聳濃密的叢林跟遺址本身一樣令人驚歎，但卻有一種更有力量的寧靜感。帕卡爾王與他母親紅皇后的多層階梯式陵墓如峭壁般升起，成了萬綠叢中的一抹白。長形宮殿中央，有一座觀測天文用的高塔。我看見遠處一座濃密樹林覆蓋的山丘上，一座神廟內外的樹木與灌木尚未被清除。背面是山，四周是濃密森林，早晨第一道陽光照在遺址上時，這座石灰岩建築閃爍著微光。我望著薄霧籠罩整座金字塔後升起。吼猴發出尖叫，毒蛇溜進矮樹叢，切葉蟻行經密林時留下寬廣足跡，整座遺址都看得到火蟻。黑色蠍子在金字塔上曬太陽，巴掌大的蜘蛛從樹上掉到沒料想到的遊客身上。

雖然帕倫克已發現了五百座建築，但整座城市超過八成的面積仍被雨林覆蓋。在遺址中漫步時，儘管人潮不斷，我仍經常找個地方坐下來，欣賞那精美的建築，享受此地的獨特與遺世獨立。

這座遺址包含了一切：陡峭的金字塔、傾頹的宮殿、神廟，以及仍可在苔蘚中窺見其原始漆色的住宅區。當我坐在一棵樹下看著遊客，前一天遇見的那名馬雅小販走近我。昨天他拿一幅帕卡爾石棺的皮革畫給我看，還用英語解釋帕卡爾其實是個太空人。「帕卡爾可以在地球與其他星球間往返旅行。」他說。「那些老者來這裡向帕卡爾致敬。」他再次舉起那張皮革畫，並開始跟我解釋起帕卡爾坐的太空船。那只是重述馮．丹尼肯的理論罷了。

「那些老者是指誰？」我問道。

他又指了指天空。「天神。從天上來的人。」

「你是說天人來造訪帕倫克？」

「是的。」

「你見過它們嗎？」

「是的，我見過兩次。」他指向天空，然後用手臂掃過天空，畫出幽浮橫越天空的移動路徑。「我朋友有天晚上看到它們降落。他是夜間警衛，但現在已經不做了。他很害怕。」

「他有告訴你為什麼很害怕嗎？」

「那些老者的幽靈會來帕倫克。大多數馬雅人絕不會在這裡過夜，但他是墨西哥人，不理會關於幽靈的警告。結果他就看到它們了。它們從天上而來，降落在廣場上，走進碑銘金字塔，然後就消失了。他立刻逃跑，而且再也不回來了。」

「他有跟你描述過它們嗎？」

「它們會發光，是白人。又高又白。它們是幽靈。」

「他有描述那艘太空船嗎？」他一臉困惑。「他有描述那艘幽浮嗎？」我再說一次。

「有。那艘幽浮是圓形的，看來像頂帽子，扁平的帽子。它是銀色的，還散發很恐怖的味道，難聞得要死。他聞到金屬味，那味道讓他感到噁心。他的頭很痛，而且很昏。」

「你認為你朋友會願意跟我聊聊嗎？」我問道。

「他搬到坎昆去了，我沒有他的地址。但他告訴我，那些天人擁有魔法，可以在你眼前出現又消失，他很擔心它們的魔法是邪惡的，說它們可能是魔鬼送來的警告。」

「警告？」

「是啊，警告他應該離開帕倫克。」這名年輕人站起來。「抱歉，女士，我得回我賣東西的地方去了，遊客來了。」我看見一群波蘭遊客走近販賣區。

「謝謝你來跟我聊。」我說。那天離開帕倫克前，我又看見他，碰巧聽見他在跟遊客說太空人帕卡爾的事。毫無疑問，帕倫克這裡的創業活動十分活絡，即使那也代表人們利用了他們的文化。

我繼續和馬諾羅探索這座遺址時，對於這座偉大城市是如何被建造的，自然會感到不解。霍皮族馬雅人說，古時候南方有座紅色城市，住著擁有偉大知識的人。或許那座偉大城市就是帕倫克，因為考古學家記載，這座城市曾被漆成紅色。另一方面，也有人說帕倫克是為了保存世界上所有偉大知識而建造的，是要作為研究之地，但居住於此的不是人類。然而完工之後，建造者就違背了它們的信任，占據了這座城市。

我在帕倫克待得越久，就越相信這座城市保存著偉大的知識，但當今世界不知如何取得這些知識。這是個神祕、神奇的地方，也可說是墨西哥所有古老馬雅城市中最有靈性的城市。史蒂芬斯離開帕倫克時承諾會回來，但不曾做到。我離開帕倫克時，也知道我會一再回來。與史蒂芬斯與卡瑟伍德不同的是，我信守了我的承諾。

33・帕倫克的祕密

曾被幽浮綁架的人，通常被稱為「被綁人」或「經歷者」。由於缺乏具體證據，大多數科學家與心理專業人士都把這個現象視為幻想傾向、偽記憶症候群、睡眠麻痺、精神錯亂，以及各種環境因素的影響，而不予重視。深受敬重的哈佛大學精神醫學家約翰．馬克（John E. Mack）投注了大量時間調查此類案例，他發現，在那些最令人信服的案例中，病人都深受創傷後症候群之苦。據他所記錄，這意味著那些病人真的相信他們記得自己被綁架的事件。

在這一章，你將看到一群住在帕倫克鎮附近的村民，訴說他們被綁架的故事。

在帕倫克，我最喜歡去的地方之一，就是蟬卡度假村（Chan-Kah Resort Village）。度假村位於帕倫克鎮與遺址之間，是被熱帶雨林環繞的一群農舍，或者說小屋子。住在那裡，我可以早起，在十點巴士載來滿滿的遊客入侵這座古老城市之前就抵達遺址。

我第三次去帕倫克時，因為找不到馬諾羅，便雇用了一位名叫派克斯的導遊。他是純種馬雅人，長得矮小結實，陪我逛遺址時，說得一口幾近完美的英語。他的背有點駝，走路一拐一拐的。他告訴我，他在帕倫克遺址工作了將近四十年，因為年紀的關係，已經越來越難找到客人。我們漫步在遺址裡時，我問他關於古老國王帕卡爾的事，帕卡爾因被認為是遠古太空人而知名。派克斯笑著問我是否相信那遠古太空人的理論。我很驚訝他對馮．丹尼肯的理論與著作相當了解。

「他只是想出了一種賺錢方式的白人，」他說。「不知為何，白人總是想得到符合他們信念的答案。如果馮．丹尼肯接受馬雅人並非在外星生物的協助下建造出這座城市的事實，就代表我們的文明比白人要先進許多。那對相信自己比較優越的種族來說，是行不通的，因此他提供了一個白人世界可以接受的答案。人們會緊抓住讓他們感覺比較優越的事物。」

「馬雅人曾懷疑是誰建造了這座城市嗎？」我問道。

「我們不需要，因為很清楚是我們的祖先建造了這座城市。我們是他們的直系後代，知道自己從何而來、將去到何處。」他回答之後便未再多做解釋。

二〇一〇年，我最後一次到帕倫克，入住蟬卡度假村時，問旅館職員是否認識在園區工作的導遊派克斯。他說完全沒聽過這個人，但大約兩小時後，派克斯卻出現在我房間門口。我們像老朋友一樣擁抱，一起走到餐廳去喝飲料。我跟他解釋，我這次來帕倫克會待兩星期，想花點時間探索帕倫克尚未被探勘出來的建築。派克斯雖然已退休不再當導遊，但仍說可以安排我造訪幾處尚未被挖掘的遺址。我答應給他一天的時間去安排。

隔天，我和派克斯在古遺址碰面。「博士，妳對遠古太空人還有興趣嗎？」他帶我穿越濃密叢林時問道。我看著他揮舞彎刀開出叢林裡的路，偶爾停下來喘口氣。

「有人有故事可說的話，我還是會蒐集。」我說。

「我有些朋友有故事可說。昨天我跟他們聊過，他們願意跟妳談談。不會說英語的，我可以幫忙翻譯。」

「謝謝，派克斯，我很想聽那些故事。我聽說帕倫克經常有人看見幽浮。」

「沒錯。很多幽浮會來埋葬著帕卡爾王的碑銘神廟。大多時候，光球會在神廟上來回移動，好像在守衛或保護入口。通常都是在太陽下山之後、森林變得一片黑暗時，會看見它們。」

那天晚上稍晚，我開車到派克斯家。他把我介紹給他的妻子、三個女兒，以及其他親人，包括一個妹妹、岳母、母親，與幾個從三歲到十四歲不等的女童，全都是他家庭裡的成員。「我的周遭都是女人。」派克斯說道，一邊和女兒幫我把車子後座的東西搬下來。我帶了香菸、一箱可樂、一包給小孩的糖果，以及幾塊從帕倫克披薩餐廳買的披薩。女人們快速的準備著食物與飲料，把香菸留給派克斯。食物擺好後，我跟派克斯的妹妹一起坐在屋子的後牆邊，而派克斯邀來的鄰居男子則聚在一張大木桌旁，桌子就擺在一棵巨大的桃花心木下。等披薩都吃完，男人都在抽菸了，派克斯才邀請我加入那群人，去聽他們的故事。

「我有個故事。」那群中最年輕的人開口說道。他從桌旁站起來，再拿起一瓶可樂。他長得很英俊，若非已有進一步了解，我一定會因他的外貌而誤以為他就是帕卡爾。在古城裡的遺址上，到處都可看見帕卡爾的形象。

「很榮幸能聽到你的故事。」我說。

「我的名字是馬里歐。大約十年前，我有一次與外星人接觸的經驗。那時我十四歲，但至今我還記得那件事。我正要去看我的女友，也就是我現在的太太。」我看見他望向一間屋子，注意到有幾個女人在門口轉來轉去。他引起了他太太的注意，跟她指指我，她看了我一眼，並對我微笑。

「你是在哪裡看見外星人的？」我問道。

「我正在去見露莘達的路上，她住在離我家約六公里的另一個村子。我那時正在走路。那是個漆黑的夜晚，月亮有時會從雲層中露臉，在叢林上方灑下微弱的光。我很緊張，因為前幾天才有人看到豹子。我不斷把手電筒照向路的四周與森林，察看是否有危險，可是忽然間，手電筒的光熄滅了。我搖搖手電筒，試著讓它恢復電力。大約就在同時，一道明亮的光出現在森林上方，再直接移到路上方，在我面前停住。我不知道該怎麼辦。我很想跑，但我全身麻痺，完全不能動。」他點燃一根菸，桌旁所有人的目光都落在他身上。

「你是說那艘太空船著陸了嗎？」我問道。

「是的。我看見從那架奇怪的圓形機器底部降下階梯，然後四個外星人走出來。它們走近我時，身上的銀色服裝在燈光下閃閃發光。我從未見過那樣的服裝。其中一個外星人揹著某種儀器，它把儀器指向我時，我覺得很想吐。」

「你覺得想吐？那是什麼意思？」

「那就像閃電打到我一樣，我感覺全身都有針在刺，彷彿活生生被火燒到。然後疼痛停止，我開始想吐，一陣胃痛後，我就嘔吐了。我記得是那樣。」

「你還記得什麼？」我再問。

「我不確定。我可能是昏過去了，接下來只記得在它們的飛行器裡醒來，但眼睛無法聚焦，因為燈光太強了。房間裡有一種寒冷的濕氣，我腹部向下趴在一個堅硬的地方，當我試著想移動，才發現自己被綁著。我的背痛到不行，我從來沒有背痛過。我開始感到驚恐，但我還來不及想要如何逃跑，就在父親的房子外面清醒過來了。我看見遠方一道明亮的光映照著黑暗的天空。前一刻它還在那裡，下一刻它就不見了。我判定自己一定是在做夢，便不去想它，直到遇見托希告訴我發生在他身上的事。」他把手搭到坐在他身旁的朋友肩上。

「你跟外星人還有過任何更進一步的接觸嗎？」我問。

「沒有了，一次就夠了。」我聽見周遭男人的輕笑聲，觀察了一下，發現他們不完全是在嘲笑馬里歐對未知狀況的反應。我又望向他至今仍保持沉默的朋友托希。

「我朋友很害羞，女士。要他說他的故事很困難。」

「我了解，托希。你不一定要告訴我。」我說。

「不，女士，我想說，只是我的英語說得沒有馬里歐好，希望妳能了解我的意思。」托希說道。「事情發生在同一條路上，但我是跟我的朋友羅連佐在一起。」

「你們也被帶到太空船上嗎？」我問。

「是的，有四個外星人把我們帶走。我們試著反抗，但根本不是它們的對手。我想它們有某種讓你無能為力的方法。它們把我帶到太空船上，放進一間全是陌生人的房間。」

「那些陌生人是馬雅人嗎？」我問道。

「或許有一、兩個是，但有些是黃頭髮的白種人。有些穿著睡衣，有些穿著……我不記得那個詞要怎麼說。」他停下來，跟他朋友用西班牙語說話，他朋友似乎不了解他想說什麼。

「他們穿的是工作服，像晚禮服那樣的正式服裝，還是校服……？」我問。

「對了，是很別緻的衣服。」

「還有其他人穿不同的衣服嗎？」

「有各種不同的衣服。好像他們都是在做其他事情時被帶來的，例如上床睡覺了，或在工作，或晚上出門參加活動。」

「從你的描述聽來，你是指他們都來自墨西哥嗎？」

「我不這麼認為。有太多金髮的人了，或許是從世界各地來的。沒有任何人看到我。他們沒有情緒、也不抵抗，只是坐在那裡，一動也不動，感覺他們的身體裡沒有生命。我試著跟其中一個男人說話，但他沒有回應。那些矮人看到我試圖跟其他人說話，便強制把我移到遠離所有人的一間房間。」他停下來看著馬里歐。「它們強迫我喝下某種味道像泥土的液體，很濃稠又黏滑，我差點吐出來。幾分鐘後，它們把我放進一部機器裡，把我的身體翻過來面朝下。我在那裡待了幾分鐘，無法移動，全身麻痺，但我的意識非常清楚，感覺頭快要爆炸了。我不知道它們把我關在那裡多久，接下來只記得羅連佐和我站在那條漆黑的路上，而那艘太空船已經消失了。」

「你可以描述一下那艘太空船嗎？」我問道。

「它是個很長的圓柱體，有很多明亮的燈，但是整艘太空船似乎散發著鮮紅到鮮橘色的光。它一在地面上停好之後，又變成淺橘色。不過那些顏色像是某種灼熱的光，我始終沒搞清楚那是什麼。」

「你能形容一下那些抓到你的外星人嗎？」

「無法說得很清楚。它們個子很矮，但很有力。它們從未說話，但我知道它們要做什麼。」

「你還記得綁架你的外星人的其他特徵嗎？」

「女士，我想它們有對我下藥，因為我反抗得太激烈，所以對我來說，一切都很模糊。」

「你在忍受它們的實驗時，你朋友羅連佐在哪裡？」我問。

「我不知道。我不記得看見他，直到發現我們一起站在路上。」

「羅連佐今晚在這裡嗎？」我再問。

「羅連佐住在坎昆，我可以給妳他工作的那家旅館的地址，或許妳可以去找他，說不定他記得的比較多。」

「我有個不一樣的經驗。」加百列說道。我看著開口說話的中年男子，他是個矮小的男人，但手臂上的肌肉透露出他一生都很努力工作。他走過來靠我近一點，馬里歐與托希則移過去，他便坐到我正前方。他微笑時，我看見他嘴裡只剩一顆牙齒。「我的腿不聽使喚之前，是在帕倫克遺址工作。我的膝蓋得了很嚴重的關節炎。」他解釋道。「遺址的官員喜歡能爬上金字塔、照顧遊客的年輕人，我已經沒辦法那樣做了。」我在他臉上看見一個因健康狀況而失去工作的男子的哀傷。

「我很遺憾。」我說。「要是我就會雇用你。我喜歡走路慢一點的導遊，那樣可以讓我好好欣賞那座城市。」我聽見其他男人低聲表示認同。

「妳讓一個老人家感覺很開心，女士。我會告訴妳我的故事，那是發生在晚上，那時我正在撿遊客到處丟棄的廢紙、寶特瓶、罐子。」

「這是所有導遊必須要做的工作嗎？」

「現在不是了。以前我們要做所有的事，現在他們大多雇用女人來做。但是以前，他們期待我們保持那裡的環境清潔。」

「那時是幾點？」

「已經滿晚了，天還沒黑，但所有遊客都走了。天快黑的時候，我發現自己已經離遺址入口超過一．五公里，此時一陣閃電暴雨出現。我到其中一座建築裡躲雨，決定等到雨停。雨下得比我預期的久，天已經黑了，而我還在遺址裡。雨變小了之後，我決定回家。就在那時，一艘圓形太空船從雲層中出現，降落在廣場上。三個全身籠罩著光的外星人從太空船裡出來，它們站在碑銘神廟前，然後變成一顆顆光球。我就這麼注視著它們往上飄浮到神廟入口的最頂端，然後消失不見。」他暫停下來，點燃一根菸。「我一直沿著邊緣跑過廣場，不讓它們看見。離開廣場前，我回頭看，太空船還在那裡。我走下山丘朝鎮上離去時，看見太空船移到樹的上方，往南方飛去，然後一瞬間它就不見了。」

「你知道它們要做什麼嗎？」我問道。

「完全不知道。我很害怕，只想逃離那裡，沒有留下來弄清楚。」

「我見過那些光很多次。」文森提說道。所有人都轉向坐在桌子最末端的一位老人。派克斯稍早曾跟我介紹他，說他是他最親密的朋友之一，他們很容易被誤認為是兄弟。「任何曾在夜晚待在外面的人，都見過那些光。有時候它們從太空船下來，有時候它們就是忽然出現。我親眼見過天人變成光球，也看過它們憑空消失。它們擁有強大的力量，我總是盡量避開它們，它們很危險。」

「為什麼你認為它們很危險？」我問。

「力量會摧毀人。看看地球上的人就知道了，有力量的人都具有破壞性。這些天人的力量遠比地球人要大多了，它們一定很危險。」

「你有見過它們做任何具破壞性的事嗎？」我繼續問。

「沒有。但我仍然相信它們是危險的。」

「我同意文森提。」薩門說道，他是純種馬雅人，自稱大學畢業。「我認為文森提是對的，它們在檢查地球，或許是想接管地球，也或許是跟入侵我們土地的西班牙人一樣。任何有力量的人都可能毀滅那些被視為較弱、較不聰明或無法保護自己的人。如果你沒有力量，在這個宇宙就注定失敗。這是宇宙的定律。馬雅人曾經一度握有力量，但我們的祖先選擇不要把那些力量傳給孩子，現在我們就跟其他人一樣，任由那些有力量的人控制。這樣的情況已經持續好幾世紀了。」所有男人都一致點頭同意。

「我同意它們擁有巨大的力量，但我認為危險的是，它們可以把我們帶到太空船上，對我們做任何它們想做的事，而墨西哥軍方無法保護我們。」年長的文森提說道。「我不認為它們是我們的祖先變成的天神，今日造訪我們的是來自宇宙的其他外星人。把我們帶來這裡的是看起來跟我們一樣的人，我們看見的外星人卻長得不是比我們高，就是比我們矮，而且它們看起來都跟我們不像。」其他男人又點頭同意。

「還有其他人有故事要跟博士分享嗎？」派克斯問道。

「我有個故事。」一個女人從門口那邊喊著。我請派克斯邀請女人們來說她們的故事，此時有三個女人走向前來。男人們立刻站起來離開，女人們坐到桌子旁。她們都跟派克斯有親戚關係，有姻親也有血親。派克斯待在我身後翻譯。

「我不能在其他男人面前說這個故事。」派克斯的妹妹伊莎貝拉說道。「派克斯沒關係，他是我們的牧師，是能聽我們告解的人，也是我們的親戚。我沒有跟很多人說過這個故事，可是我喜歡妳。」她先聲明，然後走到桌旁，坐在我對面。「我曾被帶上一艘太空船，它們取了我頭髮的樣本，我想它們檢查了我的身體。那時我大約十五歲，不太記得發生在我身上的事，但一會兒之後，我人就回到我家門前，手上拿著我的衣服。我是裸體的。」

「妳有注意到妳的身體有什麼不同嗎？」我問道。

「我開始來月經了，我一夜之間變成了女人。」

「妳身上有什麼記號嗎？」我再問。

「據我記憶中是沒有。」她說。「但在那之後，我就覺得一切都不一樣了，感覺有人一直在監視我。」

「我也有同樣的感覺。我十七歲的時候，有過一次接觸外星人的經驗。」派克斯的岳母艾蓮娜說道。「那時我一個人在家，爸媽去參加一場遊行，那天是亡靈節，我因為生病而決定待在家裡。被吵醒時我還昏昏欲睡，張開眼睛卻看見兩個外星人站在我面前。我還來不及尖叫就全身癱軟了。」她暫停一下，看看房裡的其他兩名女子。「接下來我記得的，就是跟其他人在一間房間裡。

大部分是陌生人，但我看見我表妹雅克絲，以及她的表弟艾杜拉多。他們都坐在角落的一張凳子上，我就坐在他們隔壁，但他們卻不認得我。我想他們被下了咒語。」

「妳有試著叫醒他們嗎？」我問。

「我試過。我搖搖表妹，還把手繞過去捏艾杜拉多，但他們都沒有反應。在那之後，我就什麼都不記得了。」

「妳記得進去另一間房間，或與那群人分開來嗎？」我再問道。

「不記得。我完全沒有記憶。父母親回來後，我才醒來。我以為自己在做夢，可是當我起身想去跟爸媽打招呼，才發現自己沒穿衣服。我四處尋找，才在吊床旁的角落找到衣服。我快速穿上，但從未告訴任何人那天晚上的事。我不認為那是做夢。」

「妳記得任何關於那些帶走妳的外星人的事嗎？」我問。

「我不記得有看到它們。」她說。

「我認為它們長久以來一直都在讓我們幫它們生小孩。」派克斯的太太卡蜜雅說。我望著這名矮矮胖胖、缺了兩顆門牙的女子，黑白相間的頭髮在後腦杓挽成髮髻，使她的圓臉看起來更圓。

「我沒有證據，但我十三歲的時候，有一度以為自己懷孕了，而我那時從來沒跟男生在一起過。我有所有懷孕的徵兆，我告訴自己這就像聖母瑪麗亞，是上帝讓我懷孕的。我就是在那時候看見一艘太空船，幾星期之後，又看到另一艘太空船，隔天，我就不再覺得自己懷孕，也開始來月經了。」

「妳是說，妳相信自己生了半人、半外星人的嬰兒？」我問道。

「我不確定，但我感覺是如此。當我發現自己不再懷孕時，是很悲傷的。不知為何，我確信自己懷孕，即使不知道孩子的父親是誰，我仍要留住並保護這個嬰兒。那之後，我覺得一部分的自己不見了。甚至到今天，我仍會想起那個嬰兒。我很確定那時我懷孕了，而我仍然不知道那是怎麼發生的。」

其他女人在聽卡蜜雅說故事時，都露出感同身受的神情。她們每個人在生育年齡時都曾失去過嬰兒，因此都能體會她所感受到的空虛。聽她們說了半小時後，我問她們是否有問題想問我。她們看到我獨自旅行大多覺得很驚訝，我們聊著我的文化與母系社會，一致認為以前的馬雅女人比現代馬雅女人表現更傑出。「是西班牙人的大男人主義毀了我們的男人。」艾蓮娜說。她們也都同意。我懷疑在這樣的想法之下，派克斯會被如何看待，他可是面臨將近十五比一的懸殊比例啊。

每次我回到帕倫克，都會拜訪派克斯與他的家人。仍然被女人圍繞的他，很期待他懷孕的女兒在春天能為他生下一個孫子。他告訴我，如果這是個男孩，他希望我能為他命名。他信守承諾，孫子生下來了，而我也根據偉大的阿帕契族戰士的名字，幫男孩取名為：傑羅尼莫[4]。

34・它們就在我們之間

史蒂芬斯與卡瑟伍德造訪帕倫克時，馬雅人拒絕與他們一起在帕倫克過夜。馬雅人相信那裡是祖先出沒之地。我第一次聽說隱形星人的事，就是在帕倫克。

在這一章，你將從一位拉坎冬族印第安人的口中得知這種現象，他選擇跨越兩種文化來養活家人。

帕倫克考古公園的入口，有不少拉坎冬印第安人在那裡販售手工製作的弓箭。他們能吸引遊客的注意，是因為一身特別的服裝：長及小腿、款式簡單的白色手織棉布長袍。拉坎冬印第安族的男

4——傑羅尼莫（Geronimo，一八二九至一九〇九年）是美國阿帕契族印第安人的一名傳奇戰士，出生於亞利桑那州的希拉河，曾帶領原住民反抗美國及墨西哥，被印第安人視為民族英雄，後來於一八八六年歸順美國。

人、女人與小孩，都穿著同樣的服裝。我很幸運能有艾南多陪伴，其中一名拉坎冬小販阿隆姆是他朋友。艾南多把我介紹給他之後，他告訴我星人仍在他們的土地上活動。

「我小時候，祖父就告訴過我星人的事。他說，如果我們能去到我們的出生地，也就是祖先住的地方，就會發現，馬雅文化與語言跟我們偉大城市曾有的文化與語言是一樣的。那就是馬雅人能與星人溝通無礙的原因。它們說的是我們的語言。」

「你聽說過星人來到地球，把人類或動物帶到它們的太空船上進行實驗的事嗎？」我問道。

「它們是……你們怎麼說的？入侵？」

「入侵者？」

「是的，入侵者。它們不是引領我們到這裡來的星人。這些星人是來自其他星球，它們不是朋友，而是入侵者。」

「關於星人，你有什麼能告訴我的呢？」我問。

「對地球上大多數的人來說，星人是隱形的，人們看不見它們。人們已經忘了去看眼睛能看見之外的事物。每個人都曾有這種能力，但是他們變得懶惰，失去了這種力量。他們沒有察覺星人就在我們之間活動，他們的眼睛看不見星人。」

「它們現在也跟我們在一起嗎？」我問道。

「它們經常來帕倫克。長老們說，帕倫克在古時候是個星際基地，它們會來這裡呼叫地球，在這裡還是原來的樣子時，它們就知道這裡了。」

「那些星人會參與你們的儀式嗎？」我問道。「或者我應該這麼問：它們曾經在你們的儀式中傳達過訊息嗎？」

「我們仍會執行古老的儀式，在我的村子裡，有一種為所有可見與不可見的事物進行的儀式，它們有時候會出現在我們的儀式中。」

「它們是如何現身的？」我再問。

「很多人見過光球，但並非所有人都見過那些隱形者的人類樣貌。今日人類的問題就在於，他們看不見無形的事物。要看見無形的事物，必須從內心去看。然而現代人已被法律所控制了，而不是從內心去看。」

「這點也同樣適用於馬雅人嗎？」

「馬雅人的罪過是最深的。他們最先收到這種天賦，但如今受到拉美混種人的影響，許多人都失去了那種天賦。我們是『真正的人』，當我們的孩子忘了這一點，就不會再有人能看見星人了。」

「你們的孩子當中有人能看見星人嗎？」

「有一些。他們是來自傳統家庭的孩子，有被教導如何去看見，可是很多孩子選擇了現代的生活方式。他們不再對這些事感興趣了。」他停頓了一下，望著離開帕倫克的旅遊巴士。「如果妳今天進去帕倫克遺址，找個遠離人群的地方，安靜的坐著，就會感覺到星人正試著與妳溝通。」

在北上梅里達與烏斯馬爾之前，史蒂芬斯曾試圖買下帕倫克。扣除所有雜亂的石造宮殿與金字塔，這六千畝土地的出價是一千五百美金。然而，還有另一個與他在宏都拉斯所遭遇到極為不同的阻礙：在墨西哥的外國人不可購入資產，除非跟墨西哥人結婚。史蒂芬斯急切的想取得那片遺址，而與兩位住在帕倫克的當地美女布拉佛姐妹有過短暫的戀情。最後他離開的時候仍維持單身。

我沒有試圖買下帕倫克，但我必須承認，那座遺址對我有一種魔力。我造訪了帕倫克八次，每一次都比前一次停留更久。我不由得相信阿隆姆是對的。在帕倫克，你能感覺到星人的存在，但你必須對可能性抱持開放的心。在那座古城裡，有一股難以消散的靈性力量，在夜裡看到光球也並不罕見。正如阿隆姆所提出的忠告，你必須有能力去看見無形的事物。

35・進行太空旅行的馬雅人

我曾不只一次遇到長老們跟我說明，每一處遺址裡的神廟，都是地球諸神的住所。住在墨西哥這一側的烏蘇馬辛塔河（Usumacinta River）及其支流沿岸恰帕斯叢林裡的拉坎冬印第安人，都相信諸神曾住在那些偉大的金字塔裡，但後來諸神回到天上，到別的星球去建造住所了。

拉坎冬族是墨西哥原住民人口中，最遺世獨立、文化保存最完整的族群，也一向是古代靈修、傳統與馬雅創世故事的先驅。今日，在瓜地馬拉邊境的古老馬雅城市波南帕克（Bonampak），可以見到拉坎冬印第安人的存在。

史蒂芬斯與卡瑟伍德從未成功抵達波南帕克，即使今日，雖然有旅客確實去到了波南帕克，那仍是一段相當困難且遙遠的旅程。

這一章，你將認識一位拉坎冬族長老，他為進行太空旅行的馬雅人增添了另一個特點：太陽系的星際地圖。

在美洲豹之屋會晤過那對拉坎冬族父子之後，我決定在波南帕克停留一天。據說拉坎冬族印第安人在維護這座古老遺址上扮演著很重要的角色。艾南多告訴我，他認識一位名叫卡內克的拉坎冬長老，知道跟馬雅人有關的古老故事。而如果卡內克人在遺址，他會鼓勵他跟我聊聊古時候的事。

我們在遺址裡才待不到幾分鐘，卡內克就朝我們走來。「我知道你在找我，老友。」他用漂亮的英語對我的司機說道。

「我跟博士說，我會請你告訴她關於馬雅人與天人連結的事。」那位長老微笑著坐到我們兩個中間。他身上有一股我無法辨識的藥草味，穿著他們族人的傳統長袍，看來比身穿西式服飾的我們涼爽許多。他注意到炙熱的陽光令我感到很不舒服，便建議我們移坐到有古老建築物遮蔭的一根原木上。

我們坐定之後，他開始說道：「我不常接受關於天人的訪談，但艾南多是我朋友，如果他說我應該跟妳談，我就樂意談談。」他停下來，取出一根存放在耳後的香菸。他吸了一口菸，又開口道：「有很多故事都告訴我們，馬雅人是從東方來到這片土地，起初我們是天人，我們的族人握有一份星際地圖，我們知道在太陽系旅行的路徑。」

「我沒聽錯吧？你是說天人和馬雅人是一樣的？」我問道。

「是的，我們是一樣的。我們還相信，等時候到了，地球被淨化之後，天人就會來把我們接走。」卡內克說完，便停下來和兩個衝到他懷裡的孩子說一會兒話。他們簡直是他的縮小版，都穿著一模一樣的簡單白色長袍，儘管其實一個是男孩、一個是女孩。他們的黑色長髮披散在背後，在聽老人家說話時害羞的微笑看著我。幾分鐘後，他們就跑開，穿過古老廣場，去加入其他幾個穿著相同的孩子。

「他們是我的孫子，雙胞胎。請原諒他們盯著妳看，他們對外來的人很著迷。」

「他們很棒。你一定很自豪。」我說。

「我是很自豪，但也很擔心。等他們看見世界運作的方式，就很難讓他們保持傳統的生活方式了。」他的擔憂呈現在眼中與皺起的眉頭上，我決定改變話題。

「你能跟我談談你們的星際地圖嗎？」我問道。

「我們有一份帶領我們到達這裡的地圖。我們的傳說訴說著天國誕生的故事。我們大多數的古老知識都已被今日的天文學家們確認了。」他補充道。

「關於那份星際地圖，你還可以告訴我什麼？」

「地圖現在已經遺失了。我可以告訴妳，它定位出星辰的位置，可居住的星球也都有標示出來。這裡是天神為我們選擇的地方。」

「天神為什麼選了這裡？」

「為什麼不？這是所有星球中最美麗的地方。叢林能餵養我們，土地很肥沃，我們可以養活族人。」

「你們的年輕族人知道這些故事嗎？」我問。

「知道。我們試圖讓孩子們遠離現代的世界，用傳統方式教育他們，否則他們會迷失在世界的運作方式中。因為在城市裡的馬雅年輕人，已經不想再當馬雅人了。」

「你提到如果地球出事了，天人就會來接你們，可以再說得更詳細一點嗎？」

「天人會來接那些相信的人，」他說。「我知道天人在我們生命中扮演的角色，因此它們會來接我，帶我到遙遠的太空。它們也會告訴我一些事。」

「它們告訴你什麼樣的事？」我問道。

「它們跟我們說，要落實古老的知識，並傳遞給願意聆聽的人。它們還告訴我們很多地球即將發生的、令人悲傷的事，要我們準備好祈禱詞，天人會記得我們、來找我們。我們必須說出我們的祈禱詞，它們會聽見。」

「你能告訴我它們告訴你的任何一件事嗎？」我再問。

「它們說，有一天，馬雅人會被天人帶到天上。地球會被淨化。」

「你相信這些事真的會發生？」我問。

「很快就會發生。」

「你被帶到天上的星星，等地球被淨化完之後，你會再回來嗎？」我問。

「我們有些人會回來，但其他人會去另一個星球，開啟一個新世界。這是天人告訴我的。」他說。

「天人至今仍會造訪你的村子嗎？」我問道。

「從我小時候就沒再來過了。陌生人在我們土地上活動時，天人就不會來。」

「你是指遊客嗎？」我問。

「遊客改變了一切。看看孩子們就知道了，他們對白人非常好奇，很快他們就會想要白人的東西。例如我兒子，是載遊客到這裡來的其中一名司機，他穿的是白人的衣服、牛仔褲與昂貴的靴子，還戴跟白人一樣的黃金珠寶。我們從不穿靴子。穿涼鞋或赤腳，才是我們的方式。我們應該在天神們回來之前回到叢林生活才對。」

「但是，他的穿著並不代表就拋棄了古老的方式。」我說，試著安慰他。

「我也不是個好榜樣。我曾當過富有白人的薩滿。」他露出金牙微笑著，那是古今特權階級的象徵。「或許那是我的錯，我當初不應該去當有錢人的療癒師。」我看著我的司機，希望他能改變話題，用某種方式安慰他，但他卻一直低頭盯著雙手看。

「你在你的村子裡有沒有見過幽浮？」我問道，再次嘗試改變話題。

「見過很多次，但是它們不是天人。對它們要很小心，它們有些是好人、有些是壞人。那些壞人會把人帶走，有時就再也回不來了。我都告訴我的孩子與孫子們要避開它們，晚上一定要待在家裡，不過，待在家裡也不一定安全，那些壞人無論如何都能把人帶走。我們祈求天神的保護。已經很久沒有人被那些壞人帶走了，但我們永遠都要保持警戒。」他站起來，跟我握手。「博士，我得走了，要去跟一群請我進行一項儀式的人碰面。我得去準備了。」

我經常想起卡內克。他活在兩個世界，卻並不滿意那樣的角色。雖然深信天神來接馬雅人的那一天終將到來，他仍然擔心族人的未來。我懷疑他對未來的預測是否因為與外界的接觸而受到汙染，那也是他為孫子感到憂心的世界。然而，我從美國印第安長老與智者身上，也聽過類似的故事。就這一點來說，就為他預言般的陳述增添了可信度。

36 • 它們住在海底

偉大神祕的古馬雅帝國前哨基地圖倫（Tulum），就位在墨西哥猶加敦半島西岸。這個地方的馬雅正式名稱是「Zama」，意思是「黎明之城」。這座可眺望加勒比海的遺址，是馬雅人定居與建造的最後幾座城市之一。

對這個遺址的第一次詳細描述，出現在史蒂芬斯與卡瑟伍德於一八四三年出版的《中美洲、恰帕斯、猶加敦半島旅行事件》中。這座城市凸顯了崇拜「下凡之神」的重要性。

圖倫有目擊幽浮的歷史。當地人有關於一座地底幽浮基地的傳說，本章便與其中一個故事有關。

圖倫古城的外面存在著一股馬戲團似的氛圍。原住民舞者、小吃攤販與導遊，加上遊客，使圖倫成為排名第三的熱門馬雅遺址。

任何造訪這座古老城市的人，都有機會看到由來已久的「飛人舞」（Dance of the Voladores），那是一種古代中美洲的特技舞蹈。儀式中五名參與者會爬上一根三十公尺高的柱子，其中四個人身上綁著繩子，從柱子上朝地面下降，第五個人則留在柱子上方跳舞、吹笛與打鼓。

人們對這種舞蹈有各式各樣的解讀，包括相信旋轉的舞者代表了飛過天空的天神。一名長老告訴我，這支舞蹈代表來到地球的「下凡之神」。

進入遺址之後，我找到了一名能說英語的嚮導蓋拉多，他同意以三百披索的代價，陪我參觀並導覽遺址。我們朝遺址裡的馬雅金字塔、可望見加勒比海的方向走去時，他告訴我他家人的事。他家有七個兒子，而他是唯一有金錢收入的兒子。其他家人都在家裡的土地上耕作，那片土地從任何人有記憶起就一直屬於他們家。「那些日子已經岌岌可危了，」他說。「遊客來了，我們成了金錢的受害者。如今，金錢就是一切。人們想要電視、電腦、手機。我弟弟就想要一部電腦，而他只有七歲。人們的生活已經改變，不會再跟以前一樣了。」

我們接近可眺望藍色加勒比海的懸崖時，幾架噴射機列隊飛過，令原本就驚奇不已的遊客們更加驚喜。所有人都抬頭往上看著飛行員的特技。「附近有飛行秀嗎？」我問道。

「那些飛機是從墨西哥市來的。它們都在這裡進行演練。這組飛機是專門追幽浮的，所以必須又快又會表演體操技巧。」

「會表演體操技巧？」

「你們的說法是什麼？它們要能夠像幽浮那樣轉彎、落下與翻滾。」
「喔，我了解了。你曾見過它們追逐幽浮嗎？」
「見過很多次。」
「你看過多少幽浮？」
「很多很多。」
「你能告訴我最近一次見到幽浮的情景嗎？」
「可以。」他帶我走到一張可眺望加勒比海的雙人石椅，下方數以百計的人正在海裡嬉戲、做日光浴。「『天黑之前的黑暗』，英文是怎麼說的？」他問道。
「薄暮？」我也問道。
「對，英文就是這麼說的。那是薄暮時分，我跟一個擔任守衛的朋友走過遺址，他正在確認沒有遊客藏起來。遊客們喜歡躲在裡面，好在海灘上過夜，但那是不被允許的。」
「我聽過遊客試圖那麼做。可以理解他們的理由，那裡太美了。」
「大多是德國與瑞典的遊客，」他說。「美國人或英國人比較有禮貌。」
「很高興聽到你這麼說。」我說。「所以幽浮怎麼樣？」我再問，試著讓他專注在這個主題上。
「我朋友伊那希歐和我正朝出口走去，突然間，夜晚變成了白天。我們往上看，然後又望向海洋，試著找到光的來源。就在此時，我們看到一架巨大飛行器，在海面上閃著耀眼的橘色光芒。它將那奇怪的光投射到視線可及的最遠處。那架飛行器就座落在那裡。」

「你可以描述一下『座落』的意思嗎？」我問道。

「它就停留在一個點，沒有動。」

「你看它看了多久？」

「它停在那裡兩、三分鐘，然後就潛入海裡。我們後來就沒再見過它了。」

「你見過其他類似的幽浮嗎？」我問。

「我見過那些像火一樣的橘色光球幾次，每次看見它們，都會接著看見那些戰鬥噴射機，我們認為軍方不了解它們、或不知道它們是什麼。我跟伊那希歐說，我們應該去墨西哥市，告訴那些軍人我們知道的事，但他說他們不會聽的。」

「你要告訴他們什麼？」我問他。

「我要告訴他們，那些幽浮住在海底，我不知道它們從哪裡來，或許是從太空。說不定它們一直都住在那裡。但不論它們是誰，墨西哥軍方都在追蹤它們，對我來說，這一點就讓它們顯得很重要。」

「我蒐集關於幽浮的故事，」我說。「也有人告訴過我其他潛入水底的太空船的故事。」

「它們一定有個『站』──你們是怎麼說的？」

「基地？」我問。

「對，基地。那很合理，在海裡沒有人會去煩它們，太深了。說不定它們原本就住在水世界，也可能那裡是一個沒有水的世界，然後發現海洋是個有趣的居住地。」

我們離開遺址時，我邀請蓋拉多跟我一起吃午餐。他猶豫著，我便提議希望把他的故事收錄到我計畫撰寫的書中。他又面露遲疑，我才明白，他需要去工作賺錢來養家。於是我付給他六十美金作為鐘點費，他才露出笑容。「謝謝妳，女士。妳剛剛買下了我下午與晚上的時間，如果妳同意的話。」他說。我們走回入口搭乘大眾運輸工具，其實就是用牽引機拖行的砂石車車斗。我們就在熙來攘往的旅遊景點找了餐廳座位。點了飲料與炸玉米餅之後，蓋拉多開始跟我說起十一年前發生在他們村子裡的一起事件。

「我在附近的一座小村落長大，那裡因為在階級戰爭[5]時的反抗行動而知名。我非常以我的小村子為榮。戰爭結束前，它經歷了五十年墨西哥軍隊的侵襲，仍存活了下來。」

「我讀過馬雅人起義與階級戰爭的歷史。」

「我母親的祖父曾參與反抗行動。我的家人仍住在那個村子，他們可以證實我將要說的故事。」

他停下來喝完可樂，再點了一瓶。

5——發生於一八四七年至一九〇一年，猶加敦半島的馬雅原住民為抵抗掌控該地政治與經濟權的歐洲人後裔，而發起的反抗運動。

「事情發生在村子裡一個漆黑的夜晚。那時已下了好一陣子的雨，還有颶風警報，大家都很擔心。因為風勢很強，還下著傾盆大雨，我的家人正考慮往內陸撤離。那將會是段艱難的旅程，因為我們沒有車，只能靠雙腳步行。我母親正在準備打包的食物，此時一道明亮的光湧進我們的小屋子。我們都跑到窗戶旁尋找光的來源。我祖母對我們大喊，要我們躲到屋子角落以策安全，但我沒聽她的。我跑了出去，就在夜色中，我看見了它。在頭頂上方，樹頂那麼高的地方，有一艘幽浮。它是圓形的，照亮了整個村子。雨停了，風也停了，那幽浮就像一支雨傘，保護著我們。幽浮停在我們村子上方好幾個小時，等風雨緩和下來，它才移開。有人說它讓村子免於淹水，其他人則說有人被綁架。對我來說，我是看見了，但我無法解釋。我不知道那些故事哪些是真的。」

「你有看見任何生物嗎？」我問道。

「沒有。只看到發出明亮白光的飛行船在替村子擋雨。」

「你們村子裡的長老對那次事件如何解釋？」我再問。

「他們說是天神回來保護我們，說我們村子之所以能倖存，是因為它能提醒世人墨西哥政府對馬雅人的不公平。如果它毀了，就沒有能教人記得那段歷史的地方了。」

「你相信這是真的嗎？」我問。

「是的，女士。我看見了那艘幽浮，也相信它保護了我們。它們希望我們村子能成為那些不公義事件的一種提醒。」

「你曾見過外星人或星際旅行者嗎？」我問道。

「只見過一次，而且不太確定。」

「你能解釋一下嗎？」蓋拉多就著瓶口喝了一口可樂，吃完他的玉米餅。

「我是個單純的人，女士。我在叢林裡長大，不是容易害怕的人。我從小就被教導當個觀察者。我是個好獵人，但有一天下午，我跟表哥在打獵時，碰到了一個奇怪的生物。我一開始以為那是個男人，但隨即又無法確定。它像個男人一樣走著，但又會雙手雙腳著地、像貓一樣跑過森林。我發誓，當它站起來的時候，看起來就像個男人，但當它用手腳走路時，看起來就像動物。它還會變換顏色，像猴子一樣爬到樹上。我從未見過那樣的生物，太驚人了！」

「你跟蹤它多久？」我問。

「坦白說，我不知道。我太興奮了，或許也有一點害怕。我跟蹤了一段時間，然後它停住，站起來，變成人類的形態，觀望四周，似乎在檢查周遭環境。接著，它彎下腰，從林中的樹下抽出一部長形的機器。那機器大約有三公尺長、一．五公尺寬。我很驚訝那個生物竟能輕而易舉的移動它，幾乎是把它當成一個巨大的玩具。我想那一定是某種特殊材質做的，雖然看起來像是金屬，但不可能，否則一個人不可能如此輕易的操控它。」

「那個生物拿那部機器做什麼？」我問道。

「它爬進裡面去了。那部機器就是某種飛行器，但完全沒發出任何像飛機一樣的噪音。我盯著它看了幾秒鐘，然後，那機器忽然開始旋轉起來。」他停下來用手指做了繞圈圈的動作。「它動得越來越快，叢林地上的樹枝與樹葉跟著不斷旋轉。它慢慢往上移動，然後瞬間就不見了。」

「這一切發生時，你人在哪裡？」我問。

「我躲了起來，它不見了之後，我才出來。」

「你認為那部機器去哪裡了？」我再問。

「我確定是從太空來的。那部機器是它的太空船，但我不認為它能乘坐那部機器飛到另一個星球，它太小了。空中一定有其他外星人在那裡等著——一艘更大的船。」他停下來喝光可樂。「老人家們說，聖人能變身成動物。我原本以為它可能是我們的一位薩滿，但聖人沒有太空船，所以它不可能是聖人。」

「你跟長輩們說過那次的遭遇嗎？」我問道。

「在我見過那來自天空的人形生物之後不久，我就找到了這份工作。我認為我的好運是那位天人帶來的，它有魔法。妳知道，很多人都想要這份工作，但我得到了。我絕不告訴任何人那個生物的事，不然我的魔法就會消失。」

「可是你告訴我了。」我說。

「沒錯，但妳不是我村子裡的人。外人無法破解我的魔法。而現在妳也成了魔法的一部分，妳不明白嗎？」我搖搖頭，等待他解釋他的邏輯。「我今天遇見妳的機率有多少？」

「我真的不知道。」我說。

「那一定是千分之一的機率，說不定是萬分之一。」他說。「在所有今天來到圖倫的人當中，妳選擇了我當妳的嚮導。那就是魔法。然後妳又在調查幽浮事件，那又是魔法。最後，我還能對一位作家訴說一個從未說出的故事，這位作家還能把這個故事分享給世人。妳可以成為我的代言人，讓世人知道幽浮是真的，太空生物也是真的。我相信天人想讓我們知道它的存在。這就是魔法，妳還不了解嗎？」

你很難對蓋拉多的熱忱無動於衷。從我們第一次相遇之後，我只再見過他一次。在二〇一〇年的回程途中，我造訪圖倫遺址時，看見他站在門口附近。他快速朝我走來，我們一起像老友一樣在遺址裡走著。他仍會聊到天人的魔法。每當我聽到一匙愛樂團（The Lovin' Spoonful）的熱門歌曲〈你相信魔法嗎？〉，都會令我想起蓋拉多。只要聽到第一句歌詞，我的思緒就會飄回到那一天：一名與幽浮和天人有第一類接觸的年輕馬雅男子，說服我相信，我來到圖倫，是太空旅人所計畫的魔法的一部分。

37・聽說它們只帶走人類

史蒂芬斯在一八四二年就聽說科巴（Coba）有目擊外星人的傳聞，但那裡實在離任何已知的道路或村莊太遙遠，因此他判定前往科巴的困難度太驚人。我則成功抵達位在圖倫西北方約四十三公里的科巴，只花不到一小時的時間。考古研究證據顯示，科巴開始有人定居約是在西元前一百年，而在大約西元一千五百年時成了無人空城。

科巴遺址約有四十八平方公里大，四周都是叢林。有大約四十五條有系統的正式道路（馬雅語稱之為sacbe），從主神廟呈放射狀延伸出去。一般相信科巴曾一度有七萬五千名居民。雖然遺址的保存狀況很糟，但仍相當知名，因為裡面有猶加敦半島最高的金字塔「大金字塔」（Nohoch Mu）。

這座城市附近有四座天然湖泊。它的名稱「科巴」，從馬雅文翻譯過來的意思就是「被風攪動（或吹皺）的湖水」。有人聲稱，科巴是看見幽浮的熱門地點。

這一章便是敘述科巴附近村落的一名居民所目擊的一起事件。

我剛好在科巴遺址開放的時間抵達。除了想避開人潮之外，也希望能來得及看到一些野生動物。由於它就位在叢林中，各式各樣的野生動物，包括鳥類、吼猴與蝴蝶，都以科巴為家。我的司機在付入園費時，我在手臂與臉上塗滿了防蚊液，因為到處都是蚊子。我看到一群螢光藍閃蝶在花間飛舞，還有一隻母蜂鳥在我頭頂上方樹枝上的巢裡餵牠的雛鳥。樹上的花迎風搖曳，我的司機胡安．馬涅還曾在某處指出一種氣味特別辛辣的白花，馬雅人會用那種花來製作酒精飲料。

「女士，有個計程車司機有關於幽浮的奇特故事。」胡安說道。我是在圖倫的飯店老闆的推薦下，雇用他當那天的司機導遊。在途中，我告訴他我在蒐集幽浮的故事。「我上次去科巴時，聽過他遇見一艘幽浮的事。我跟他父親談過，他父親開的T恤小攤就在那裡。」他說，一邊指著一間臨時搭建的小屋，裡面陳列著數百件T恤。「他兒子在遺址園區裡開計程車，我們可以到計程車招呼站找他。我想妳可能會想聽他的故事。」我們走進遺址，朝交通運輸站走去。胡安表示他看到了我們剛剛談論的那位計程車司機。他朝那名年輕人走去時，我在原地等著。那名年輕人正坐在一部腳踏車上，車前方掛著一種類似黃包車的新奇裝置。這種計程車是用來載遊客去離這裡大約一點五公里的大金字塔。

那名年輕的計程車司機自稱卡寇奇，口操當地馬雅方言，伴隨零星的英語與西班牙語。我雇了第二輛計程車給胡安，好讓他跟我們一起前往，並擔任翻譯。胡安說他自己是猶加敦馬雅人，能說西班牙語、英語與當地馬雅方言。

「他想知道，妳蒐集了多少有關幽浮的故事？」我們駛離計程車招呼站時，胡安說道。
「跟他說，我已經蒐集了數百個，而且我只蒐集原住民的故事。」胡安幫我翻譯。
「我要告訴妳一個與眾不同的故事。如果妳想寫下來，可以儘管用。」卡寇奇說。
「我跟他解釋過妳是位作家，女士。他很高興妳對他的故事感興趣。」
「事情就發生在科巴遺址裡嗎？」
「那是發生在幾個月前的一個夜晚。天已近乎全黑，我正要回家過夜。正當我離開入口開始走路回家，我是走湖邊的路，就看見一艘幽浮從雲層裡出現。它停在湖的上方，就待在那裡。」他停下腳踏車，胡安進行翻譯。
「你能描述一下那艘幽浮嗎？」
「可以。它是圓的，頂端有一個接一個的隆起，下方亮著很多燈，沒有發出任何聲音。」從他的描述中，胡安認為那架飛行器的頂部有兩個圓頂，其中一個比另一個大。
「它有多大？」我問道。
「很大。我從沒見過那麼大的東西。」
「它在湖上盤旋了多久？」
「大概三、五分鐘吧。但是它在那裡的時候，有射出一道光芒。它在湖上方移動的時候，像是在搜尋什麼。我躲在河堤旁的蘆葦叢中，很害怕它們會看見我。忽然間，那道光落到一隻毫無防備的鱷魚身上，牠正棲息在河堤附近。那道光把鱷魚往上抬，然後把牠帶上了幽浮。」

「把牠帶上幽浮？」我問道。「我不太理解。」

「它們把那隻鱷魚往上抬到它們的太空船裡，牠有掙扎，但沒有用。它們把鱷魚帶走了。我聽說它們有時會帶走人類，但不知道它們會帶走鱷魚。」

「你是第一個告訴我幽浮帶走一隻鱷魚的人。」我說。

「但是故事還沒結束。兩天之後，我又要走路回家時，在同一個地方又發生了同樣的事。這一次我是跟我朋友歐藍多在一起，他也看見了。可是在它們帶走另一隻鱷魚之前，把一隻鱷魚的屍體砰的扔進了湖裡。」

「你說幽浮把一隻鱷魚的屍體扔進了湖裡？」

「它們扔了牠，然後又帶走另一隻。它們一定是殺了那隻鱷魚，它們不需要了。它們扔了一隻死的，再帶走一隻活的。妳聽過這樣的事嗎？」他問道。

「沒聽過鱷魚，但我聽過它們帶走其他動物。」我等胡安翻譯，看見卡寇奇點點頭。「那些動物被發現的時候，都已經死了，器官也都被摘除。有沒有任何證據顯示它們在鱷魚身上做實驗呢？」我問。

「我不知道它們是否有做實驗。」他說。「我知道那隻鱷魚已經沒有生命了。我沒有靠近去看，但牠確實死了，在水裡翻白肚。我可不想去碰牠。」他再次停下腳踏車。「如果它們帶走人類，也會殺了它們嗎？有時也會發生有人失蹤的事，妳認為那些幽浮也把他們帶走、殺了他們，然後把他們的屍體扔進湖裡嗎？」

「就算它們有那樣做，我也沒聽過那樣的故事。」我答道。

「我告訴我太太和小孩晚上要待在屋子裡，我不認為晚上那座湖很安全。」我等著他再度開口說話，但他只是坐在那裡看著大金字塔。我們已經抵達目的地了。

「你還有其他與幽浮相關的遭遇或經驗嗎？」我問道。

「我在很多個夜晚看見幽浮飛越科巴上空。它們似乎很喜歡那座湖。我朋友姆莞說它們有時候會進入湖裡，待在裡面。他認為它們住在湖裡。」他暫停一下，露出笑容。「那教人很難相信，可是話說回來，誰想得到它們會偷一隻鱷魚？」

雖然我沒再聽過其他殘殺鱷魚的故事，但肯定是事有蹊蹺。自從我開始向原住民蒐集目擊幽浮的故事，就曾聽過綁架狗，以及殘殺水牛、母牛與馬的故事。因此得知有個外星族群也對鱷魚感興趣，我並不驚訝。

38・它們為了某種目的而來

幾世紀以來，梅里達一直是馬雅土地上西班牙殖民主義的據點。因為城中的白色房屋與居民穿著的白色衣服，而被賦予「白色之城」稱號的梅里達，曾是馬雅城市「T'Ho」。征服者用西班牙城市梅里達的名稱將它改了名字，該城一向以其多重文化的人口組合為傲。

史蒂芬斯與卡瑟伍德在他們兩次的旅程中，都在梅里達停留了幾天。但兩位探險家休息幾天後，就繼續前往他處，因為這座城市離古老遺址太遠了。

在這一章，你將認識兩位來自梅里達的長老，回憶他們生命中幾次目擊幽浮的經驗。他們倆都相信外星訪客有其幕後的動機。

我跟我的導遊兼翻譯胡立歐以及司機安杜羅，一起坐在梅里達的蘇家諾廣場上。這個廣場是該城的歷史中心，充滿了販賣食物、珠寶、巴拿馬草帽與T恤的攤子，以及賣氣球的小販。我的同伴在跟兩名身穿白色長褲、襯衫、帽子與劍麻涼鞋的年長男子聊天。他們用機關槍般快速迸出的西班牙語和猶加敦馬雅語聊著女人，爭論哪一個村子的女人最美，但除此之外我就聽不懂了。我正用筆記錄著周遭的環境，那兩名老者問我的導遊我在寫什麼。他告訴他們，我正在寫一本跟他們有關的書。他們喧鬧的笑著。而當他告訴他們我寫的是跟幽浮有關的事，他們又大笑，接著是一連串無法被好好翻譯的西班牙語和馬雅語。

「胡立歐，請你問他們是否見過幽浮。」我等待他翻譯。

「妳知道畢斯迭（Piste）鎮嗎？」自稱叫阿爾多的那位老人問道。

「我知道那個小鎮。」

「妳聽過益吉天坑（Cenote Ik Kil）[6]嗎？」另一位老人法蘭西斯可也問道。

「聽過，那裡我很熟。」

「我們在畢斯迭長大，法蘭西斯可和我的生日只差兩天，我們一直跟親兄弟一樣。」阿爾多開口說。「回想我們小時候，奇琴伊察就是我們的遊樂場。早在遊客知道益吉天坑之前，我們就在那裡游泳了。」

「那時沒有遊客，只有偶爾來這裡的有錢人。」法蘭西斯可插嘴道。

「還有考古學者。」阿爾多說。

「那些日子你還可以開車到金字塔，停在金字塔前面，然後爬上去。我喜歡那些日子。」阿爾多停下來，望著法蘭西斯可。兩人似乎都陷入某種懷舊的情緒中。「那時那裡還是個好地方，遊客不多；今天到處都是遊客。他們說那是進步，會為人們帶來金錢。我猜想確實如此，但那也利用了我們的遺產與『真正的人』。」

「你所謂『真正的人』，指的是馬雅人嗎？」我問道。

「是的。」他們異口同聲的回答。「但只限於依照古人方式生活的馬雅人。」阿爾多澄清道。

「你們能告訴我幽浮的事嗎？」

「抱歉，我們有時會離題。」兩人都笑了出來，然後又交雜著西班牙語和猶加敦馬雅語快速的跟我的同伴說話。我聽不懂他們在說什麼。

「我認為它們是為了某個目的而來的。」阿爾多說。

「它們是為了水而來的。」法蘭西斯可說。「我們第一次看見它們就是在益吉天坑。我們看到了那艘巨大的飛行船，它幾乎遮住了整片天空。它就待在那裡，彷彿天空中有一根繩子把它吊著。我們那時只是小男孩，頂多八、九歲。我們快嚇死了。」

「真是不可思議。我們完全不知道那是什麼。」阿爾多說。

6——距離奇琴伊察約十分鐘車程，是一個由天然雨水侵蝕而成的天然井，亦有傳說是隕石衝擊地面形成的。洞寬六十公尺，洞口到水面約三十公尺，水深四十公尺，屬可溶性岩層。傳說遠古時期的國王喜歡和妃子們在此沐浴，因此也有「國王的浴室」之稱。

「總而言之，我們跑到天坑的邊邊躲起來，整個區域都跟大白天一樣亮，很難找到地方躲。那艘船的白色與紅色燈光太亮了，根本無法直視。」法蘭西斯可說。

「我們盯著大船看時，看見一艘較小的飛行船從它裡面出來，然後下降到天坑裡，我們可以看見它從天坑裡取水。」阿爾多插嘴道。

「飛行船的燈光照亮了天坑。那是很奇怪的景象。我們從未見過天坑在夜晚的樣子。」法蘭西斯可說道。

「蝙蝠都發狂了。」阿爾多補充道。「等它們都裝滿水之後，就回到大幽浮裡去了。」

「之後它們又來回了好幾次，」法蘭西斯可說。「我記得沒錯的話，它們跑了五趟來取水。」

「我認為它們除了水之外，還在找其他東西。」阿爾多說。「我不確定它們在尋找什麼，但對我來說，找水似乎不是它們唯一的任務。」

「為什麼你會這麼認為？」我問道。

「三年之後，我們看到另一起事件。這次的飛行船看起來跟上次一樣，一艘較小的進入天坑，但是這一次，有個看來像人類的外星人從飛行船出來，在天坑周遭撿拾東西，岩石與植物葉片之類的。我想它們是想試著判定它們能否住在這個星球上。它們可能是新的入侵者。」法蘭西斯可提出他的意見。

阿爾多和法蘭西斯可討論了一下他的理論。

「要相信它們是為了某種目的而來的，妳首先必須相信它們的存在，對吧？」法蘭西斯可問道。

「沒錯。」我回答。

「那就是看見這些外星人最令人困擾之處。」法蘭西斯可繼續說。「我們不會談論這樣的事，可是我相信它們在偵查我們的星球。我認為它們想要另一個家，而既然它們比我們更高等，就會認為它們可以接管我們的星球。那將會是征服者的重現。」

「你的意思是……？」

法蘭西斯可繼續說道：「它們會來，有些人會迎接它們，其他人則會反抗，但那是不可能成功的。它們會接管一切，而人類只會變成它們的奴隸。」

「為什麼你相信會這樣？」

「歷史上同樣的事情一直在發生啊，」阿爾多說。「侵略者找到弱者，然後就拿走任何他們想要的——土地、女人、黃金。一向都是如此。」

「不過有一點不同。或許外星人的行為不會跟人類一樣。」法蘭西斯可說。

「你可能是對的，法蘭西斯可。人類有致命性，但或許外星人沒有。它們從未做任何有侵略性或惡劣的事，可是我還是覺得它們來這裡一定還有其他原因。」阿爾多說。

「很奇怪，我們以前從未討論過幽浮，這是我們第一次跟人討論這些遭遇。」阿爾多站起來。

我知道這場對話結束了。我看他仔細看著坐在我們對面長凳上的單身女子們。跟法蘭西斯可點頭示意後，兩人就踱步朝那些女子走去。

我最後一次見到他們時，他們已經和蘇家諾廣場上的每個單身女子跳過舞，無論年紀、體重或條件。我認定他們是梅里達最了不起的兩位人才，也知道我不可能輕易忘記堅信外星人有幕後目的的這兩位男子。

39・失蹤的哥哥與幽浮

中美洲每年有紀錄在案的失蹤人口數字，是個被嚴守的祕密。從一九八〇年開始，全球每年至少有兩萬名孩童被通報失蹤，估計總失蹤人數有兩百萬。相對於其中一半被視為犯罪事件受害者，或逃家等刻意消失的失蹤者，另外一半（或說一百萬人）則令當局相當困惑，因為這些人失蹤的原因不明。被外星人綁架或許是這許多失蹤案的一種解釋，然而，世界各地政府都將人類被外星人綁架公認為無稽之談。同時，敘事證據卻持續增加，因為越來越多人站出來說出被綁架的故事。

在這一章，你將看見愛芙琳訴說那一晚，一艘幽浮造訪她家、並綁走她哥哥的故事。

在墨西哥旅行期間，我愛上了梅里達市。我跟房產經紀人見過好幾次面，想尋找心目中的完美房子。就是在找房子的旅程當中，有一次一位房產經紀人詢問了我的工作，跟我提到愛芙琳。一次短暫的電話交談之後，我安排跟她碰面，我們約在美國人與加拿大人常去的石屋餐廳。由於她是一名放棄美國國籍的人與梅斯蒂索人所生的女兒，我和她的對話就從她在墨西哥的生活開始。愛芙琳是個又高䠷又苗條、還有一身古銅色皮膚的金髮女子，頭髮披散在裸露的肩上，使她看來像個正在放春假的大學女生。她母親在她小時候就過世了，她和妹妹由父親撫養長大，父親始終沒有再婚。

「妳母親怎麼會跑來墨西哥住？」我問道。

「她在一九八〇年來墨西哥看遺址，然後就跟我父親墜入情網。她說他實在太英俊迷人，令她難以抗拒。那時，他還跟父母親住在離梅里達約三十公里的一個農場，他遇見我母親之後，就帶她回家去見父母，她從此就沒再離開過。他們幾星期後就結婚。不幸的是，我九歲的時候，她被診斷出罹患癌症。她去了邁阿密幾個月，接受手術與化療。醫生們告訴她病況減輕了。她回家之後，就沒再回去做檢查。我十四歲、我妹妹十二歲的時候，她就過世了。」

「我很遺憾。失去母親是件難熬的事。」

「確實是。我有個哥哥，叫亞當。」她說。「但是有天晚上他失蹤了。嘉布烈菈和我在他被帶走的那天晚上有看見他，之後他就沒再回來過。我真的很難接受。」

「妳說他被帶走，是什麼意思？」我問道。

「在聊我哥哥的事之前，我想先說別的。莎拉跟我說妳對幽浮感興趣，我不知道其他人是否跟妳說過，但幽浮在這一帶經常出現。」

「我從別人那邊聽過同樣的說法。」

「雖然在城市裡經常有看見幽浮的報導，但發生在城市之外地區的幽浮事件，卻很少被報導。不過當地人都知道。」

「那或許是件好事。」

「確實。我們這裡不需要幽浮獵人。」她笑道，「雖然他們可能會對經濟發展有好處。」她暫停了一下，因為服務生來到我們桌邊幫我們添加咖啡。「除了我父親之外，我還沒跟任何人說過這個故事，他要我絕不可再說。」

「請告訴我亞當的事。」

「它們帶走他的那晚，他正滿十六歲，幾乎是個男人了。」

「誰帶走了他？」

「我不確定。我半夜醒來，把嘉布烈菈叫醒，因為我看見後院有三顆光球。往屋外走去時，我們也叫醒了亞當，他便跟著我們走。我們就站在陽台上看了它們幾分鐘。」她停下來啜了一口咖啡，加點糖，並攪拌了一下。

「妳說妳看見光。」

「是的。那時它們已經變成一種高大的生物，不完全是人類，而是有人類的外形。亞當說要去碰它們，我叫住他，要他不要去，他不聽。突然間，我們看見一道巨大的閃光。那就是我們倆記得的最後一件事。我們在陽台上睡著了，直到早上父親把我們叫醒。」

「妳有告訴妳父親發生了什麼事嗎？」

「一開始沒有，我們先去找亞當，呼喊他，到他房間找他，可是他不在那裡。我們等了一整天，我父親也在找他，我們都在找。到了晚上，所有鄰居也去找他，但他一直沒回家。他始終沒被找到。」

「妳什麼時候告訴妳父親那些光的事？」我問道。

「嘉布烈菈和我那天晚上就告訴他。我們很怕他會生氣，但他反而對幽浮綁架亞當的想法嗤之以鼻。」

「他發生了什麼事？」

「我父親相信他是迷失在叢林裡。或許他是受傷了、失憶了，也或許是被綁架了，但沒有人要求贖金。如果他被綁架，可能早就死了。我寧願相信是外星人把他帶走了。我知道它們帶走他了。爸爸仍然相信他會回來。」

「妳認為他發生了什麼事？」

「我認為外星人把他帶走了。當時有一道藍色的光，照亮了整個院子。那是從樹上方照下來的，我看見樹上有一艘幽浮的輪廓。」

「妳有跟妳父親描述妳看見的景象嗎？」我問。

「我跟他說了，但他要我別再胡說八道。他說我是在做夢，但我不是。我知道那天夜裡發生了什麼事。那些光球就是外星人。它們把他誘騙到後院，然後把他帶走。事情發生的時候，我以為它們會讓他回來，可是已經九年了，他還是不見人影。我父親每天都在找他。」

「真的很令人遺憾。」

「一開始我很責怪自己，如果我讓他睡他的覺，那天夜裡他就不會在陽台上，可是我做了那樣的事，他就不見了。有時候我也會去找他，想著某天醒來時，一切都恢復正常了。但是並沒有。我父親自從那天之後就變了一個人。他很難接受我母親的死，但我們知道那終將到來，可是亞當的失蹤卻是意料之外的。」

「妳能描述一下那晚看見的幽浮輪廓嗎？」

「我看得出一個圓形的影子，它往地上射出一道藍色的光。有三顆光球從它裡面出來，它們呈現出類似人類的外形。我記得的就是這些。嘉布烈菈只記得藍光與光球。我知道我看見什麼。我哥哥被綁架了。」

「那天晚上之後，妳還有再見過幽浮嗎？」我問道。

「常常看到。它們會過來，在樹上遊戲似的迅速移動。自從那次之後，我倒是沒再見過那些光球，只看過太空船。有時我會猜想亞當是否在那裡跟它們一起，來探望爸爸和我。我告訴自己他是，只是他在另一個世界的工作太重要，所以沒時間停下來，告訴我們他很好。他如果能那樣做的話會對我們有幫助。我相信他有一天會回來。希望是如此，這樣爸爸就能找到平靜了。」

「或許有一天他會。」我回應道。
「或許吧。我會一直這麼期待的。」

我是在二〇〇四年遇見愛芙琳的。她那時就已結婚，並有個年紀很小的女兒。她和丈夫接手經營一座柑橘果園，與他身體不佳的父親住在農場裡。我們一直透過電子郵件保持聯絡，後來我也去看過她幾次。有一次，她和丈夫還來蒙大拿跟我住了一星期。她認為她哥哥會回來的信念始終沒有動搖。

40・阿魯許人是外星人

一八四三年，探險家史蒂芬斯完成《猶加敦半島旅行事件》（*Incidents of Travel in Yucatán*）一書，描寫他第二次行經馬雅世界的旅程。他敘述在他抵達烏斯馬爾時，遇見一名坐在巫師金字塔（The Pyramid of the Magician）底部入口下的馬雅男子，告訴他關於那座金字塔的傳說。他說一直以來都有預言顯示，當某種特定的鑼聲響起，一名「非女人所生」的男孩將承擔起烏斯馬爾的責任。有一天，一名由女巫從一顆蛋開始孵育長大的侏儒男孩，敲響了鑼，鑼聲令統治者感到恐懼，其反應就是下令要把男孩處決。處決當天，統治者承諾男孩，如果他能在一夜之間建好一座巨大的金字塔，就能免於一死。男孩達成了那項任務。最後，在完成了好幾項任務後，他成了烏斯馬爾的新任統治者。長老們說，他是受到了天人們的協助，用巨大的飛行器來移動石頭。

巫師金字塔是侏儒一夜建造計畫的成果，也是訪客進入烏斯馬爾儀式區域遇見的第一座建築。有些故事指出，成為國王的侏儒鼓勵阿魯許人（aluxes，或說小矮人）定居烏斯馬爾。英裔美籍攝影家與考古學家奧古斯塔斯・勒普朗（Augustus Le Plongeon）相信，有一極為袖珍的人種居住在烏斯馬爾。雖然他的理論從未被同一時代的學者們接受，他仍堅持他的信念，並指出金字塔裡數以百計的小房間，便足以證明他的理論。

在墨西哥與瓜地馬拉，馬雅人都會訴說一種名為阿魯許人的迷你人的故事。根據描述，它們很矮小，大約只到一般人的膝蓋高，長得很像縮小版穿著傳統服飾的馬雅人。在這一章，你將聽見一位曾目擊阿魯許人的馬雅女子的敘述，她認為那些矮人與她當晚稍早見過的幽浮有所關聯。

她的名字是瑪麗亞，自述是猶加敦馬雅人，年近四十，有一張圓臉，總是帶著大大的笑容，露出前排的金牙。她穿著傳統罩衫，那是猶加敦女子經常穿著的束腰式白色繡花連身裙。她跟我解釋，她連身裙上方與裙襬的繡花圖案代表的是宇宙、神，以及祂們的助手。而當一名馬雅女子穿上這種罩衫，她就成為這個以象徵手法呈現的宇宙中心。瑪麗亞十四歲就結婚，使她無法再接受正式教育，雖然她說自己閒暇時最喜歡做的事就是閱讀，以及上那些需要賺錢的旅人提供的英文課。身為六個女兒的母親，她夢想女兒們將來能成為學校老師，教導她們的學生馬雅人的傳統故事，好讓他們有足夠能力面對現代社會。

「我的女兒們知道那些傳統故事，她們最喜歡的就是關於阿魯許人，也就是那些矮人的故事。」她說。「不過，矮人有很多種。有祖先的阿魯許人，也有與馬雅人所知的矮人不同，而且很奇怪的阿魯許人。」

「妳可以解釋一下嗎？」

「馬雅人說的阿魯許人是很矮小的人，大概只到我的膝蓋；而這些新的阿魯許人比較高。」她把手舉到比腰部稍高一點的位置，我估計她看到的生物身高接近七十到九十公分。

「妳在哪裡看見它們的？」我問道。

「我那時正在找木材，現在很難找到木材了，我得走很遠才找得到。我是在一片樹叢裡看見它們的。」

「有幾個？」

「六個。它們圍著一顆圓形光球站著。」

「妳能描述那是什麼光嗎？」

「那是藍白色的光，非常明亮。它們手勾著手，直挺挺的站著，像一座座小雕像。」

「妳知道它們在做什麼嗎？」

「它們只是站在那裡，我注視了它們一會兒，隨即感到害怕。我擔心它們會發現我，於是我悄悄溜走。離開它們的視線範圍後，我跑向主要幹道。剛好有個鄰居開卡車經過，我請他載我一程。」

「為什麼妳後來開始害怕？」

「那晚稍早的時候，我看見天空中有一個金屬物體，它飛得非常快，一下就不見了。我告訴自己那只是一架飛機，便不去理會。當我站在那裡，看著那並非阿魯許人的六個矮人，我想或許它們就是從那個物體下來的，然後，我就害怕起來了。」

「妳有再見過那艘幽浮嗎？」

「正如我剛剛說的，我回到路上，遇見我鄰居，他停下車，我爬上他卡車後方的貨斗。我全身發抖，覺得很冷，但外面其實很溫暖，即使是在夜晚時分。」

「那幽浮呢？」

「我們沿著路行駛，就在那時，我又看見它了。它從我剛剛站立的樹林裡出現，來到卡車上方，盤旋不去。我真的快嚇死了。」

「司機有看見它嗎？」

「有。他把車停到路邊，我對他尖叫，要他趕快開回家，但他不理我。他爬到貨車的後方，向那艘太空船揮手。我很確定它們就要對我們做什麼不利的事了。」

「但是它們沒有。」我說。

「沒有，它們往上飛，然後就不見了。」

「那次之後，妳有再見過它們嗎？」

「沒有，但我知道它們不是馬雅的阿魯許人。真正的阿魯許人比較矮小，穿著就像古馬雅人。

這些矮人穿得不像馬雅人，它們穿著發光的制服，站在閃亮光的四周。我有一度認為它們是在祈禱。我可以告訴妳，它們的頭相較於身體來說太大了，我覺得那很奇怪。」

「妳能描述一下那艘太空船嗎？」

「我只知道它是圓的，很大，金屬製的。我有聞到一股奇怪的味道，而且它們飛在我們上方時，我感覺到一股霧氣。隔天我就生病了，只能臥床休息。我虛弱了好久一段時間，現在身體比較強壯了。我得為了我丈夫與女兒強壯起來，我必須工作。」

「妳有出疹子嗎？」

「我只覺得呼吸困難、骨頭沒力。我想這些阿魯許人就是外星人。我不知道它們為什麼在這裡，或它們在做什麼，但我都告訴女兒要避開黑暗的區域。我們今日居住的世界很危險。」

第一次碰面之後，我又見過瑪麗亞幾次。她在我最喜歡的其中一家猶加敦飯店裡當服務生，一看到我走進飯店餐廳，就立刻走到我桌旁，好跟我聊聊。雖然她沒再見過更多小外星人，她仍相信自己在森林裡看到的矮人並非阿魯許人。

41・巨大的謎團

一八四一年，史蒂芬斯與卡瑟伍德第二次前往猶加敦半島考察時，他們探索了烏斯馬爾附近的區域，並發現了其他幾處古城的遺址，包括卡巴（Kabah）、塞伊爾（Sayil）與拉伯納（Labna）。他們在一八四三年的《猶加敦半島旅行事件》一書中，發表了一張塞伊爾的手繪圖。他們稱那座遺址叫塞伊（Zayi）。

我第一次造訪那些遺址時，是住在馬雅蘭烏斯馬爾度假旅館，並以此作為我在猶加敦四處旅行的基地。塞伊爾位於烏斯馬爾的南方。一天下午，我造訪那座古老遺址，遇見了一位住在塞伊爾附近的藝術家。我們談論著他的藝術作品，以及我購買的仿帕卡爾石棺精巧木雕時，聊到了幽浮。他跟我說了一樁他孩提時期發生的事件。

這一章中，你將讀到侯黑的故事。

「那時候，我們的生活過得很好。我們有一些土地、雞、豬，我父親還養了蜜蜂。我們種植玉米和辣椒，後院還有果樹。我們沒有電力、手機、汽車或自來水，可是我們很快樂。我們不知道什麼是收音機、電視機、飛機，也不知道幽浮，不知道飛過天空的是什麼東西。」侯黑停下來點根菸，慢條斯理的把煙吐到悶熱的空氣中，再繼續抽菸。他身穿牛仔褲與T恤，頭戴一頂使他免於烈日曝曬的寬邊草帽，腳穿著能保護雙腳的劍麻涼鞋。他是個體格短小、肌肉發達的男子，有著肉桂色的皮膚，手臂很健壯，顯然是雕刻硬木訓練出來的。他請他的妻子來接手顧店，他則帶我走到後面露天棚架下的遮蔭處。

「你第一次遇見幽浮是在幾歲的時候？」我們在一張靠棚架後方的長凳上坐下之後，我問他。

「大概是八歲吧。」

「你能告訴我那次的遭遇嗎？」

「那是個美麗的夜晚，我記得是滿月。我們決定走路去拜訪我們的表親，他們就住在半公里遠的地方。有月光為我們照路。拜訪完之後，我們就動身回家。那時天色很暗，雲層已遮住了月光。」

「誰跟你在一起？」我問道。

「我哥哥，他比我大十歲。我們看到屋子時互相比賽跑向後院，我們得拴上雞舍的柵門，並確定豬隻都安然無恙，因為我們的母豬生了七隻小豬，我們必須確認牠們晚上都安全的被關在豬圈裡。」

「那時你哥哥就在你身邊嗎？」

「是的，他正在幫我。正當我們在拴上雞舍柵門的時候，一道非常明亮的光照亮整個後院，我立刻跳進雞舍柵門後，我哥哥也是。我們都嚇到了，就這麼看著那道亮光從極亮的白色變成橘色，然後再變成藍色。」

「所以說，那道刺眼的光會變色，你的意思是這樣嗎？」

「是的。那真是美麗的光，有一種溫暖的感覺。」

「那道光有照到你嗎？」

「我不記得了，只記得那道光緩緩移動到樹上，然後就消失了。它沒有發出聲音，只有那種溫暖的感覺。」

「那道光消失後，你做了什麼？」

「我們跑進屋子裡，躺到床上，因為害怕它會回來、看見我們。我們等了可能有一小時，然後太陽竟然開始出現。我們困惑極了，不過幾分鐘前我們還在表親家，怎麼可能現在就天亮了？我們很困惑。」

「你們有任何被帶上幽浮的記憶嗎？」

「沒有。我哥哥說，有兩個奇怪的外星人出現在我們雞舍附近，但我並未看見它們。我哥哥說它們就像機器一樣。」

「你哥哥說它們像機器一樣，是什麼意思？」

「我記得我哥哥說它們走路的樣子很奇怪，像我們的鐵皮發條玩具。」

「它們在你們的雞舍旁做什麼？」

「我不知道。」

「它們有偷你們的雞嗎？」

「那就是最大的謎團了。我們有一隻雞不見了，而且被換成一隻奇怪的雞。那隻雞是全黑的，我們沒有黑色的雞。我母親很生氣，她認為那是隻魔鬼雞，於是把牠殺了，我們也吃了牠。吃起來跟一般雞肉沒兩樣。媽媽說，如果你把魔鬼殺了吃掉，它就無法傷害你。」

「你能再多告訴我一些那兩個外星人的事嗎？」

「我沒看見它們。就算有看見，我也忘了。我嚇到都慌了，好幾天沒辦法說話，就是有那麼害怕。我手臂上有大片的紅色腫塊，我的胃也很痛，還發高燒。我母親很擔心，但隨著日子過去，她認為我是受到魔鬼詛咒。我父親和他朋友還舉行了宗教儀式。最後，我才得以離開吊床起身走動，不久，我就恢復原來的樣子了。」

「你有告訴母親發生在你身上的事嗎？」

「沒有。我們有告訴我們的表親，他們嘲笑我們，說那是我們在夜裡想像出來的。他們笑得太誇張了，以致我們從未再告訴任何人。只有我們自己知道。」
「自從那次之後，你有再見過其他幽浮嗎？」
「有再見過兩次。一次大約是在我十四歲的時候，我正跟哥哥在收割玉米，那是個炎熱的大晴天，那東西來的時候，天空萬里無雲。那是個圓形的銀色物體，不是太大，但也大到足以遮住太陽。它降落在我們附近的田裡，我們躲在一塊岩石後面，讓它們看不到我們。」
「它們有發現你們嗎？」
「它們降落之後的事我都不記得了。我哥哥說他又看見兩個外星人。」
「他有告訴你它們有多高嗎？」
「大概一公尺高，也是長得很滑稽。皮膚與膚色都跟藍色南瓜一模一樣，藍色的皮膚上沒有像新生兒那樣的皺紋。妳見過藍色南瓜嗎？」
「見過。」
「妳記得那種南瓜的顏色嗎？」
「記得。」
「根據我哥哥的說法，它們的皮膚就是那種顏色。他說它們不是這附近的人，我們這邊沒有人長那個樣子。」
「你哥哥住在哪裡？」

「他兩年前過世了。我認為哥哥的死是幽浮和那些奇怪的外星人害的。他一直相信它們有帶走他，而且對他做了很可怕的事。第一次看到幽浮的那晚之後，他的身體就不曾強壯起來過，總是在生病。我母親一直守護著他，不讓他受到我父親的影響。他後來也成為一位藝術家，比我還優秀。我曾經銷售他的作品，在他去世之前，我們一直都是夥伴。」

「那些人對你哥哥做了什麼樣的事呢？」

「它們像醫生那樣把針刺進他的頭和肚子裡，可是他說它們不是醫生，只是行為像醫生。」

「為什麼他認為它們不是醫生？」

「因為他不在醫院裡，而是在某個味道很不舒服的奇怪地方。那裡讓他覺得噁心、而非感覺舒服。那不是醫生的診間，醫生應該會讓你覺得比較舒服，這些外星人卻令他覺得很糟。」

「還有其他事可以告訴我嗎？」

「我大約三十五歲的時候看見另一艘幽浮，那時，我對它們的認識已經多一些了。我兒子在學校裡學過幽浮的事，他告訴我這些機器是來自天空。對那種說法我不是很確定。如果它們有那麼聰明，為什麼它們會偷走一隻雞，然後換來一隻不屬於我們的雞呢？做出這樣的事代表它們很愚蠢。那是我這輩子最無法理解的謎。」

每當晚上，我去確認我養的雞都安穩的待在籠子裡，不會受到浣熊、野狼、臭鼬與任何其他越過我家後院的夜行性掠食動物侵擾，我都會憶起侯黑。我總會望著夜空，但是目前為止，都沒有人試圖把我的雞換成一隻外星雞，雖然我的雞群裡確實有兩隻純黑色的母雞。農場合作商的銷售人員說，牠們是源自澳洲，而非太空。

42 • 療癒者

有多少人曾體驗過幽浮的療癒仍屬未知。美國知名民俗學研究者湯馬斯．波拉德（Thomas E. Bullard）曾以民俗學的角度檢視幽浮經歷，他進行了一項針對兩百七十件綁架事件報導的研究，結論是，其中有四％的人（十三件案例）體驗過幽浮的療癒。他在《幽浮傳說與祕密》（*The Myth and Mystery of UFOs*）一書中記述，許多治癒案例似乎是一種「刻意介入」的結果，而且需要先進的醫療專業技術。換句話說，人類醫學束手無策的疾病，似乎很容易就能被外星生物治癒。

在這一章，你將認識薩爾瓦多，他曾被診斷出罹患肺癌末期，卻被一位「星星來的天使」治癒了。

我是透過薩爾瓦多的太太卡拉認識他的。卡拉是我在烏斯馬爾附近一個小村莊認識的馬雅女子，她父親是我的司機奧圖洛很親近的朋友。奧圖洛到我在梅里達住的飯店來接我，飯店櫃檯職員一直跟我推薦他。我一坐進他的廂型車，他就問我是否介意去他表親家一下，讓他幫他太太送些玉米麵包過去。我們抵達卡拉的家時，幾個孩子出來迎接我們，他們衝向奧圖洛，抱住他。他則從口袋裡掏出糖果與銅板分給每一個小孩。

「他們是我侄子與侄女，奧圖洛叔叔總是會幫他們帶來一些小小享受。」他指的就是自己。卡拉出現在門口，歡迎我們到她家。她把我介紹給她的兩個姐妹。因為穿著一模一樣的白色繡花罩衫，她們簡直就像三胞胎。我們被帶到後院，那裡放了一張擺了飲料點心的小桌子。我們坐在有遮蔭的後院，喝著新鮮現榨的柳橙汁時，奧圖洛跟女人們用當地馬雅方言聊天。當他解釋我正在追尋史蒂芬斯與卡瑟伍德的足跡，女人們一致點頭、會意的微笑。而當他再解釋我也在蒐集遭遇幽浮與星人的故事，三人則短暫沉默了一下，隨後開始討論在這地區經常出現的、各式各樣無法解釋的目擊幽浮事件。由於她們同時用馬雅語和西班牙語說話，我只能理解她們談話的部分內容。

「卡拉說她見過幽浮很多次。」奧圖洛說。她繼續說話時，奧圖洛暫停，之後才翻譯：「有一次她見到一艘V字型、發出紅光的飛行船。」她在桌上畫出形狀。「她說那艘飛行船在村子上方盤旋。」

「可以請她描述一下發生的事嗎？」

「那艘飛行船從西方飛來，在村子上方盤旋，把光照向下方的村子。」

「我們很害怕，以為它要傷害我們。」她停下來看看其他女子，她們同意的點頭，她繼續說道。「然後，它轉了個彎，就在我們眼前消失。那晚稍後，就有四道光出現在我們家。我丈夫病了，醫生說他因為長年抽菸而得了肺癌，讓他回家等死。他呼吸很困難，已無法走路或自己進食，光呼吸就得費盡全身力氣。我和姐妹們在照顧他，我們隨時都有一個人在他身邊。」她暫停，讓奧圖洛可以翻譯。

「她丈夫還活著嗎？」我問奧圖洛。

「是的，他還很健康。」

「事情是怎麼發生的？」

「她說，那些幽浮帶來了療癒他的天使。」

「她有看見那些天使嗎？」

「我想沒有，」奧圖洛答道。我等著他們用馬雅語交談，另兩位女子也加入談話。「她說星人治癒了她丈夫，如果妳想見她丈夫，他一小時後就會回來。他現在在果園裡工作，會回來吃午飯。」卡拉告退去準備午餐，她的姐妹也跟她一起離開。

「奧圖洛，你知道那次的幽浮事件嗎？」

「知道。我原本不確定她願不願意說她的故事，她對於跟陌生人說話很遲疑。但我告訴她妳是原住民，她從沒遇見過從美國來的原住民女子，因此也想分享她丈夫的故事。」

「我感到很榮幸。」

「薩爾瓦多來的時候，請給我時間跟他談談，我猜他會同意說他的故事，但我想先由我跟他提。他是個孤僻的人，他的故事又很驚人。我應該可以說服他開口。」

「我會依照你的建議去做。」

不到二十分鐘，薩爾瓦多就走進後院。奧圖洛和薩爾瓦多彼此打招呼並聊了一下，接著奧圖洛轉向我，介紹我們認識。「薩爾瓦多能說一些英語和西班牙語，年輕的時候曾在烏斯馬爾當導遊。他父親過世後，他才接管果園，並照顧他母親，直到她過世。」

「很高興認識妳，女士。」薩爾瓦多說道。我看著這名男子，由於長年在田裡辛苦工作，他的腰有點彎。他年紀很大了，但閃閃發光的眼睛證明他充滿生命力。他光著腳站在我面前，田裡的泥土在他腳上結成塊，然而他的舉止間卻散發一股幾近尊貴的風度。根據他太太的說法，他是個重生的男人，他也展現出一種預期自己能活很久的自信。

「我告訴薩爾瓦多，妳正在追尋史蒂芬斯與卡瑟伍德的路程。他很感動。」

「我『前三個祖父』曾擔任史蒂芬斯與卡瑟伍德的嚮導，他那時在大牧場裡工作，主人允許他跟那兩人去烏斯馬爾。他們回紐約之前，他還幫忙照顧罹患瘧疾、病得很重的卡瑟伍德。他們一年之後回到烏斯馬爾時，史蒂芬斯與卡瑟伍德還要求他陪他們返回遺址。」

「『前三個祖父』是什麼意思？」我問道。

「就是曾曾曾祖父，我想是他祖父之前的三個祖父。」

「跟他說我也很感動，我覺得好像正碰觸到歷史。」奧圖洛向薩爾瓦多解釋我的看法，他笑著點點頭。

「這位女士也在蒐集幽浮故事。」奧圖洛說。「卡拉告訴她你被治癒的事，你願意跟她分享你的故事嗎？」薩爾瓦多點點頭，摘下他的草帽，從褲子後口袋掏出一條布擦拭額頭。

「我差點就死了。」他說，彷彿在回憶他的病似的停了一下。「神父都被叫來我床邊兩次了，但我仍堅持著，等待著來自耶穌的奇蹟。醫生都已經放棄我了。」他妻子走到他身邊，幫他端來一杯剛榨好的柳橙汁。他看看她，點點頭，才又繼續說。「那些幽浮來的那晚，從我的吊床上就能看見光，外面都是紅色的，我不知道發生了什麼事。卡拉進來告訴我她看見的景象，我跟上帝祈求那就是我需要的奇蹟，但我的呼吸還是一樣困難。」他又停下來，卡拉正端了一盤玉米餅與豆子過來。薩爾瓦多包了一塊玉米餅，然後把盤子遞給我，我再把盤子遞給奧圖洛。我們安靜的吃著玉米餅、喝著柳橙汁。薩爾瓦多又吃了一整盤的玉米餅後，才開始說話。「那天深夜，我睡得正熟，一道很明亮的光把我驚醒。房間就像太陽剛升起時那麼亮，但那當然不是真的太陽。有五顆光球在我的吊床旁繞著圈。它們慢慢的在我身體上下移動，其中一顆專注在我頭上，一直停在這裡。」他指指額頭。「感覺很溫暖舒服。別的光球則專注在我的胸部，那裡也變得很溫暖。突然間，我就可以呼吸了。我坐起來，那些光球從門口出去，我也跟著它們走。而就在它們到達後院時，我看見了五個男性從那些光球裡走出來，它們停下來看著我。這時我看見一道光從樹的上方射下來，然後它們就往上消失在那道光中。我注視著那部V字型的機器往上移動，紅色的燈光畫出它的輪廓。它爬升到空中之後，就不見了。」

「這時候卡拉在哪裡？」

「她在睡覺，她沒聽見也沒看見。」

「你什麼時候才告訴她發生在你身上的事？」

「我馬上就把她叫醒了。我知道我被治癒了。她很震驚，也很擔心，要我坐下來，可是我太興奮了。這麼多年來，我第一次可以輕鬆的呼吸。」

「這是發生在何時？」我問道。

「四年前。醫生們說我身上完全沒有癌症的跡象，他們無法理解，說這是奇蹟，可是我知道是耶穌把天使派來照顧我，不然我早就死了。菲利培神父說這是奇蹟。」他指的是當地的天主教神父。

「你認為那些星人是從哪裡來的？」

「我認為它們跟耶穌一起住在天堂。如果妳相信耶穌且保持信心，祂就會回應妳的祈求。」

我經常想到薩爾瓦多，以及祈禱的力量。他每天虔誠的祈禱，相信耶穌會治癒他，最後靠著「星星來的天使」的介入而實現了。我仍未忘記他說的最後一句話：「我每天都會祈禱，祈禱就是力量。」

43・它們會避開遊客

五十年前，還沒有人知道坎昆這個地方。一九六九年，一項大型建築計畫動工。到一九七四年，坎昆已建造了一座國際機場與三家高級飯店來吸引遊客。時至今日，坎昆則成為南美洲最主要的度假勝地之一。

在這一章，你將聽到一位長老訴說，隨著旅遊產業的出現，那些「真正的」天人就不再來到猶加敦半島了。

我正站在烏斯馬爾度假旅館旁，街道對面就是烏斯馬爾古城。我的司機奧圖洛告訴我，附近村落有一位老人曾遇見過幽浮，如果我有興趣，他可以帶我去找他。奧圖洛就出生在那個村落，認識那位老人一輩子了，可以保證他的誠實與誠心。我們抵達那名男子的家時，他的妻子、孩子與孫子出來迎接我。我分送給孩子們著色本、蠟筆與越橘吉利貝軟糖之後，他們就消失到其中一間小屋去了。

同意與我談話的老人裘克從屋子後面出來歡迎我們，我立刻被他的笑容所擄獲。他跟我握手，那輕柔溫暖的撫觸令我放鬆下來。他請我們喝從他的果園裡摘下來的柳橙現榨的果汁，同時搬來一些木板凳給我們坐。「我小時候它們都會來，到七〇年代中期就不再來了。」

「你知道它們為什麼停止造訪這個地區嗎？」

「長老們說，它們不贊成遊客來到這個地區。猶加敦半島在六〇年代之前，都是馬雅人的家鄉。墨西哥人不干涉我們，政府也不干涉我們。從星星來的人認為猶加敦半島是它們第二個家，但是遊客來了之後，猶加敦的純淨度就消失了。天人們不喜歡遊客。」我了解他說的改變。坎昆的發展導致了整個猶加敦半島的劇烈變化。

「你還記得那些天人來訪的日子嗎？」我問道。

「記得。」

「你能告訴我那些日子的事嗎？」

「我記得那一次，是在一個慶典上，所有村子裡和附近村子裡的長老都前來參加。我們盡情享用了火雞、辣椒、豆子與玉米餅大餐，食物多得不得了。這時，村子上方忽然間出現了一架飛行器。」

「你可以描述一下那架飛行器嗎？」我問。

「它是圓形的，很大，涵蓋住整個村子。它遮住了太陽，把大晴天變成了陰天。它的下方發出藍色的閃光，對像我這樣的小男孩來說，那可真是個有趣的景象，因為我之前從未見過燈光。它就那樣待在那裡不知有多久，每個人都只是坐在那裡，往上盯著這個從天空來的物體看。」

「有任何人感到恐懼嗎？」

「沒有。我們都知道天人，並不會怕它們。那架飛行器掛在上面好像很久，但事實上可能只有幾分鐘。然後，三個天人出現。它們直接走向那些長老，護送他們登上那架飛行器。大約一小時後，長老們才從飛行器裡出來。」

「你能描述一下那些天人嗎？」

「它們看來就跟我們一樣，只是比較高。我們是比較矮小版的它們。」

「長老們有告訴你任何關於他們與天人會面的事嗎？」

「他們只說與天人談論了地球的未來，以及人口的成長與人類的貪婪，將如何引起地球的毀滅。」

「他們有跟你解釋毀滅可能會如何發生嗎？」

「他們說，疾病、糧食短缺與戰爭會摧毀地球，就是這樣。」他站起來，示意我跟他走。我們一起走到靠近他土地後方的一道水泥圍牆。有三隻豬在一處圍起來的豬圈裡睡覺。裘克一接近，牠們就踮著後腳站起來，彷彿在尋求關愛。他搔搔每一隻豬的頭，牠們則輕輕的發出表達認同的尖細叫聲。「這些是我的女孩兒，」他說。「牠們會生小豬，我把牠們的小孩賣掉，就有錢養活自己，這樣我賺的錢就可以用在其他地方，所以牠們是我獨立自主的本錢。」他停下來，把一袋玉米穗丟到豬圈裡。

「幾年前來了一艘太空船，它就在我家上方盤旋。一個奇怪的太空男子出現在我的院子裡，並試圖偷走其中一隻豬，它長得跟很久以前的那些天人不一樣。那隻是我最有價值的母豬，因此我上前跟它打鬥，想搶回母豬。它放開豬之後，便跑到那艘船底下，然後就被船吸上去。那艘船隨即加速飛離，我之後就再也沒見過它了。」

「你提到一名奇怪的太空男子，它跟你們長老所說的天人不一樣嗎？」

「是的。這些太空男子不一樣，它們是有敵意的，長得很矮，身穿奇怪的服裝，很合身，又亮又光滑。我很納悶它們怎麼有辦法在這麼熱的天、穿那樣的服裝過活，我知道我一定沒辦法。」

「你說它們，所以不只一個外星人？」

「是的。有一個試圖偷我的豬，還有另一個站在一邊看。我上前打鬥時，另一個也跑上前，用手勢示意那個小偷應該放棄，別再管我的豬了。它們看起來就像雙胞胎，身高、體重或外表都一模一樣。」

「那你可以說說它們的臉是什麼樣子嗎？」

「它們毫無表情。我沒看到嘴巴或耳朵，它們的頭是被遮住的。一種奇怪的黑色圓形護目鏡蓋住它們的眼睛，我兒子說那或許是能幫助它們看見東西的眼鏡。」

「有其他家人也目擊那次試圖偷豬的事件嗎？」我問道。

「還有我太太，她很怕我會被殺死，我還記得她在我奮力保住我的豬時，一直大喊著我的名字。它們離開之後，我們都無法睡覺。隔天早上，我雙手與右半邊的臉都出現紅色斑點與水泡。」

「你有去看醫生嗎？」

「沒有，我們擦了我太太做的藥膏，一個星期就好了。那個外星人害我生病，它不是來自我祖父那個年代的天人，我祖父說天人看起來就跟我們一樣。」

「你說到一架從天空來的飛行器，還有長老們進去那架飛行器裡跟天人們談話。我聽說過長老能在太空旅行，關於這一點，你可以告訴我什麼？」我問。

「每一座金字塔都有一個地方是通往星際的入口，長老們會進去那個入口，到太空旅行。長老們是去跟天人們見面的，所以他們才會知道那麼多關於宇宙的事。」

「現在天人還會繼續那麼做嗎？」我再問道。

裘克停下來喝完他那杯柳橙汁。「遊客來了之後，天人就選擇離開，入口也關閉了。我們相信有一天入口會再打開，但除非遊客離開。」

「你相信終有一天這裡會沒有遊客嗎？」

「喔，是的，那一天就要來臨了。等這個世界變得太危險、不適合旅行的時候，那一天就會到來，人們會待在家裡，坎昆就會再度恢復為叢林。」

「為什麼世界會變得太危險、不適合旅行？」

「首先會有疾病，人們會害怕離開家。食物會變得不足，因為將沒有人生產食物。接著就會有戰爭。」

「這些事件發生時，你認為馬雅人會怎樣？」

「我們會存活下來。我們總是如此。我們只會消失在叢林裡，然後等待地球重生，第五個世界開始。智者們已經預見這樣的事了，它一定會發生。妳應該要當心。」

我經常想到裘克，以及他對於星際訪客很少再來到猶加敦半島的解釋。或許他是對的。現在這裡到處都是遊客，在有些特定的日子，幾乎不可能好好欣賞遺址。雖然這對經濟發展有好處，也幫助了很多當地人脫離貧窮，但造訪猶加敦的人，不可能看不出這樣的發展所付出的代價。天人遺棄猶加敦半島的原因，並不難理解。

44・墨西哥萬歲！

至少從一八四一年，史蒂芬斯與卡瑟伍德在《猶加敦半島旅行事件》中記錄了基維克（Kiuic）遺址起，考古學家就開始造訪該地。我在二〇〇九年來到那裡時，史蒂芬斯在書中記錄的一些遺址仍屹立著，儘管事實上無人進行過什麼修復措施。基維克並非最容易找到的遺址，它位於猶加敦半島布克（Puuc）區的博隆琴（Bolonchen）地區。海倫・莫伊爾生物文化保留區（Helen Moyers Biocultural Reserve）是由墨西哥非營利組織凱克希基維克（Kaxil Kiuic, A.C.）所管理的一處私人單位，保留區由四千公畝的熱帶乾旱林組成，包括基維克的古馬雅文化中心，以及歷史悠久的聖塞巴斯提安（San Sebastian）馬雅社區遺址。

我們造訪的時候，我的同伴們與我都不知道基維克是私人擁有的保留區的一部分，找到遺址入口時，我們發現一道沒有上鎖的柵門，就直接開車進入。我們在遺址裡待了大約兩小時，都沒看到任何工作人員或其他遊客。等我們偶然看見一個「禁止進入」的牌子，我的司機堅信如果我們被發現，一定會被關進墨西哥監牢，因此立刻帶我離開遺址。正當我們駛離柵門時，遇見了一群騎單車的年輕人。我們停下來跟他們聊天，這場對話便是這一章故事的靈感來源。

「我們正在進行一場越野賽的練習。」帶頭的單車騎士告訴我們。我們從基維克遺址出來時，他和其他四名單車騎士正在柵門外休息。

「這地方有開放嗎？」其中一名騎士問道。

「柵門沒上鎖，我們才開進去。」我的司機解釋道。

「考古學者們可能在梅里達。」另一名騎士說。「他們週末都會去那裡。」

「你們是隸屬於某個單車旅行團體嗎？」我問道。

「我們是一個團隊，希望有一天能代表墨西哥參加國際比賽。」羅德立戈說，然後指著他的朋友們。「這是巴布羅，他是團隊裡最矮的；大衛是最高的；優拿丹是女孩殺手；艾米利安諾是最年輕的；還有我，羅德立戈，是團隊裡最厲害的。」他微笑著說，其他人則哈哈大笑。

「你們訓練多久了？」

「六個月了。我們晚上、週末、下班與放學後都練習，我們想成為最好的。」羅德立戈說道。

「我們想代表墨西哥出賽。」

「墨西哥萬歲！」他們異口同聲的大喊。

「我們經歷過暴風雨、強風、豪雨、減速丘、高速行駛的汽車、毒品、走私、軍事檢查哨、槍戰、遊行、抗議示威活動，還有幽浮的考驗。」羅德立戈補充說道。

「我對幽浮故事有興趣，你有故事可說嗎？」我問道。司機嚮導解釋了我的任務之後，顯然是團隊領導者的羅德立戈看看他的四名同伴，然後指指一棵大樹的樹蔭處，我們八個人（即五名單車騎士、我的司機、嚮導和我）便坐到樹下。我的司機從廂型車裡拿出八瓶冰水，遞給大家，然後加入我們，名叫巴布羅的年輕人正開始說故事。

「那是個漆黑的夜晚，強風使得騎腳踏車變得很困難。我們全速騎向我們的村子時，看見遠方有閃電落下。」他說。

「我們都是同一個村子的人，當時距離我們的家大約有三公里遠。」羅德立戈插嘴道。「雨一陣陣的掃過公路，我們看見前方有明亮的燈光，以為有事故。」

「但是我們越靠近那燈光，光線就越刺眼。」巴布羅繼續說道。「我們就是在那時覺得事情不對勁的。」

「我告訴兄弟們不要動，我則前往察看。」羅德立戈說。

「可是後來他沒有回來。」巴布羅解釋道。「我們開始擔心，決定跟著他去。」

「你們等了多久？」

「三十分鐘？」巴布羅望著其他人說，他們點點頭。「我們決定去找他，但還沒有意識到前方是艘幽浮。我們靠近那道光源時，有認出某種太空船的輪廓。當我們走近，那燈光卻變得柔和，而且轉成紅色。我要其他人留在我身後，離那燈光遠一點。我們呼喊羅德立戈的名字，但沒有回應。」巴布羅從腳旁拾起一顆小石子，扔到田地裡。「我必須承認，那時我很害怕。我告訴大家不要大喊，因為要是外星人抓走羅德立戈，可能也會來抓我們。我們四處張望看是否有其他人，但路上沒有任何人，我們孤立無援。」他停下來，從水瓶裡喝了一大口水，然後站起來。

「你有再靠近那艘太空船嗎？」我問道。

「我們決定離開公路，在路邊的一小排行道樹後面躲起來等。」巴布羅繼續說。「大約十分鐘後，我們看到那艘太空船往上移動了一、兩公尺，一道光從下方射出，突然間，從太空船的底部開啟了一扇門，一座梯子降下來，我們就在這時候看見了他們。他們有十一個。」

「十一個太空人？」

「不是，是十一個人類。」巴布羅說。「他們全都從幽浮裡出來，羅德立戈是第二個現身的。我跑向他，把他從燈光下拉出來。但其他人就只是站在那裡，沒地方去。那幽浮突然間又往上移動，幾秒鐘之內就不見了。我們四周只剩下黑暗。我們有一支手電筒，我把它照向其他人的方向，看見他們圍成一圈漫無目的的走著，滿臉困惑。羅德立戈則興奮的說著一些我們無法理解的話。」

「在那一刻，你們做了什麼？」我問道。

「我們決定待在那裡，等村子裡有人來找我們。安德烈斯撿拾了一些木材，我們生了火堆，這樣如果有人過來，就能看見我們，減速慢行。我們把所有人都聚集到路邊，讓他們坐下來。」巴布羅說。

「有人來找你們嗎？」我又問道。

「我父親跑來找我了。他把所有人都載上他的卡車貨斗，帶回村子裡。我們告訴每個人發生的事，有些女人開始禱告。我父親命令村人拿出多餘的吊床，把吊床綁在樹上，讓那些陌生人睡。隔天早上他們醒來時，都不知道他們身在何處或自己發生了什麼事。羅德立戈則沒什麼大礙。」巴布羅說。

「跟我一起的那些人我全都不認識，」羅德立戈說。「其中一個男人是來自墨西哥市，有三個是梅里達人，一個來自巴利亞多利德（Valladolid），兩個是韋拉克魯斯（Veracruz）人，其他的我不記得了，但他們都來自墨西哥各地。」

「他們有任何人記得自己是怎麼登上幽浮的嗎？」我問道。

「沒有，他們沒有人記得任何事。我也不記得任何事。」羅德立戈說。「我不知道它們對我做了什麼，但是在那之後，我就成了墨西哥速度最快的單車選手。或許他們做了什麼能讓我騎得更快的事。」

「也或許是你的努力得到了回報。」

「是啊，可能是我自己辦到的。」他答道。

說。

「其他人後來怎麼了？」我問。

「據我們所知，他們都回家了。我父親把他們載到公車站，我們就沒再見到他們了。」巴布羅說。

「你呢？羅德立戈，你認為發生了什麼事？」

「我不知道，女士。我甚至連幽浮都不記得。」

我經常想起造訪基維克那天遇見的單車騎士們。我每次在公路上超越一群單車騎士時都會想起他們。我也經常想起羅德立戈相信是幽浮給了他超能力，使他成為更有力量的騎士。雖然我很難理解這樣的事件，但我猜想一定有什麼奇怪的事發生過。

45・天神也哭泣

一八四三年，史蒂芬斯與卡瑟伍德造訪伊薩馬爾（Izamal）。如他們的《猶加敦半島旅行事件》書中所提及，整座城市的房舍之間矗立著無數土堆，都是馬雅城市被隱蔽的神廟與其他建築。西班牙人占領猶加敦半島之後，在原本存在的馬雅城市之上建立了一座殖民城市。西班牙人認定要夷平矗立在村莊中心的兩座巨大神廟，得耗費過多的工夫，因此直接在衛城的上方建造了一座大型的天主教聖方濟教堂。這座修道院在一五六一年完工，其中庭的規模僅次於梵蒂岡的聖彼得大教堂。

一五六二年的七月十二日，猶加敦半島教士蘭達（Friar Diego de Landa）在附近的村莊馬尼（Mani）燒毀了五千座雕像與二十七卷手抄經書。他幾乎摧毀了所有的馬雅經典手抄本，最後只剩下三本。由於大多數文獻已遭毀滅，有關馬雅人為何認為伊薩馬爾是如此重要的遺址，世人所知甚少。後來蘭達因其對馬雅原住民的罪行而被流放到西班牙，並被迫記錄下他在猶加敦半島所親眼目睹的一切。一五六六年，蘭達完成了《猶加敦半島紀事》（*Relación de las cosas de Yucatán*）一書，雖然馬雅的古老歷史已無法再得到復原。令馬雅人感到懊惱的是，蘭達後來又回到伊薩馬爾擔任猶加敦半島的主教。

在這一章，你將認識一個家庭，這一家人聲稱天神七百年來一直都會來到伊薩馬爾。

我的司機嚮導邀請我去拜訪加西亞一家人。他形容他們是典型的中產階級馬雅人，能說當地馬雅方言與西班牙語，還能說一點英語。父親仍會主持馬雅的古老儀式，且在他的社區裡聲望頗高。我對於要跟他們共度一個下午，並受邀享用午餐感到很興奮。去他們家的路上，我還停下來買芬達汽水、可口可樂、瓶裝水、罐裝牛奶、可可，以及給他們母親的各式烹調用香料。

加西亞一家住在伊薩馬爾的郊區，有六個小孩、母親、父親與一個孫子。他們在自己的土地上種植玉米，在生鏽的老咖啡罐裡種胡椒，後院裡則種著酸橙、芒果、香蕉、芫荽、薄荷，與一種常見的馬雅香料驅蟲莧。兩間蜂房與養了四隻豬的豬圈，則為靠近屋子後方圍牆的院子增添不少生氣。無數雞隻自由的在他們的私有地四處漫遊。土地上有五間房子，一間是用傳統爐灶（三塊石頭加一只金屬鍋）來烹調食物的廚房，一間是用來儲藏種子與乾燥食物，另一間則是留著用來進行如縫紉、看電視與休息放鬆的活動，房間裡有一部黑白電視機與踏板式縫紉機。另外兩間房子是用來睡覺的，他們九個人分睡五張吊床。地板是泥土地。兩個塑膠儲物箱就裝了他們全部的衣服與其他個人物品。其中一間小屋後方立著一座禱告祭壇，祭壇下方存放了傳統祈禱儀式用的九只木碗。

我一抵達他們家，孩子們就請我到後院，並帶我四處參觀。我們聊著學校、他們的夢想，以及最喜歡的電視節目。年紀最長的是個十四歲的女孩，她帶我進入廚房小屋，為我示範如何做玉米薄餅。她母親瑪麗亞正忙著做玉米餅的餡料。

用完午餐，我又跟這一家的父親艾爾貝托一起被請到後院。我們坐在手工製作的長凳上，艾爾貝托把手伸到頭頂上，從上方的樹上摘了顆芒果遞給我。「我祖父有一次跟我說，在以前的美好年代，天神們都會回來與住在這裡的知識掌握者見面。芒果是天神們最喜歡的水果。」

「誰是知識掌握者？」

「知識掌握者就是傳訊者——地球與天神之間的媒介。」艾爾貝托說道。

「那你能跟我談談『美好年代』嗎？」

「美好年代是西班牙人到來之前的古老年代。」

「天神們仍然會來伊薩馬爾嗎？」

「它們會來，但不會停下來與人們互動。現在比較像是來觀察。它們對蘭達主教的行為感到非常傷心，我們記錄的知識與敬拜儀式用的物品被摧毀，以及西班牙人對我們的愚昧之舉，都要歸咎於他。因為他的行為，天神們決定放手讓地球人去處理自己的問題。我祖父說，在蘭達手下逃過一劫的智者們不斷哭泣，天神們聽見了他們痛苦的哭喊，於是來到地球。它們是來安慰人們的，可是損失實在太大了，連天神也哭泣。」他暫停了一下，然後用馬雅語跟我的嚮導說話。

「他希望妳能去馬尼的教堂，說等妳去到那裡，就會了解發生了什麼事。」我的嚮導翻譯道。

「馬尼不就是蘭達摧毀所有宗教象徵與馬雅書籍的地方嗎？」

「是啊。」艾爾貝托說。「但很少人知道，在馬尼那座教堂的底下，有一條隧道。我祖父說，那條隧道曾經能連接馬尼城鎮與伊薩馬爾。在西班牙人來了後，已經數百年沒有人冒險進入那條隧道。馬雅人知道那裡是用來做什麼的。可是等探險家去到隧道卻發現超過一萬具骸骨，數量之多，甚至阻擋了通道。蘭達不僅摧毀了馬雅人的書籍，還親自督導了那場針對所有信仰馬雅宗教的聖徒與信眾的謀殺，那是一場集體屠殺。我祖父說，任何不願成為基督徒的人都遭到殺害，而一旦你成為基督徒，就會變成教會的奴隸。他們就是用馬雅奴隸的勞力來建造他們的教堂。」

「我以前從未聽過這些事。」

「這是我們歷史上不為人知的祕密，只有真正的族人才知道，我們已將這祕密傳給孩子，他們會再傳給下一代，這是讓族人記住的唯一方法。馬雅人不會遺忘，我們很擅長保守祕密。」

我那天很晚才離開加西亞一家人。伊薩馬爾仍是猶加敦半島的朝聖地點，只不過如今是向羅馬天主教的聖徒致敬，因為據說有幾座在伊薩馬爾的聖徒雕像會展現神蹟。不過，伊薩馬爾還有一部分人口並不信奉天主教，他們一直是原住民信仰的地下先驅，而艾爾貝托．加西亞就站在保護那些知識的第一線。他是個令人印象深刻的男人，我永遠都不會忘記他。

46・雷伊的矮人

一八四一年，史蒂芬斯與卡瑟伍德在尼祖克（Nizucte）待了一晚，但並未記錄有看見任何遺址。隔天他們寫下看見了一些神廟，可是天氣實在太熱，白蛉也太多，以致他們不認為那些神廟有什麼值得勘查的。一八七七年，勒普朗與他的妻子描述了他們稱之為尼祖克的城市遺址，就是今日為人熟知的雷伊（El Rey）。勒普朗相信，沿著海岸邊排列的袖珍聖壇，是由一個矮人族群所建造的。

在這一章，你將認識馬可。他跟勒普朗一樣，相信有矮人曾住在雷伊，而且可能仍然居住在那裡。

「會讓你深信不疑的都是些小事。」馬可說道。我們坐在海邊一棵樹的樹蔭下，欣賞藍綠色的海水在腳邊輕輕拍打。我是透過一名在坎昆觀光區的計程車司機認識馬可的，我坐進他的計程車時，就問他坎昆有沒有人知道雷伊的阿魯許人（矮人）。他二話不說就帶我去見馬可。我第一次看到他，就知道他是個自然純真的男人。他正赤著腳在海灘上漫步，肩上掛著一雙用破爛鞋帶綁在一起的超舊款耐吉球鞋；牛仔褲的邊緣磨損，所有施力點都褪色變白；破舊T恤的袖子已經裁掉，一塊複製古馬雅圓雕圖案的項鍊用條繩子掛在脖子上。海灘上有一座用橘色防水布與樹枝在樹下豎起的簡易帳棚。依我的判斷，儘管完全由奢華旅館和大樓組成的觀光區，只距離他的隱密住所約六十公尺，馬可仍在海灘上建造了他的家。

「你在坎昆住多久了？」

「一輩子了。」

「你第一次聽到阿魯許人是在什麼時候？」

「在我還是個小男孩，大概四、五歲的時候吧。我祖父告訴我那些故事，他說，認識阿魯許人就等於認識古馬雅人的魔法。妳如果造訪雷伊，就可能會遇見阿魯許人，不過妳必須非常細心。如果妳直覺力很強，那將是妳的優勢。」

「可以請你解釋清楚一點嗎？」

「很少有成年人曾見過阿魯許矮人。阿魯許人有辦法進行許多偽裝，大多數時候，它們會冒充無生命的東西。我也見過它們模仿蛇、猴子、浣熊、鸚鵡、蝙蝠、蜥蜴、烏龜和豬，但它們大多會模仿鬣蜥蜴。這就是直覺力會有幫助的原因。如果沒有直覺力，人們就只會走過它們身邊，永遠不會意識到自己剛剛見到了阿魯許人。大部分人對這些現象都視而不見。」

「如果我想見到以人類形態出現的阿魯許人，我會看到什麼？」

「阿魯許人是古老的靈魂，它們從地球成形的時候就住在這裡了。我祖父說，它們是這個星球的第一批住民。馬雅人來了之後，就跟那些矮人變成朋友。」

「阿魯許人的特質是易怒還是活潑有趣的？」我問道。

「它們兩者兼具。」馬可答道。「長得跟孩童一樣小，個性也跟小孩子一樣。它們是快樂的小生物，很活潑好玩，喜歡跟人類惡作劇，但大多無傷大雅。然而，如果你惹怒它們，它們也會跟孩童一樣發脾氣，甚至可能懷恨在心。」他站起來，拍掉破舊牛仔褲上的沙子，點了根菸。

「我要如何避免惹怒它們？」

「讓它們開心是件好事，因為它們有著不可思議的力量。那種力量可以被用在善與惡的事情上。我總是跟我的甥侄輩們說：讓阿魯許人保持在善的那一邊。留些食物與飲料給它們，阿魯許人喜歡可口可樂和酒精性飲料。所以進入叢林時要記得這一點。」

「有什麼方法可以增加我看見阿魯許人的機會？」

「我祖父告訴我，如果妳夠安靜與凝定，能欣賞雨林的景致與氣味，阿魯許人會看得出來，然後就可能現身。它們其實喜歡跟人互動，但經常不是用人類彼此之間互動的方式。」

「你可以再解釋一下嗎？」

「阿魯許人可能會出現在妳的感官裡。妳可能會聽到一陣沙沙聲，或看見一道閃現的影子。妳可能永遠不會看見以人類形態出現的阿魯許人，但我說過，如果阿魯許人認為妳有一顆良善的心，妳就有可能看到它們。」他再度停下來，又點燃他剛剛熄掉的菸。「記住，它們可能會以一種很平凡的現象出現在妳面前，例如一個聲音、一種感覺、氣味或景象。只要打開心，它們就會來到。」

「我聽說阿魯許人在雷伊建造了那些小聖壇。」我說。「關於這個，你能告訴我什麼？」

「我相信馬雅人與阿魯許人曾經和諧的住在一起，但事情在某一刻有了改變，它們就遁入叢林或退避到古城裡去了。」

「你認為它們曾住在雷伊？」

「有些人說它們還在那裡。」馬可說道。

「你也是那些人之一嗎？」

馬可停下來，望向海水。他用手遮住陽光，仔細看著正駛過的一艘船，然後繼續說道：「女士，如果我告訴妳它們住在雷伊，妳認為會發生什麼事？」他問道。「想一想吧。」他又暫停了一下。「遊客們會來這裡，然後撿起每一顆石頭，看看有沒有阿魯許人。我只能告訴妳這些：阿魯許人曾經住在那座偉大的城市，但大多數已經退避到雨林裡去了，就跟拉坎冬印第安人一樣。不過請記得，我強調的是大多數。這是它們唯一能存活的方式。」

「關於它們，你還有什麼可以告訴我的嗎？」

「我可以告訴妳的就是：去聽、去感受、去品嚐，注意妳周遭的所有事物。終有一天，阿魯許人將會來到妳面前。」

給馬可兩百披索買食物之後，我請在一旁等候我的計程車司機載我到雷伊。在希爾頓坎昆度假村形成的影子底下，躺著一座古老城市，那座遺址的原始名稱無人知曉，現在則被稱為雷伊，西班牙文的意思是「國王」。這個名字是為了紀念在那裡發現的一具環繞著精雕細琢頭飾的人臉頭像，如今那座國王的頭像被保存在坎昆考古博物館。

跟計程車司機與票亭售票員走過雷伊遺址時，我看見數十隻鬣蜥蜴在陽光下晒著太陽。或許這些鬣蜥蜴就是來跟我打招呼的阿魯許人。離開遺址前，我在其中一個遺址的遮蔭處留下了一罐可口可樂。

後記

史蒂芬斯與卡瑟伍德在一八三九年出發去探索中美洲與墨西哥時，學術界仍認為有個先進文明曾建造了隱藏在叢林裡的偉大城市，是一種極端的想法。直到他們離開那天，他們的努力仍受到勸阻，因為許多同儕都認為他們計畫中的探勘行動是瘋狂之舉。

然而，一般民眾卻對那樣的想法很著迷，因此當史蒂芬斯與卡瑟伍德帶著他們發掘的故事返回紐約，兩人的著作《中美洲、恰帕斯、猶加敦半島旅行事件》立刻引起轟動。第二本書《猶加敦半島旅行事件》記錄了他們的第二趟旅程，也同樣得到讚譽。

我剛開始展開我的旅程時，也有很多朋友勸我打消追尋夢想的念頭。因為幾年來，毒品交易的數量急遽上升，軍隊與叛亂分子之間的暴力事件也持續增加。光是一個女人要去進行此等冒險的念頭，對我許多同事和朋友來說，就是很不明智的想法。還好，我很仔細的規劃旅程，雇用經驗豐富的司機、導遊與口譯員。事實上，司機與導遊的肯定與支持，事後證實是我冒險之旅中的寶貴資產。

但這並不表示我就不會偶爾遇到令我不安的處境，不過那並非常態。有一次，我們在墨西哥的韋拉克魯斯就被戴著蒙面頭巾的聯邦警察攔下來，當他們命令我下車，要搜索車上有無毒品時，架在一部卡車貨斗上的一支機關槍就正對著我。另一次我剛從飯店房間裡走出來，便被一群同樣戴著蒙面頭巾、手持機關槍的聯邦警察團團圍住。其中兩位警察擔心我的安危，一路護送我到一處隱密的區域，直到警方行動結束。謠傳當時有一名毒品交易組織的重要人物正在飯店屋頂遭到圍捕。

數次旅程中，我和司機有很多次被軍方攔下、搜索、訊問的經驗。在我花在中美洲總計大約兩年的時間裡，我從未對自己的生命安危感到恐懼。軍方對我的態度友善且尊重，每次遇見他們，他們都會對我的安全表達關注，且一再警告我要小心。因此跟史蒂芬斯與卡瑟伍德不同的是，我得以自由探索那些國家，並未遭到逮捕。

我也慢慢體會到，原住民文化與人民對地球來說是十分特別的。我能在一個地方待一段時間，不像許多旅人與研究者一樣有時間限制。當我在某個小村落或旅館建立一個基地，人們經常就會帶著故事來找我。他們聽到關於我的工作的傳言，因而想來證實我真的是在蒐集幽浮故事。這種情形在墨西哥比其他我旅行過的國家更常發生。我越常返回那個社區，人們就對我越敞開。

完成這本書時，我發現在馬雅世界的旅程中一直縈繞我心頭的驚人事實：馬雅人說，他們是帶著他們的知識來到中美洲的。這個事實使得馬雅人不同於其他原住民族群。一項更仔細的檢視顯示，馬雅人的古老故事中，沒有任何陳述看得出他們是在地球上學到文明的祕密。他們的古老傳說裡，沒有某位偉大導師或個人教導他們如何生活；他們的神話裡，也沒有來自西方、東方或任何其他方位的神祇。因此當西班牙人抵達，馬雅人並未張開雙臂迎接他們，反而在西班牙人接近他們時避不見面、躲藏在叢林裡。

跟阿茲特克人與其他原住民族群不同的是，馬雅人顯然未將西班牙人視為「神」。一位馬雅長老告訴我，馬雅人不認為西班牙人在科技上很先進。「我們知道科技先進的文明是什麼，我們就來自其中之一。西班牙人並不比我們優秀。」對我來說，這個說法有很深的含意，也支持了我的觀點：即馬雅人不是受到來自太空的外星人的協助；馬雅人其實就是星際旅行者。

關於馬雅人，我們的未知多於已知。我們知道他們在西元前三一一三年來到中美洲，但那並非他們歷史的開端，只是他們抵達那個地區的日期。或許有一天他們真正的起源會被發現。至少我就認為自己很幸運，能走過古人走過的地方，追隨過史蒂芬斯與卡瑟伍德的足跡，且花時間與今日的原住民相處，他們至今仍使用與實踐很久以前的人來到中美洲與墨西哥時的知識。即使到今天，仍有許多古馬雅王國未被發掘。在恰帕斯，烏蘇馬辛塔河便流經無數隱藏在叢林裡，考古學者仍未發現的城市。在猶加敦半島，也有大量我曾親自造訪，雜草叢生的神廟還未經探勘。宏都拉斯與瓜地馬拉的高山地區，也散布著土墩與半裸露的建築遺址。就像史蒂芬斯與卡瑟伍德，未來還是會有其他人去調查這些未知的城市與它們的祕密，試圖得知更多有關神祕馬雅人的事。未知的誘惑總是難以抗拒。

在進行研究的期間，我遊走於中美洲的原住民當中，分享他們的餐點、加入家庭聚會、參與傳統儀式、與他們一起經歷歡樂與不幸的事件、慶祝新生兒誕生、悼念死者，並聆聽關於天神、天人、太空旅行者、外星人與幽浮的故事，古代與現代的都有。我也聽著許多人在遇見幽浮後經歷的身體起疹子、出現無法解釋的記號、懷孕與流產，甚至得到治癒的遭遇。有些關係人在事後產生了一連串的情緒，包括恐懼、憤怒、敬畏與驚奇。

另有一些人不能說是期待，但至少是以平常心看待他們的經驗。一位大學畢業的馬雅歷史學者跟我說：「許多長老說我們是天人。世人無法理解貧窮到只能勉強過活的馬雅農夫，怎麼可能是建造這些古老城市的高度智力與進步科學發展社群的後代？他們不了解的是，只要一次巨大的災難事件就足以改變歷史的進程。或許是一次致命的暴風雨、海嘯、隕石撞擊、旱災，但是當這樣的事件襲擊後，所有熟悉的事物都不存在，唯一重要的就是如何存活下來，以及照顧你的家人。那就是馬雅人的故事。自從來到地球這個行星，我們就一直在求生存。我們已經從侵略、戰爭、暴風雨與火山爆發中存活下來，我們也會在白人的各式理論中存活下來。重要的是，我們知道自己是誰。」

另一位馬雅長老則跟我說：「我祖父告訴我，天人來到地球，也留下來了，它們並未像某些白人寫的離開地球。但是災難擊垮了偉大的文明，僅存的只有我們，我們是倖存者。然而要警覺：所有的文明都會崩解，不管是因為戰爭、饑荒或天氣狀況，都會走到末日。五千年後，一名科學家可能挖掘出自由女神像，然後推測她是把火帶到這個世界的火焰女神。我見過你們的自由女神像，去過紐約的聯合國總部。紐約市有很多神，萬一世界被摧毀時，人們會緊緊抓住不放，但就跟馬雅人一樣，很多倖存者會選擇遺忘。」

更有可能的是，許多人數與成就已超越我們的失落文明，因毀滅性的災難事件而終結了。或許人類的起源與歷史，就存在於原住民的口述傳統中，而我們都是太空旅行者。

我的旅程目的之一，是搜尋在我之前，任何人對古馬雅理論做出的可信調查，特別是古代太空人的理論。由於我與馬雅人長時間相處過，使我明確駁斥了這個理論，但那不表示我不相信天人會穿越時空來探望地球之母，事實上恰好相反。由於科學家們摒棄原住民傳說，稱之為未開化的民族，將他們的故事視為迷信群眾的故事，這位作者便相信是某件事湊巧導致原住民創造了這些傳說。事實上，我相信我們的地球之母與祖先的歷史，已經被記錄在傳說、神話與星座知識中，也相信原住民與群星有著特殊的連結。

我也相信天人曾經且仍持續會來探望地球之母，也會與地球人互動。起初看來似乎那些訪客就是祖先們，正如許多古老與當代故事所呈現的。而最近的故事則顯示，可能是宇宙變得越來越小了，也有其他存在來造訪地球，但它們跟地球或人類並無古老的關聯。我聽過的幾則故事便談到此類事件，也提出了警告。

自從一九四〇年代起，幽浮現象的研究一直聚焦於幽浮是否為真的問題、它們的存在是否能用傳統科學方法來證實，以及人們是否有被外星人綁架。雖然這可能是吸引人的問題，但我相信最重要的事實，是那些涉入其中的個人——這裡所指的，就是中美洲的原住民——的經驗裡，那種非凡的特質與力量。他們的經驗應該能提供我們對現實的另一層了解，以及那對人類的未來有什麼意義。與其指責用實證方法（empirical approach）研究幽浮現象難以捉摸與不可思議的特性，或許該是我們傾聽那些經歷過這些事件的人說話的時候了。

不論我們對幽浮現象的立場為何，我相信我們對幽浮目擊事件的興趣，就在於渴望透過使用異於傳統的認知方式，重新發現失落的重要資訊與智慧。在范．狄拉利亞的《演化、造物論與其他現代神話》中，北美印第安歐加拉拉族（Ogalala）的學者便提出一個前提：一般而言，科學都會假定思想的優越性勝過人類的共同記憶。由古老智慧賦予的權威真理，科學界總是棄之不顧，並將其視為神話與傳說。如果無法用科學來解釋那些證據，它們就會被摒棄。今日，我們如果傾聽原住民的傳統與當代故事，或許可以為那些經驗找到一個古老的架構，讓它們不再顯得怪異與駭人聽聞。不要批判，以及對其他可能性保持開放，或許能引領我們去發現尚未思考過的事物。

在這本書中，我始終讓原住民用自己的聲音去傳達他們就是天人或太空旅行者的事實。他們的古老城市，就是那些卓越文明僅存的遺址，那些文明利用他們城市的能量，去映照出宇宙的樣貌並利用天空的能量。

今天仍有些馬雅人維持古老的生活方式，並持續與祖先們溝通，在時空中旅行。對許多人來說，不管是否經歷由環境災難引起的嚴重記憶流失，馬雅人就跟我們其他人一樣，都是脆弱的人類，日復一日的努力過活與求生存。遊走於馬雅人之間，我不禁感覺在我面前的這群人，對宇宙的了解遠勝於世上最受敬重的科學家；同時也不得不承認，馬雅人知道的大部分事情都屬於他們，而且只為他們所有。

一路上，我得知一些原住民知道但不對外人說的祕密。仔細思考那些埋葬在馬雅人世界、代代相傳的祕密時，我想起瓜地馬拉馬雅基切族社會運動者、諾貝爾和平獎得主莉戈貝塔·曼楚（Rigoberta Menchú），在《我，莉戈貝塔·曼楚》（*I, Rigoberta Menchú*）書中說的話：「……我仍將我的印第安身分視為祕密，仍不透露那些我認為不應該讓任何人知道的事。即使是人類學者或知識分子，不論他們擁有多少書，都無法找出我們所有的祕密。」那些祕密已經相傳了無數個世代，也定義了中美洲原住民的身分。

在我訪談曾親身接觸過幽浮與天人的中美洲原住民時，也得知了他們的傳統與個人故事。我聽著他們不可思議、神祕的靈性經驗與超自然接觸，卻不會要求他們提出證據。他們的見證就足以讓我相信他們的可信度。我不做假設，也不予評斷。

在許多案例中，我都會想起過去幾年曾聽過的類似故事。遺失的時間、假性懷孕、身體檢查、綁架，以及與天人面對面的互動，都是其他人也曾說過的故事。那些告訴我自身故事的人，我相信他們的描述是千真萬確的事實。所有受訪者都極為真誠，他們的故事也都十分驚人。就跟經歷其他事物的人一樣，他們有些人覺得幽浮經驗是一種侵犯，另一些人則認為那是發生在他們身上最美好的事。但這些故事的核心意義在於，他們說的故事都大同小異。對外星人現象所知不多的人，跟那些一向樂意說出他們與外星人遭遇的人，說出來的故事也具有一致性。並不少見的是，我遇見的人都有一種真誠的特質，使他們的故事相當可信。這一點使我內心很確定，一定有什麼事正要發生在地球人身上，而且問題並不是孤立的，也不會僅局限於地球上的某個地區。

史蒂芬斯在他的探索研究的結論中，堅持他曾調查過的遺址都是擁有與生俱來的天賦、偉大的原住民文明，並沒有任何受到其他已知族群的影響。我相信史蒂芬斯的結論比他自己所知的更具預言性。與馬雅人相處的無數日子裡，我已經深信他們是從別處來到地球的。「外星人就是我們」是我不斷聽見的說法。從我的研究中，我相信今日的馬雅人是從另一個世界來到地球行星的人的後代。並不是外星太空人曾前來「協助」他們，他們自己「就是」古老的太空人。

The Other 9

天空來的人：
幽浮、星際旅人與馬雅文明相遇的真實故事
Sky People: Untold Stories of Alien Encounters in Mesoamerica

作者　阿迪．六殺手．克拉克（Ardy Sixkiller Clarke）
譯者　林慈敏
美術設計　陳文德
內頁排版　李秀菊
責任編輯　簡淑媛
校對　簡淑媛

新星球出版 New Planet Books

行銷企畫　郭其彬、夏瑩芳、王綬晨、邱紹溢、張瓊瑜、李明瑾、蔡瑋玲
總編輯　黃妉俐
發行人　蘇拾平
出版　新星球出版
105 台北市松山區復興北路333號11樓之4
電話　(02) 27182001
傳真　(02) 27181258
發行　大雁文化事業股份有限公司
105 台北市松山區復興北路333號11樓之4

24小時傳真服務　(02) 27181258
讀者服務信箱　Email:andbooks@andbooks.com.tw
劃撥帳號　19983379
戶名　大雁文化事業股份有限公司

初版一刷　2016年4月
定價　420元
ISBN　978-986-92035-6-2

國家圖書館出版品預行編目（CIP）資料

天空來的人：幽浮、星際旅人與馬雅文明相遇的真實故事/ 阿迪．六殺手．克拉克(Ardy Sixkiller Clarke)著；林慈敏譯. -- 初版. -- 臺北市：新星球出版：大雁文化發行, 2016.04
面；　公分. -- (The other ; 9)
譯自：Sky people : untold stories of alien encounters in mesoamerica
ISBN 978-986-92035-6-2(平裝)

1.傳說　2.印第安族　3.中美洲

539.55　　105002702